공기업의 미래

공기업의 미래

초판 1쇄 2026년 1월 30일

지은이 한국조폐공사
펴낸이 허연
편집장 유승현

책임편집 정혜재
편집 김민보 고병찬 이예슬 장현송 민경연
마케팅 한동우 박소라 김영관
경영지원 김정희 오나리
디자인 김보현 한사랑

펴낸곳 매경출판㈜
등 록 2003년 4월 24일(No. 2-3759)
주 소 (04557) 서울시 중구 충무로 2 (필동1가) 매일경제 별관 2층 매경출판㈜
홈페이지 www.mkbook.co.kr **스마트스토어** smartstore.naver.com/mkpublish
페이스북 @maekyungpublishing **인스타그램** @mkpublishing
전 화 02)2000-2641(기획편집) 02)2000-2646(마케팅) 02)2000-2606(구입 문의)
팩 스 02)2000-2609 **이메일** publish@mk.co.kr
인쇄·제본 ㈜ M-print 031)8071-0961
ISBN 979-11-6484-856-0(03320)

본 도서는 2025년 기준으로 작성되었으며, 2026년 1월 정부 조직 개편에 따라 기획재정부가
재정경제부와 기획예산처로 분리되었습니다. 본 책에 언급된 기획재정부(기재부)는 현재 재정
경제부 업무로 이관, 운영중입니다.

취업준비생을 위한
공기업의 모든 것

공기업의 미래

한국조폐공사
지음

매일경제신문사

"공기업 준비는 잘 돼가? 경쟁률이 치열하던데 왜 지원하지?"
"근무여건도 괜찮고, 무엇보다도 안정적이라 좋을 것 같아서요."
"그런데 거기서 어떻게 일을 하는지는 알아봤어?"
"…사실 잘 몰라요. 그냥 좋을 것 같아서요."

이 짧은 대화는 공공기관 취준생의 풍경을 고스란히 담고 있다. 취업준비 카페, 스터디룸, 도서관 열람실에서 공공기관 채용 공고가 뜨면 바로 링크가 공유되고, 수많은 청년들이 서류를 고치고 자기소개서를 다듬는다. 누군가는 스펙을 쌓기 위해 자격증 학원으로 향하고, 누군가는 면접 스터디에서 예상 질문을 주고받는다.

2024년 기준 전국 327개 공공기관의 신규 채용인원은 약 20,000명으로, 수많은 청년들이 지원하고 있다. 평균 경쟁률은 약 60:1이며, 특정 직군은 130:1을 넘기도 한다. 한국조폐공사의 경우도, 2025년 54명 신입직원 채용에 5,000여 명이 지원해 95:1의 경쟁률을 보였다.

왜 이렇게 많은 청년이 공공기관을 택할까? 불안정한 노동시장, 반복되는 경기 불황, 예측할 수 없는 미래 속에서 국가가 보장하는 고용 안정성과 공정한 채용, 균형 잡힌 복지는 분명 강력한 유인이다. 부모님이 권하는 안정적인 직장, 친구들도 준비하는 같은 목표, '공기업만 들어가면 이제 걱정 없겠지'라는 막연한 안도감.

그러나 그 기대의 이면에는 잘 보이지 않는 것들이 있다. 안정성을 유지하기 위해 거쳐야 하는 수많은 보고와 승인, 성과를 내야 하지만 공정성을 잃으면 안 되는 규정, 혁신을 요구받으면서도 감사와 평가의 눈초리를 감내해야 하는 현실.

공공기관은 정부조직도 민간기업도 아닌 그 사이 어딘가에서 균형을 맞추며 운영된다. 바로 그 복잡함과 긴장이야말로, 이 책이 시작되고 이야기하고자 하는 지점이다.

이 책을 쓴 목적은 두 가지이다. 첫째, 공공기관에 관심을 가지고 있는 많은 청년들에게 공공기관이 실제로 어떻게 운영되고 있는지에 대한 정보를 주기 위함이다. 매년 우리 공사에 입사한 신입직원과 간담회를 해보면, 이들이 공사의 업무에 대해서는 홈페이지, 인터넷 채용 카페 등을 통해서 대략적이나마 알고 있었다. 그러나 일하는 방법, 인사와 교육훈련, 복지후생 등에 대해서는 거의 정보가 없이 지원했다는 것을 알고 깜짝 놀랐다. 이러한 점이 입사 후 조기 퇴사 또는 이직하는 한 원인이 되었을 것이다.

조폐공사의 일하는 방법이 다른 공공기관과 크게 다르지 않기 때문에 이에 관한 책을 쓰면 우리 공사뿐 아니라 다른 공공기관에 지원하는 우리 청년들에게 많은 도움이 될 것이라고 생각해서 집필하게 되었다.

둘째로, 공공기관 임직원의 고민을 정책당국자 및 국민들과 공유하고 싶었다. 국민들은 공공기관을 '철밥통'이라며 비판한다. 그러나 조폐공사 사장으로 부임해보니 사실은 달랐다. 과감한 인센티브 제공이 어려운 상황에서도, 직원들을 동기부여하며 국민들에게 양질의 공공서비스를 제공하기 위해 고전분투하고 있다.

공사의 경우는 화폐 수요의 감소에 위기감을 느끼고, 신사업 발굴에 전사적 역량을 집중하고 있다. 그리고 그 과정에서 경영평가, 각종 감사 등 수많은 통제를 받는다. 다른 공공기관도 비슷할 것이다. 이 책이 계기가 되어 공공기관 정책의 불합리한 문제점이 개선되었으면 하는 바람이다.

지난해 《화폐기술의 미래》를 발간해서 조폐공사가 ICT와 핀테크 기업 등으로 사업을 전환하는 과정에서 부딪힌 도전과 실패, 그리고 작은 성공의 이야기를 담았다. 이번 두 번째 책에서는 조폐공사의 사례를 통해 공공기관의 실제 운영 모습과 고민을 구체적으로 풀어내고자 했다. 이러한 것들이 공공기관을 준비하는 청년들이 더 나은 진로를 선택하는 데 조금이나마 도움이 되고, 국민과 정책을 설계하는 분들에게는 공공기관의 현실적 제약과 고민을 이해하는 출발점이 되기를 바란다.

공공기관은 결국 국민의 신뢰를 자산으로 삼는다. 그 신뢰는 투명함에서, 이해에서, 그리고 끊임없는 성찰과 변화에서 나온다. 이 책이 그러한 대화의 시작이 되길 진심으로 바란다.

한국조폐공사 사장 성창훈

공기업은 어떤 조직인가

공기업은 우리 사회에서 가장 많이 이야기되지만, 동시에 가장 잘 알려지지 않은 조직이다. '안정적이다', '복지가 좋다', '철밥통이다', '비효율적이다'라는 상반된 이미지가 공존하지만, 정작 공기업이 어떤 구조로 운영되고, 어떤 기준에 따라 평가받으며, 그 안에서 사람들은 어떤 방식으로 일하는지에 대해서는 구체적으로 설명되는 경우가 드물다.

이 책은 바로 그 질문에서 출발했다. 공기업은 실제로 어떤 조직인가. 그리고 그 안에서 일하는 사람들은 어떤 제약과 책임 속에서 선택하고 판단하며 하루하루를 만들어가고 있는가.

공기업은 정부 조직도, 민간 기업도 아니다. 국민의 세금으로 설립되었지만, 시장 논리를 완전히 따르지도 않고 공공성을 추구하지만, 행정기관처럼 지시와 집행만으로 운영되지도 않는다. 효율성과 공공성, 안정성과 혁신, 책임과 자율이라는 서로 다른 가치가 동시에 요구되는 공간이다. 이 과정에서 경영평가, 감사원 감사, 국정감사 등 다양한 외부 통제를 받는다. 성과를 내야 하지만 절차를 지켜야 하고, 혁신을 요구받지만, 실패에는 관대하지 않은 구조 속에서 조직은 늘 균형을 고민한다.

이러한 구조적 특성은 공기업의 운영 방식 전반에 깊은 영향을 미친다. 업무의 속도, 의사결정의 방식, 평가와 감사의 구조, 인사와 보상, 조직문화와 소통까지 모두 이 '이중의 기준' 위에서 형성된다. 겉으로 보기에는 느리고 보수적으로 보일 수 있지만 그 이면에는 공기업만이 감내해야 하는 복합적인 책임과 통제가 존재한다. 이 책은 공기업의 이러한 구조를 제도·업무·사람의 관점에서 차분히 풀어낸다.

먼저 공기업이 왜 만들어졌고, 정부·민간과 무엇이 다른 조직인지부터 살펴본다. 이어서 공기업의 일하는 방식, 의사결정 구조, 경영평가와 내부평가의 의미, 감사와 감독이 실제 업무에 어떤 영향을 미치는지 설명한다. 채용 과정과 보수·복지 체계, 노사관계, 사회공헌과 ESG 경영처럼 외부에서는 단편적으로만 알려진 주제들도 실제 운영 맥락 속에서 다룬다.

또 하나 중요한 축은 '조직문화와 소통'이다. 공기업은 연공서열, 규정 중심 문화로만 설명되기 쉽지만, 최근에는 사업 구조와 인적 구성이 빠르게 변하고 있다. 그 과정에서 생기는 갈등, 세대 차이, 경력직과 기존 직원 간의 충돌, 그리고 이를 풀기 위한 조직문화 혁신 시도를 현장의 사례를 통해 소개한다. 타운홀 미팅, 전사 토론회, 평가 제도의 변화, 교육과 소통 프로그램은 공기업도 스스로를 바꾸려 노력하고 있음을 보여주는 장면들이다.

이 책에 등장하는 일부 사례들은 한국조폐공사의 경험을 바탕으로 한다. 한국조폐공사는 화폐 제조라는 전통적인 역할에서 출발해 디지털 신분증, 지역화폐, 보안 기술 등 새로운 영역으로 사업을 확장해왔다. 이는 단순한 사업 다각화가 아니라 공기업이 어떻게 시대 변화에 대응하며 스스로의 존재 이유를 재정의해왔는지를 보여주는 하나의 사례다.

따라서 한국조폐공사의 이야기는 특정 기관의 특수한 사례라기보다 현재 공공기관이 처한 환경을 이해하는 하나의 창으로 읽어도 무리가 없다. 경영평가와 감사는 왜 이렇게 설계되어 있는지, 공기업의 조직문화는 왜 쉽게 바뀌지 않는지, 성과를 내도 보상이 제한적인 구조에서 어떻게 동기부여를 만들어야 하는지, 그리고 국민과의 신뢰는 어떤 방식으로 유지되고 있는지에 대한 질문을 현실의 언어로 풀어내고자 했다.

이 책이 공기업을 준비하는 취업준비생에게 하나의 안내서가 되기를

많은 지원자가 채용 공고와 전형 절차, 연봉과 복지에 대해서는 알고 있지만 입사 이후 어떤 환경에서 어떤 방식으로 일하게 되는지는 충분히 알지 못한 채 선택을 한다. 그 결과, 기대와 현실의 간극으로 인해 빠르게 좌절하거나 이직을 고민하는 경우도 적지 않다. 공기업은 분명 매력적인 선택지일 수 있다.

그러나 그것은 '편한 직장'이어서가 아니라 공공의 책임을 감당할 준비가 된 사람에게 의미 있는 선택지이기 때문이다. 이 책이 공기업을 더 이상 막연한 이미지가 아닌, 현실적인 진로의 하나로 이해하는 데 도움이 되기를 바란다.

동시에 이 책은 국민과 정책을 설계하는 이들을 위한 기록

공기업은 항상 감시와 평가의 대상이 된다. 이는 당연하고 필요한 과정이다. 다만 그 평가가 실제 현장의 작동 방식과 괴리될 때, 제도는 개선이 아니라 부담이 될 수 있다. 이 책이 공기업을 둘러싼 제도와 정책을 다시 바라보는 하나의 참고 자료가 되기를 기대한다.

공기업은 완벽하지 않다

경직된 문화, 과도한 절차, 불합리한 제도 역시 존재한다. 그러나 동시에 공기업은 국민의 일상을 지탱하는 필수적인 인프라이며, 수많은 사람의 보이지 않는 선택과 책임 위에서 작동하는 조직이다.

이 책은 공기업을 미화하지도, 비판만을 목적으로 하지도 않는다. 다만 공기업이라는 조직을 있는 그대로 이해하려는 시도다. 이해는 비판의 출발점이자 개선의 전제이기 때문이다.

이 프롤로그를 지나 본문으로 들어가는 독자들이 공기업을 조금 더 입체적으로 바라보게 되기를, 그리고 이 책이 공공이라는 영역을 이해하는 데 작은 좌표 하나가 되기를 바란다.

목차

Part 2 공기업은 어떻게 운영할까

Part 3 '공기업의 사회적 책임', 공공의 가치를 실현하다

Part 4 '조직문화 혁신', 공기업에 새바람을 일으키다

PART 1

우리가 몰랐던
공기업의 정체

Chapter 1

공공기관이란

공공기관이란

    우리나라에는 생각보다 공공기관이 많다. 얼핏 떠오르는 기관만 해도 한국전력공사, 한국수자원공사, 한국조폐공사, 한국도로공사 같은 공기업이 있다. 조금만 더 생각해보면 국민연금공단, 건강보험공단 같은 공단들도 금세 연상할 수 있다.

    만약 공공기관 중에서 20개 이상을 막힘없이 떠올릴 수 있다면 공공기관에 대해 상당히 잘 알고 있다고 볼 수 있다. 실제로 우리나라 공공기관은 중앙정부에서 수립한 공공기관이 331개(25년 기준) 정도이며, 지방자치단체에서 설립한 지방공공기관도 1,300개 정도 된다.

전국구 vs 지역구

    일반적으로 공공기관이라고 하면 중앙정부가 설립하고 관리하는 기관을 떠올리는데 한국전력공사, 국민연금공단, 한국도로공사 같은 기관들을 대표적으로 꼽을 수 있다. 이 기관들은 국가 차원에서 필요한 인프라를 만들고 유지하며, 전국 단위의 정책을 집행한다. 말 그대로 '전국구 플레이어'인 셈이다.

반면 지방공공기관은 특정 지역의 주민을 위해 지방자치단체가 직접 설립하고 운영하는 기관이다.

예를 들어 지방공기업인 ○○도시가스공사, △△시 교통공사, 지방의료원 등이 속한다. 이 기관들은 전국 단위보다는 '내 고장'을 중심으로 서비스를 제공한다. 쉽게 말해, 공공기관이 '전국 공용 와이파이'라면, 지방공공기관은 '우리 지역 와이파이'쯤 된다. 둘 다 인터넷을 연결하지만, 범위와 목적이 다르다.

설립 근거에도 차이가 있다. 공공기관은 「공공기관의 운영에 관한 법률」에 따라 기획재정부가 지정·관리한다. 반면 지방공공기관은 「지방공기업법」과 각 지방자치단체의 조례에 근거해 운영한다. 관리 주체가 다르므로 예산 편성과 인사, 경영 평가 방식도 달라질 수밖에 없다.

두 기관의 역할을 비교하면 조금 더 명확해진다. 공공기관은 전국 단위의 에너지·철도·금융·복지 등을 다루며 국가적 기반을 책임진다. 지방공공기관은 상·하수도, 지역버스, 도시개발, 지역문화회관 운영 등 생활밀착형 서비스를 담당한다.

물론 공공기관과 지방공공기관 사이에는 공통점도 있다. 모두 공공성이 있고, 국민 혹은 지역민의 삶에 꼭 필요한 서비스를 제공한다는 점이다. 다만 어느 쪽을 기준으로 삼느냐에 따라 활동 범위

공공기관 vs 지방공공기관		
구분	공공기관	지방공공기관
설립 주체	중앙정부(재정재부 총괄 관리)	지방자치단체
관리 기준	공공기관의 운영에 관한 법률	지방공기업법, 지방자치단체 조례
활동 범위	전국 단위	시·도·군 지역 단위
대표 사례	한국전력공사, 한국철도공사, 국민연금공단 등	서울교통공사, ○○시 도시개발공사

와 성격이 달라질 뿐이다.

마지막으로 흔히 오해하는 부분이 있다. 지방공공기관에 다닌다고 해서 해당 지역에서 무슨 특혜가 있을 것이라고 생각하는 경우다. 하지만 한국철도공사 직원이 "공짜 기차표 없습니다"라고 말하듯이 지방도시개발공사 직원도 "아파트 분양가 할인 없습니다"라고 단호히 말할 수밖에 없다.

돈 버는 공공기관, 돈 쓰는 공공기관

공공기관은 다시 공기업, 준정부기관, 기타 공공기관으로 분류할 수 있다. 기준은 단순하다. 기관이 스스로 돈을 버는지, 아니면 정부 예산에 의존하는지 혹은 그 어디에도 들어맞지 않는지를 보는 것이다.

공기업은 물건이나 서비스를 팔아서 운영비를 벌어들이는 곳이다. 반면 준정부기관은 그런 수익보다는 정부의 예산이나 기금의 집행을 대신 맡는 기관으로 보면 이해가 빠르다. 기타 공공기관은 공공성이 있지만, 공기업이나 준정부기관 어디에도 속하지 않는 기관들이다.

특히 취업준비생이나 일반 국민 입장에서는 공기업과 준정부기관이 크게 달라 보이지 않을 수 있다. 그러나 성격은 분명히 다르다. 공기업은 스스로 수익을 내면서도 공공성을 지켜야 하는 기업적 성격을 가진다.

반면 준정부기관은 정부 예산이나 기금으로 운영하며, 복지·연금·보험 등 국민 생활의 안정과 직결된 정책을 수행한다. 국민연금공단, 근로복지공단, 한국장학재단 등이 대표적이다.

공기업이 '수익성과 공공성의 균형'을 지향한다면, 준정부기관은 '안정적 정책 집행과 공공성 유지'에 초점을 둔다. 다시 말해 공기업은 돈을 벌어야 운영을 지속할 수 있지만, 준정부기관은 돈을 벌지 않더라도 국민을 위한 서비스 자체가 존재 이유이다. 이 점에서 두 기관은 성격과 운영 방식이 뚜렷하게 구분된다.

여기서 흥미로운 점은 공공기관의 지위가 한 번 정해지면 영원히 고정되는 것은 아니라는 점이다. 예를 들어 2024년에는 22개의 정부

공공기관 분류표		
구분	기준	예시
공기업	수입의 절반 이상을 스스로 벌어들임	한국전력공사, 한국도로공사, 한국조폐공사, 한국수자원공사
준정부기관	정부의 예산이나 기금으로 운영되며 정부 정책을 집행	국민연금공단, 근로복지공단, 한국장학재단
기타 공공기관	공공성이 있지만 공기업이나 준정부기관에 해당하지 않음	한국문화예술위원회, 한국콘텐츠진흥원

출연 연구기관들이 연구의 독립성과 효율성을 증진하기 위해 공공기관 지정에서 해제되기도 했다.

'공사'라는 이름이 붙으면 공기업이라고 생각하기 쉽지만, 이것 또한 절대적이지 않다. 예를 들어 한국관광공사는 한때 공기업으로 분류했지만, 지금은 공기업의 자체 수입에 대한 기준 때문에 기타 공공기관으로 분류한다. 반대로 강원랜드는 '공사'라는 명칭이 있지 않지만, 공기업으로 분류한다. 그러니 이름만 보고 속단하지 말자.

마치 한국조폐공사 직원이라고 돈을 잘 번다고 착각하거나 한국토지주택공사(LH) 직원이라면 부동산을 잘 알 것이라고 여기는 것처럼 말이다. 다시 말해, 공공기관이라는 지위는 국가적 필요와 정책 방향에 따라 유동적으로 바뀔 수 있다.

공기업도 스케일이 다르다

한국조폐공사 같은 공기업도 2가지 유형으로 구분할 수 있다. 수입 구조와 자산 규모에 따른 시장형 공기업과 준시장형 공기업이 그것이다. 자산 규모가 2조 원 이상이고 자체 수입이 85% 이상이면

공기업의 분류		
구분	시장형 공기업	준시장형 공기업
기준	자산 2조 원 이상, 자체 수입이 85% 이상	공기업 중 시장형 공기업을 제외한 공기업
설명	시장에서 자율적으로 수익을 창출할 수 있는 기관	수익 창출도 가능하지만, 정책·공공 목적 수행 비중이 높은 기관

시장형 공기업이다. 현재 시장형 공기업은 14개, 준시장형 공기업은 17개다.

그러므로 시장형 공기업인 한국전력공사 직원을 만난다면 정부로부터 특별한 예산지원 없이 스스로 전기를 팔아 운영비를 감당하는 서비스 마인드가 투철한 공공기관에서 일하는 사람으로 봐야 하는 것이다.

보이지 않지만, 없으면 우리나라가 멈춘다

공공기관은 사회의 기반을 지탱하는 거대한 기둥이다. 전기·통신·교통·환경·금융·연기금 등 국민 생활과 국가 운영에 필수적인 물리적·비물리적 인프라를 책임지고 있다. 우리의 일상은 보이지 않게 공공기관이라는 네트워크 안에서 돌아가고 있다고 해도 과언이 아니다.

이것은 우리나라 경제성장의 역사와도 관련이 깊다. 산업화 과정에서 대규모 사회간접자본(SOC)을 조성하고, 장기적인 금융을 공급하며, 경제가 성장할 수 있도록 기반을 만들고 운영하는 것이 공공기관의 역할이었다.

나아가 경제가 고도화되고 AI를 활용하는 것이 시대적 사명이 되어가는 현시점에서 공공기관의 역할은 더욱 커지고 있다. 데이터 인프라, 디지털 금융, 친환경 에너지, 기후 대응 등 새로운 과제들이 쏟아지고 있는데, 이는 민간기업이 단독으로 감당하기가 어렵다. 결

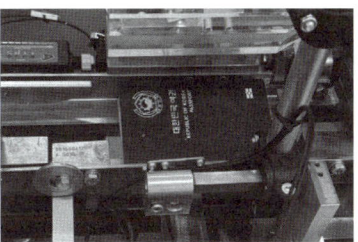

■ 은행권 제조 공정　　　　■ 여권 제조 공정

국 공공기관이 중심에 서서 국가적 전환을 뒷받침해야 한다.

　한마디로 공공기관은 산업화 시대뿐 아니라 앞으로 다가올 디지털·AI 시대에도 '국민 생활의 안정판이자 혁신의 디딤돌'이 되는 셈이다.

　이렇게 공공기관은 중요한 역할을 하고 있지만, 이 책은 스스로 사업을 영위하고 있는 '공기업'을 중심으로 설명하겠다. 이유는 다음과 같다.

　첫째, 공기업은 시장과 정부의 접점에 서 있는 독특한 존재로서 기업처럼 수익을 추구하는 동시에 공공성을 책임져야 하는 이중적 성격을 갖기 때문이다.

　둘째, 국민 생활과 밀접하게 맞닿아 있는 영역이 전기·교통·수도·통신 같은 공기업의 서비스이므로 독자들이 이해하기에도 훨씬 직관적이고 실감 날 것이기 때문이다.

공기업은
왜 필요할까

공기업은 정부가 직접 하기는 버겁고, 민간기업이 맡기에는 공익성이 크나 수익성이 떨어지는 일들을 대신 수행한다. 공기업은 단순한 기업체가 아니라 사회 전체의 빈틈을 메우는 존재다.

돈이 되지 않아도 누군가는 꼭 해야 할 일

공기업의 존재 이유는 크게 3가지로 설명할 수 있다.

첫째, 공공재다. 공공재란 모두가 함께 쓰지만 개별적으로 요금을 매기기 어려운 재화와 서비스다. 대표적으로 도로·철도·수도·전기 같은 것이 있다.

이외에 LH는 무주택 서민에게 임대주택을 공급해 주거 안정을 돕는다. 한국조폐공사는 여권과 주민등록증 같은 국가 신분증을 발급해 사회적 신뢰의 기반을 제공한다. 만약 주민등록증 발급을 민간기업이 맡는다고 상상해보라. 비용 부담과 위조·사기의 위험이 커지고, 사회적 약자는 쉽게 소외될 수도 있다.

둘째, 불완전 경쟁이다. 시장은 형성되지만, 특정 사업자가 과도한 이익을 가져가서 소비자는 충분한 서비스를 누리지 못하는 상황이다. 공공 분야는 거대한 인프라가 필요하므로 자연스럽게 독점이 생기고, 가격 인상과 서비스 불균형 문제가 뒤따른다.

한국전력공사는 전국 어디든 같은 가격으로 전기를 공급하고, 한국수자원공사는 수도와 수자원을 효율적으로 관리해 국민 건강을 지킨다. 한국철도공사는 수익성이 낮은 지역 노선에도 열차를 운행해 교통 형평성을 보장한다.

이처럼 공기업은 단순한 공급자가 아니라 국민 모두가 누려야 할 기본적인 권리와 생활의 편의를 보장하는 핵심적인 장치다.

셋째, 국가 전략을 수행하는 목적이다. 첨단기술이나 에너지 분야처럼 초기 투자비용이 크고 회수 기간이 긴 사업은 민간기업이 선뜻 뛰어들기 어렵다.

한국수력원자력은 원자력발전소와 수력발전소를 통해 낮은 발전단가로 국가 산업 경쟁력을 높였고, 한국도로공사는 값싼 물류 네트워크를 만들어 지역이 균형적으로 발전하는 데 기여했다. 한국조폐공사는 전통적인 화폐 제조뿐 아니라 디지털 인증과 모바일 결제까지 맡아 국가 보안과 금융 인프라를 강화하고 있다. 이런 영역을 민간에만 맡긴다면 외국 자본 의존, 핵심 기술 유출, 국가 안보 위협 같은 문제를 피하기 어렵다.

결국 공기업은 단순히 '정부가 만든 회사'가 아니다. 공기업은 시장의 한계를 보완하고, 사회적 형평성을 지키며, 국가 전략을 실행하는 핵심 도구다.

우리나라는 공기업을 통해 국민과 기업이 안정적으로 전기와 물을 사용하고, 안전하고 편리한 교통을 이용하며, 필요한 각종 혜택을 누릴 수 있다. 한마디로 공기업은 우리 사회의 보이지 않는 안전망이자 성장의 엔진이다.

도로든 댐이든 돈이든 공기업이 만든다

우리나라는 역사적으로 공기업이 경제성장 과정에서 다른 나라에 비해 큰 역할을 했다. 우리나라는 단기간에 산업화를 이뤄낸 '압축 성장'의 전형이라 할 수 있다.

당시 민간기업은 자본과 기술이 부족해 대규모 투자를 감당하기 어려워서 국가가 공공기관을 앞세워 필요한 기반을 구축했다.

도로·철도·항만·공항 같은 교통망과 유무선 통신망을 공기업이 선도적으로 건설했고, 전력·가스·수자원·원자력·석유·광물자원 같은 에너지 공급 체계도 안정적으로 마련했다. 토지 개발과 주택 건설, 산업단지 설치, 댐 건설 등 국토 개발 역시 공공기관의 손을 거쳐 민간기업이 성장할 터전을 다졌다.

눈에 보이는 인프라만 있었던 것은 아니다. 한국조폐공사는 화폐와 국가 신분증, 수표 발급을 통해 거래와 신뢰의 질서를 세웠고, 대한무역투자진흥공사(코트라)는 해외 수출을 위한 교두보가 되었다. 보증기금, 무역보험, 정책금융, 산업표준과 인증 제도는 기업 활동을 든든히 뒷받침했다.

이처럼 공기업은 우리나라의 산업화 과정에서 민간기업이 뿌리 내리고 성장할 토양을 마련해준 국가 성장 엔진이었다. 공기업은 지난 세월 동안 우리나라의 경제와 사회의 모든 구석에 깊숙이 스며들어 있었고, 앞으로도 마찬가지일 것이다.

전기 끊기고 물값 오르고, 민영화의 부작용

그렇다고 모든 나라가 우리나라처럼 공기업을 운영하는 것은 아니다. 미국은 경제성장 과정에서 자연스럽게 전력·통신·교통 등 주요 인프라를 민간기업에 맡기고, 이들 기업끼리 경쟁을 통해 서비스를 제공하도록 하고 있다.

이를테면 미국 전력망은 민간 전력회사 수십 개가 나뉘어 담당하는 구조다. 덕분에 선택지는 많지만, 요금은 공기업이 직접 운영하는 한국보다 훨씬 비싸다. 전기세는 지역과 회사마다 천차만별이고, 갑작스러운 요금 폭등도 자주 발생한다.

2021년 미국 텍사스주는 전력 민영화의 부작용을 극적으로 보여주었다. 혹한기에 민간 전력회사가 설비투자를 충분히 하지 않아 수백만 가구가 정전을 겪었다. 이는 '시장은 알아서 조절한다'라는 논리가 추위 앞에서 무너진 대표적 사례였다.

일본 역시 전기·철도 분야는 민간기업이 중심이다. 전기는 도쿄전력, 간사이전력 등 다수의 민간 전력회사가 지역을 나눠 독점하는 구조이고, 철도도 JR그룹을 비롯한 여러 민간 회사가 나눠서 운영한다. 경쟁과 효율성을 명분으로 민영화했지만 실제로는 지역 독점 형태가 강하고 요금은 대개 한국보다 높게 책정한다.

예컨대 일본 철도는 서비스 품질은 우수하나 장거리 이동 요금은 KTX보다 훨씬 비싸다. 결국 "서비스는 좋지만, 비용은 공기업 모델보다 더 부담된다"라는 비판이 따를 수밖에 없다.

영국은 1990년대에 철도를 민영화했으나 안전 투자와 유지보수가 부실해져 사고가 잦고 서비스가 불편했다. 열차가 늦거나 멈추는 일이 일상적이었고, 결국 정부가 다시 철도 운영사 여럿을 인수하고 통합하는 과정을 거쳤다.

칠레와 볼리비아 등 남아메리카에서는 수도 민영화를 추진했는데, 물값이 급등하고 저소득층의 이용이 제한되는 사회적 불평등 문제가 커졌다. 페루 일부 도시는 수도를 민영화한 이후 요금이 2~3배 가까이 오르며 "물이 황금보다 비싸다"라는 비판이 나올 정도였다.

프랑스 파리도 민간 수도회사에 운영을 맡겼다가 요금 인상과 시설 투자 부족으로 문제가 심각해져 2010년부터 다시 시가 직접 운영하고 있다.

공기업은 민간기업과 무엇이 다를까

공기업은 민간기업과도, 전형적인 공무원 조직과도 다르다. 말하자면 시장과 정부 사이에 있는 하이브리드라고 보면 이해가 빠르다.

공기업은 철밥통?

대부분의 국민이 공기업이 민간기업과 가장 다르다고 생각하는 점은 근무 안정성일 것이다.

민간기업은 성과와 시장 상황을 인사에 직접 반영한다. 실적이 나쁘면 구조조정이나 권고사직이 발생하고, 좋은 성과를 내면 큰 보상이 따라온다. 반면 공기업은 정년을 보장하는 경우가 많고, 해고보다는 자연 감소와 신규 채용 축소로 인력을 조정한다.

그러나 '절대 해고는 없다'라는 것은 오해다. 경영상 어려움이 있으면 명예퇴직이나 구조조정을 하기도 한다. 민간처럼 가혹하지는 않지만, 공무원처럼 법령에 따라 고용을 보장하는 것도 아니다.

채용 과정도 다르다. 민간기업은 경력과 면접 중심으로 비교적 빠르게 선발한다. 공무원은 인사혁신처에서 주관하는 별도의 필기시험을 치르고 면접을 본다. 공기업은 채용에 관한 별도의 법적 절차가 명시되어 있다는 점에서는 공무원과 유사하나 국가직무능력표준(NCS) 시험을 거치고 기관 나름의 특성을 채용 과정에 반영한다는 점에서 구별된다.

채용 전 과정에 외부위원과 전문기관이 개입한다. 자격증 한 줄의 해석 차이로도 감사 대상이 되다 보니 면접관의 '말 한마디'에도 신경을 곤두세울 수밖에 없다. 그래서 공기업 면접은 대체로 정중하고 절차적인 특징이 있다.

공기업 사장은 낙하산?

공기업의 임원(사장 등)을 임면할 때는 기본적으로 정부가 관여한다. 「공공기관의 운영에 관한 법률」에 따라 기획재정부가 경영평가와 인사 절차를 관리하고, 주무 부처 장관의 제청을 거쳐 대통령이나 국무회의에서 대개 임명한다.

예컨대 한국전력공사 사장은 산업통상자원부 장관이 제청하고 대통령이 임명한다. 임기는 통상 3년이지만 국정감사에서 받은 부정적 평가나 감사원 지적, 정권 교체 등 정치적 상황에 따라 중도에 교체되기도 한다. 따라서 "성과보다 정치적 환경의 영향을 더 받는다"

한국조폐공사 사장 모집 공고

『초연결 시대의 국민 신뢰 플랫폼 파트너』를 지향하는 한국조폐공사가
투명경영을 선도할 전문성과 역량을 갖춘 최고경영자를 모십니다.

1. 공모직위 및 인원 : 사장 1명
2. 임　　기 : 3년 (경영실적 평가 결과에 따라 1년 단위 연임 가능)
3. 자격요건
- 『공공기관의 운영에 관한 법률』제30조 제1항에 해당하는 직무수행 역량을 갖춘 분
- 『공공기관의 운영에 관한 법률』제34조 및 관련법령에서 정한 결격사유에 해당하지 않는 분

4. 선발기준
- 최고경영자로서 자질과 능력
- 경영·경제 분야에 대한 지식과 경험
- 기업경영 또는 조직관리 능력 및 경험
- 조폐 및 관련분야 전문지식
- 청렴성과 도덕성 등 건전한 윤리의식

5. 제출서류
- 지원서(사진첨부) 1부
- 자기소개서(경력 및 업적중심 기재, A4용지 4~6매 정도) 1부
- 직무수행계획서(A4용지 5매 내외) 1부
- 개인정보 제공 동의서 1부
- 최종 학력증명서(단, 최종학력이 석사 이상인 경우 학사 이상 학력증명서 모두 제출)
- 상세 경력증명서(부서, 직위, 담당업무, 근무기간 포함) 및 자격증 사본 일체
- ※ 증명서 일체는 공고일 기준 3개월 이내(`23. 5. 4.이후) 발급받은 것에 한함
   (기준을 충족하지 않는 서류에 대해서는 학력 및 경력 등을 인정하지 않을 수 있음)
- ※ 제출서류는 한국조폐공사 홈페이지(www.komsco.com)에서 내려 받아 작성

6. 접수기간 및 접수처
- 접수기간 : 2023. 8. 4.(금) ~ 2023. 8. 14.(월) 17:00까지(토·일요일 및 공휴일은 제외)
- 접 수 처 : (우 34132) 대전광역시 유성구 과학로 80-67(한국조폐공사 임원추천위원회(인사부)
- 제출방법 : 방문 또는 등기우편(접수마감일 종료시간까지 도착분에 한함)

7. 심사방법
- 임원추천위원회에서 서류 및 면접심사
   - 1차 서류심사 : 제출서류를 기초로 평가
   - 2차 면접심사 : 서류심사 합격자를 대상으로 실시(면접 일시·장소는 개별통보)
- 심사기준 : 공사 홈페이지에 게재

8. 기타사항
- 제출된 서류는 「채용절차의 공정화에 관한 법률」에 따라 반환청구 할 수 있으며, 채용서류의 보관 및 반환청구 기간은 임명이 확정된 후 180일까지 입니다.
- 기재된 내용이 사실과 다른 경우에는 임용후보자 추천을 취소할 수 있습니다.
- 지원자 접수결과 2배수에 미달하거나 적격자가 없는 경우에는 재공고를 실시할 수 있습니다.
- 기타사항은 한국조폐공사 임원추천위원회(☎ 042-870-1253, ✉ jeongeun@komsco.com)로 문의하시거나 홈페이지를 참고하시기 바랍니다.

2023년 8월 4일

한국조폐공사 임원추천위원회

■ **공기업 사장 초빙 공고문**

라는 비판이 나오기도 한다.

　반면 민간기업의 임원은 주주총회와 이사회의 결정으로 선출·해임한다. 상법상 주주들이 이사회를 구성하고, 이사회가 대표이사(CEO)를 선임한다. 이때 주요 고려 요소는 철저히 성과와 주주 이익이다.

　성과가 뛰어나면 장기 집권도 가능하지만, 실적이 부진하면 주주의 반발로 단기간에 교체되기도 한다. 최근 글로벌 기업에서 CEO 교체가 잦은 이유도 이 때문이다.

싸게 사도 혼나는 공기업

예산 집행도 차이가 크다. 민간기업은 이사회나 경영진의 판단으로 신속하게 투자 결정을 내릴 수 있다. 반면 공기업은 자체 수입으로 운영하더라도 일정 규모 이상이면 법률과 규정에 따른 타당성 분석이나 입찰 절차 등을 반드시 거쳐야 한다. 국제 시세보다 싸게 금을 산다고 해도 입찰 절차를 어기면 오히려 문제가 된다.

싸게 사도 혼나는 것이 공기업의 세계다. 또한 매년 국정감사를 통해 예산을 집행하는 과정에서 낭비 요인이 없었는지 확인받고, 국회 예산정책처 점검, 감사원 감사 등도 받는다.

비록 자체 예산으로 운영하는 공기업의 경우 예산 편성의 자율성은 다른 준정부기관에 비해 높을 수 있지만 집행의 투명성과 효율성은 동일한 수준의 통제를 받는다.

KTX 요금이 10년 넘게 오르지 않는 이유

사업 영역도 구분된다. 민간기업은 자금과 기회만 있으면 다양한 분야로 자유롭게 확장이 가능하다. 카카오가 메신저에서 금융, 엔터테인먼트, 모빌리티로 뻗어 나간 것이 대표적이다.

반면 공기업은 법이 허용한 업무 영역의 범위 안에서만 움직일 수 있다. 발전사가 지역난방을 시작할 때 법령 개정이나 정부 승인이 필요했던 것이 좋은 예다. 이는 본연의 공공 서비스를 해치지 않고,

민간과 불필요하게 경합하지 않도록 하기 위한 장치다.

가격 결정 방식도 다르다. 민간기업은 시장의 상황과 제조원가, 수요와 공급을 고려해 자유롭게 가격을 책정한다. 반면 공기업은 공공성과 국민 부담을 고려해 정부와 협의해 결정한다. 그래서 전기·수도 요금은 공급원가보다 낮기도 하다.

코로나19 시기에 에너지 가격이 급등하는데도 불구하고 한국전력공사가 전기료를 최소한만 인상해 수십조 원이 넘는 부채를 추가로 짊어지게 된 것이나 한국철도공사가 KTX 요금을 10년 넘게 동결한 것이 대표적인 사례라고 할 수 있다.

성과급 파티, 해본 적도 없습니다만

성과 관리도 차이가 난다. 민간기업은 개인 성과 중심이므로 뛰어난 직원은 연봉보다 더 큰 성과급을 받을 수 있다. 반면 공기업은 조직 전체의 성과에 더 무게를 둔다. 매년 정부에서 진행하는 경영평가를 통해 총인건비 중 일부를 매월 정기적인 급여 형태가 아닌 성과금의 명목으로 받는 것이다.

그래서 적자를 내더라도 공공 서비스를 잘 수행했거나 혁신을 했다면 일정 수준의 성과급을 받을 수 있다. 그래서 언론에서는 "적자 공기업 성과급 파티"라는 비판이 나오기도 하지만, 동시에 공기업이 과도한 이익을 내면 "국민에게 부담을 전가한다"라는 비난이 쏟아진다.

민간기업처럼 연봉 외에 추가적인 성과급이 아닌, 기관의 인건비 예산 안에서 한 성과 보상임에도 불구하고 이런 이중고 속에서 균형을 맞추는 것이 공기업의 숙명이다.

정리하자면 공기업은 민간기업처럼 수익을 내야 하지만, 이익 극대화가 목적은 아니다. 공무원에 가까운 수준으로 근무 환경이 비교적 안정적이지만 국가 행정조직과 동일하지도 않다. 시장 논리와 공공성을 동시에 짊어진, 말하자면 '기업의 옷을 입은 공공 서비스 기관'이라 보면 이해가 빠르다.

공기업은 기업이면서도 국민 모두를 위한 기관이기에 민간기업과는 닮은 듯 다르고, 공무원과는 비슷한 듯 또 다른 독특한 길을 걷고 있다.

검토에 검토를 거치는 공기업 업무 계획

공기업에서 매년 연간 업무 계획을 어떻게 수립하는지 한국조폐 공사의 사례를 들어서 살펴보자.

한국조폐공사의 한 해는 '연간 운영계획' 수립으로 시작한다. 매년 말이 되면 각자의 사업부를 담당하는 부서장과 소속 기관장은 각자의 업무보고 계획서를 들고 사장 앞에 서게 된다.

은행권 제조 계획, 전자여권과 주민등록증 같은 국가 신분증의 제조와 발급 계획, 모바일 신분증 사업 추진 전략, 지급결제 플랫폼 운영과 지역사랑상품권 확대 계획, ICT 서비스 운영과 개발계획, 원 자재 가격 변동에 따른 조달비용, R&D 추진 사항, ESG 관련 추진 사항 등을 포괄하는 다음 연도 예산과 손익 전망까지 세세하게 정리 한다.

정부의 정책 기조, 세계 경제 흐름, 산업 환경 같은 대외 변수도 빠지지 않는다. 이 과정에서 "내년에 새로 도입할 보안 요소는 무엇인지, 신규 사업인 화폐 굿즈 사업, 예술형 주화 사업, 온누리상품권 서비스 고도화 등은 어디까지 가능할지" 같은 구체적인 질문과 답변이 오간다.

이렇게 모인 자료를 토대로 기획조정처가 초안을 만든다. 경영목표, 투자계획, 인력 운용, 재무계획이 하나의 틀 안에 들어가면서 '한국조폐공사판 항해 지도'가 그려진다.

하지만 초안을 곧장 확정하는 일은 없다. 내부 검토가 기다리고 있기 때문이다. 모든 부서가 목표치가 과도하지 않은지, 인력 충원이 현실성 있는지, 사업목표는 달성 가능한지 등 꼼꼼히 따져 묻는다. 때로는 "지금 IT 인력을 더 뽑아야 하는지, 생산 현장의 해당 자동화 설비투자 시점이 적정한지"를 두고 부서 간 논쟁이 벌어진다.

내부 검토를 통과하면 감사실이 일상감사를 진행한다. 계획의 적정성과 법령·규정 준수 여부를 살펴보고, 혹시 정부 지침과 충돌하는 부분이 없는지 점검한다. 감사실을 통과하지 못하면 운영계획은 다시 원점으로 돌아간다.

그다음 무대는 이사회다. 한국조폐공사 내부의 상임이사와 정부에서 임명한 비상임이사들이 모여 계획을 심의한다. 여기서는 경영목표의 타당성, 신규 사업 추진의 현실성, 국민 편익에 미치는 효과까지 폭넓게 토론한다.

이를테면 "지역사랑상품권의 부가서비스 확대가 국민 편익에 얼마나 기여할 수 있는가" 같은 질문이 날아오면, 실무진은 구체적인 수치와 사례로 답해야 한다. 때로는 수정과 보완을 거쳐서 의결한다.

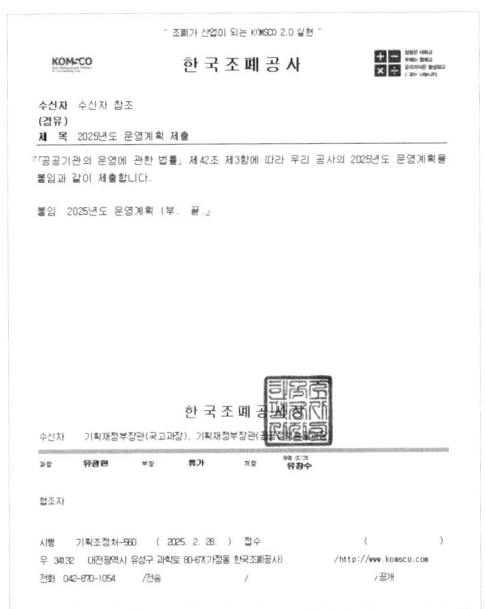

"조폐가 산업이 되는 KOMSCO 2.0 실현"

KOMSCO

한국조폐공사

수신자 수신자 참조
(경유)
제 목 2025년도 운영계획 제출

「공공기관의 운영에 관한 법률」 제42조 제3항에 따라 우리 공사의 2025년도 운영계획을 붙임과 같이 제출합니다.

붙임 2025년도 운영계획 1부. 끝.

한 국 조 폐 공 사

수신자 기획재정부장관(국고과장), 기획재정부장관(국고과장)

과장 위관현 부장 류가 차장 위창수

협조자

시행 기획조정처−560 (2025. 2. 28.) 접수 ( )
우 34032 대전광역시 유성구 과학로 80-67가정동 한국조폐공사) /http://www.komsco.com
전화 042-870-1054 /전송 / /공개

■ **운영계획 제출 문서**

　　이사회 의결을 통과하면 최종 운영계획을 완성한다. 한국조폐공사는 이 계획을 주무 부처인 기획재정부에 제출한다. 제출한 계획은 단순한 서류가 아니라 1년간 한국조폐공사를 어떻게 운영할지를 규정하는 내비게이터다. 화폐 제조부터 디지털 지급 결제, 해외 수출까지 모든 활동을 이 문서 안에 담는다.

　　무엇보다 이렇게 확정한 운영계획이 향후 경영평가의 기준이 된다는 사실이 중요하다. 계획에서 세운 목표를 얼마나 달성했는지가 매년 기획재정부 평가단의 채점표로 돌아온다.

　　평가 결과는 기관장과 임직원의 성과급 규모는 물론 경우에 따라 기관장의 연임 여부나 해임 건의까지도 결정짓는다. 결국 한국조폐공사의 운영계획은 단순한 업무 계획이 아니라 조직의 명운을 좌우하는 약속 문서인 셈이다.

Chapter 2

공기업은
어떻게 들어가나

진짜 일 잘할 사람을 뽑고 싶습니다

지속되는 경기 불황으로 청년 취업난이 장기화하면서 정년을 보장하고 공무원보다는 상대적으로 급여 수준이 높은 공기업은 취업준비생뿐 아니라 부모님이 강력하게 추천하는 직장으로 자리매김했다. 매년 어마어마한 경쟁률을 자랑하는 공기업은 과연 어떤 방식으로 인재를 선발하는지 들여다보자.

이름? 학교? 몰라요, 일만 잘하면 됩니다

공기업은 '그 일을 잘할 수 있느냐?'에 집중하고자 공정성과 투명성을 기반으로 하는 직무 능력 중심의 채용을 추진하고 있다.

이는 학벌과 스펙 위주의 채용으로 취업준비생은 직무와 무관한 무분별한 스펙 쌓기로 취업 준비 비용이 증가하고, 입사한 후 직무와 직장생활 만족도 저하로 이직률이 증가하며, 직무에 대한 준비

부족으로 기업의 재교육 비용이 증가하는 등 사회적 자원 낭비를 방지하고자 직무수행에 필요한 역량과 경험을 중심으로 인재를 선발하는 직무능력 중심 채용으로 전환했다.

이렇게 공기업 취업을 준비하다 보면 꼭 듣게 되는 단어가 있는데 NCS와 블라인드 채용이다. '진짜 일 잘할 사람'을 뽑으려고 공기업은 무기 2개를 기반으로 채용제도를 설계해 운영하고 있다.

공기업 채용의 판을 바꾼 NCS

NCS는 '국가직무능력표준'의 약자로, 일을 잘하기 위해 꼭 필요한 지식·기술·태도를 체계적으로 정리해놓은 기준이다.

앞서 강조했듯이 공기업은 단순한 학벌과 스펙이 아닌 그 일을 잘할 수 있는 역량이 있는지를 중심으로 평가한다. 따라서 직무별

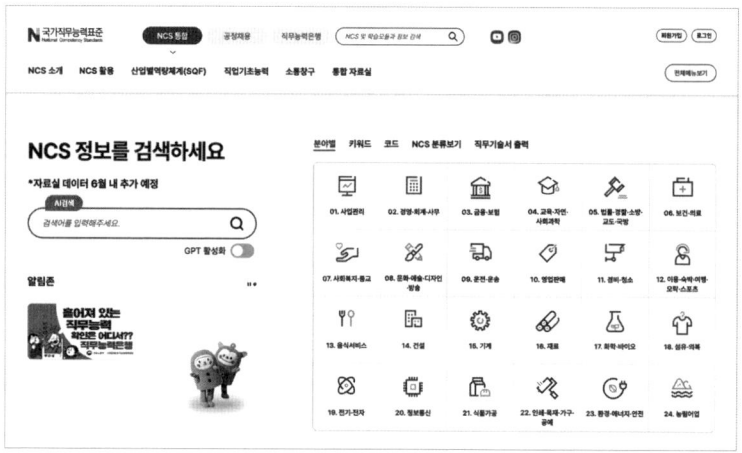

출처 : 국가직무능력표준(NCS)

세부 직무수행 내역, 그 직무수행을 위한 필요 지식·기술·자격·태도 등을 명시한 NCS 기반 직무기술서를 바탕으로 직무수행능력을 검증할 수 있도록 채용 프로세스를 설계하고 평가 툴을 결정한다.

예를 들어 필기시험도 단순히 전공지식만 묻는 것이 아니라 해당 업무를 수행하는 데 필요한 의사소통 능력, 문제해결 능력 등 직업기초 능력을 평가하므로 취업준비생은 지원하고자 하는 직무에 맞춰 역량을 키울 수 있다.

블라인드 채용, 진짜 눈을 감을까?

우리는 종종 보이지 않는 편견에 갇혀 사람을 판단한다. 어느 대학을 나왔는지, 몇 살인지, 성별이 무엇인지가 그 사람의 실력보다 먼저 평가되는 현실을 오랫동안 반복해왔다.

블라인드 채용은 이런 선입견을 깨뜨리기 위한 시도이자 사람을 바라보는 사회의 시선을 바꾸려는 노력이다. 물론 "좋은 학교를 나온 사람이 실력이 좋은 것 아닌가요?"라고 말하는 사람도 있겠지만, 사회는 더는 스펙이나 학력이 아닌 역량을 요구하고 있기에 공기업 채용 역시 누구나 공정한 출발선에 서서 배경이 아닌 능력으로 평가받을 수 있도록 변화해왔다.

블라인드 채용은 채용 과정에서 출신학교·나이·성별·사진·주소·가족사항 등 불필요한 개인정보를 전면 배제해 편견으로 인한 불합리한 차별이 발생하지 않도록 하는 것이 핵심이다. 즉, 입사지원

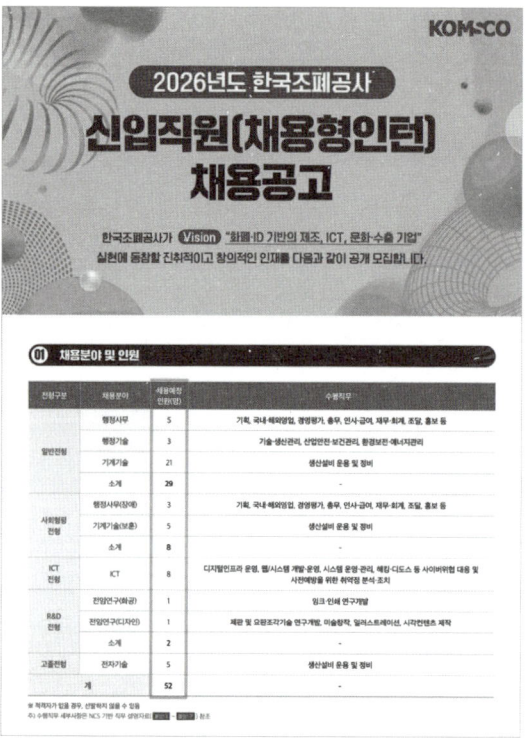

■ **신입직원 채용 공고문**

서만 봐서는 지원자의 배경을 알 수 없고, 면접장에서는 "어느 학교 나왔어요?", "고향이 어디예요?", "결혼했어요?"와 같은 질문을 더는 만나볼 수 없다.

오직 해당 직무를 얼마나 잘할 수 있는지가 중요하다. 스펙보다 역량이 중요해졌고, 누구나 공정하게 출발선에 설 수 있는 구조가 만들어진 셈이다.

물론 직무에 따라서는 전공이나 자격증이 꼭 필요한 경우 제한적으로 요구할 수도 있지만 그 외의 요소는 최대한 배제해 스펙이 아닌 진짜 그 사람에게 집중할 수 있도록 한 것이다.

이런 변화는 지방대학교 출신, 여성, 경력단절자 등 기존 채용 구조에서 불리했던 이들에게 기회를 넓혀주는 데 큰 역할을 하고 있다.

공정 채용의 진짜 의미, 출발선을 맞추는 것

우리 사회에는 보이지 않는 격차가 존재한다. 서울 지역 대학과 지방대학 출신, 남성과 여성 사이에는 출발선부터 다른 구조적 불균형을 축적해왔다.

지역인재, 지역균형(비수도권)인재, 양성평등채용목표제는 이런 현실을 반영해 실력을 평가받을 수 있는 최소한의 기회를 보장함으로써 우리 사회 전체를 더 평등하고 다양하게 하는 장치라 할 수 있다.

그런데 이런 제도에 대해 일부는 "결국 특정인이나 특정 집단에 기회가 더 유리한 것 아닌가요?", "실력보다 조건이 중요하다는 것인가요?"라고 말하는 사람도 있을 것이다.

하지만 이런 오해는 제도를 충분히 이해하지 못한 데서 발생한다. 채용 전형에서 국가에서 정한 의무 고용 비율에 미달할 때 누군가를 대신 탈락시키는 것이 아니라 미달 인원만큼을 추가로 합격시켜 기회를 얻지 못했던 이들에게 한 번의 문을 더 열어주는 것이다.

실력과 기회는 같은 말이 아니다. 누군가에게는 좋은 교육, 다양한 경력, 자주 만나는 정보와 조언자들이 있지만 그 모든 것이 없는 상태에서 스스로 일어서야 할 수도 있다. 그 둘을 같은 기준으로 평가한다면 과연 그것이 공정한 경쟁일까?

그래서 실력을 거스르려는 것이 아니라 비율 보장, 추가 합격, 전형 분리와 같은 방식으로 실력을 평가받을 수 있는 최소한의 기회를 보장하는 것이다.

3만 명이 몰리는 '공공기관 채용정보박람회'

공기업 취업준비생이라면 매년 1월 기획재정부가 주최하는 '공공기관 채용정보박람회'를 주목해야 한다. 공공기관 채용 정보를 한자리에 모은 이 박람회는 국내 최대 규모를 자랑한다. 기관별 채용 담당자를 직접 만나 정보를 얻고 취업을 준비할 기회의 장이기도 하다.

2025년에는 공기업 143개와 구직자 3만 명 이상이 참여했으며, 공공기관별 채용부스, 장애인·고졸 채용 전용 상담부스를 통한 취업 상담, 공개 모의면접, NCS 필기시험관, 전문 컨설턴트를 통한 일대일 컨설팅 등 다양한 프로그램을 운영한다.

공공기관 채용정보박람회 홈페이지에서 참가 신청을 한 후 기관별 채용설명회 등 세부 일정을 미리 확인하고 사전에 질문 목록을 준비해서 방문한다면 더욱 알찬 시간이 될 것이다.

■ 채용설명회

■ 공개 모의면접

출처 : 한국조폐공사

Chapter 3

공기업은
어떻게 평가하나

공기업의 사활이 걸린 시험, 경영평가

'공공기관 경영평가', 공기업 취업에 관심이 있는 취업준비생이라면 미디어에서 한 번쯤 접해보았을 것이다. 매년 6월이 되면 대한민국 공기업들은 여느 때보다 신경이 곤두선다. 정부(기획재정부)에서 '공공기관 경영평가 결과'를 발표하기 때문이다.

2025년에도 어김없이 공기업 32개의 경영평가 결과가 나왔다. 종합 등급이 '보통(C)' 이상인 기관은 경영평가 성과급을 받지만, 부진한 기관은 성과급 미지급은 물론 기관장의 입지까지 곤란해진다. 공기업들이 경영평가에 전전긍긍하는 이유다.

국민을 위해 쉬지 않고 달리게 하는 채점표

공기업이 사활을 거는 경영평가란 대체 무엇일까? 한마디로 정의하기는 어렵지만 아마도 기관의 한 해 노력과 성과를 평가받는 '성적표'란 말이 가장 합당할 듯하다. 물론 공기업이 경영평가를 목적으로 성과를 내는 것은 아니다. 하지만 등급으로 기관의 순위가 매겨지는 경영평가가 기관의 최우선 관심사임은 부인할 수 없다. 즉 모든 공기업은 경영평가에서 좋은 성적을 내기 위해 전사적 역량을 쏟아붓고 있다고 해도 과언이 아니다.

경영평가는 1984년부터 2025년 현재까지 약 40년 동안 이어져 왔다. 경영평가 제도는 2007년 「공공기관의 운영에 관한 법률」(이하 "법률"이라 한다)을 제정하면서 현재의 모습으로 개편했고 시대의 변화에 따라 진화해왔다.

유구한 역사를 지닌 경영평가는 공기업의 자율·책임경영 체계를 확립하기 위해 매년 경영 노력과 성과를 객관적으로 평가하는 제도다. 정부는 경영평가를 통해 공기업의 공공성과 효율성을 높이고, 경영 개선이 필요한 사항에 대해 전문 컨설팅을 제공한다. 궁극적으로는 이를 통해 대국민 서비스를 개선하는 것을 목적으로 하고 있다.

경영평가는 어떻게 진행하나

수많은 공기업을 어떻게 분류하고, 어떤 기준으로 평가할까? 정부는 공정하고 객관적으로 공기업을 평가하려고 매 회계연도 전까지 평가 대상, 기준, 방법 등을 정한 경영평가편람을 작성한다. 경영평가를 받는 공기업은 경영평가편람을 기준으로 다음 해 3월 첫째 주까지 전년도 경영 실적보고서를 작성해 정부에 제출해야 한다.

경영평가는 크게 계량지표와 비계량지표로 구성되어 있다. 계량지표 실적은 회계법인의 확인을 거쳐 '계량지표 확인서'를 정부에 제출하고 평가단의 검증을 받는다. 비계량지표 또한 평가단의 현장실사를 거쳐 실적을 확인받는다.

정부는 평가의 객관성을 높이려고 대학교수, 회계사 등으로 경영평가단을 구성한다. 평가단은 각 기관이 제출한 경영 실적보고서를 기초로 기관설명회, 현장실사 등을 거쳐 경영 실적을 평가한다.

정부는 평가기간 다음 연도 6월 중순까지 경영평가를 마치고 기획재정부 장관이 주관하는 「공공기관운영위원회」의 심의·의결을 거쳐 평가 결과를 확정한다.

경영평가의 기준은 무엇인가

공기업의 경영 실적은 기관의 산업별·기능별·규모별 기준에 따라 유형을 구분해 평가한다. 공기업은 크게 사회기반시설에 대한 계획·건설·관리 등을 주요 업무로 하는 'SOC', 에너지의 생산·공급·자원개발 등을 주요 업무로 하는 '에너지', 특정 분야 산업진흥과 대국민 공공 서비스 제공을 주요 업무로 하는 '산업진흥·서비스', 이렇게 3가지 유형으로 구분한다.

공기업 평가지표는 경영 실적을 체계적·종합적으로 평가하기 위해 경영관리와 주요 사업 2개 범주로 나눈다.

경영관리 범주는 가중치 55점으로 ① 지배구조, 리더십, ② 안전,

2024년도 공기업 평가유형구분 기준		
유형		기관명
공기업 (32개)	SOC (8개)	인천국제공항공사, 한국공항공사, 한국도로공사, 한국수자원공사, 한국철도공사, 한국토지주택공사, 제주국제자유도시개발센터, 주식회사 에스알
	에너지 (12개)	한국가스공사, 한국석유공사, 한국전력공사, 한국지역난방공사, 대한석탄공사, 한국광해광업공단, 한국남동발전, 한국남부발전, 한국동서발전, 한국서부발전, 한국수력원자력, 한국중부발전
	산업진흥·서비스 (12개)	강원랜드, 그랜드코리아레저, 주택도시보증공사, 한국가스기술공사, 한국마사회, 한국방송광고진흥공사, 한국부동산원, 한국전력기술, 한국조폐공사, 한국KDN, 한국KPS, 해양환경공단

출처 : 〈2024년도 공공기관 경영평가편람〉(기획재정부)

책임경영, ③ 재무성과관리, ④ 조직 운영, 관리 평가지표로 이뤄져 있다. 주요 사업 범주는 가중치 45점을 차지하며, 공공기관의 주요 사업별 계획·활동·성과와 계량지표의 적정성을 종합적으로 평가한다. 2024년 경영평가는 「공공기관 혁신 노력과 성과」 등 정부 정책을 반영한 우수기관 가점을 5점 포함해 사실상 총 105점을 기준으로 구성한다.

성과급부터 기관장 해임까지, 점수로 결정하는 운명

기관의 평가점수는 지표별 평점에 가중치를 곱해 산출하며 비계량지표와 계량지표 평가점수를 합해 종합 평가결과를 산출한다. 최종 평가결과는 종합 평가결과에 따라 탁월(S)-우수(A)-양호(B)-보통(C)-미흡(D)-아주미흡(E) 6등급으로 구분하고 기획재정부 주관 공공기관운영위원회의 심의·의결을 거쳐 확정한다.

그렇다면 경영평가 결과는 공기업에 어떤 영향을 줄까? 먼저 경영평가 결과로 기관의 성과급 지급 유무를 결정한다. 종합 평가결과에 따라 C등급 이상인 기관은 경영평가 성과급을 받지만 D등급 이하인 기관은 성과급이 없다. 더욱이 경영평가 결과가 미흡 이하(D·E) 등급인 기관은 정부에 경영개선 계획을 제출하고 경영개선 컨설팅을 받아야 한다.

경영평가 결과 우수기관은 기획재정부 장관 표창 등 포상을 받지만 2년 연속 미흡 이하 등급을 받은 기관은 기관장 해임까지 요구받는다.

두려움과 설렘 사이, 공기업 직원의 6월

공기업 직원에게 경영평가란 두렵지만 한편으로는 설레는 단어일 것이다. 보고서 작성부터 현장실사까지 지난한 과정을 준비하는 담당자들에게는 성과급과 기관장의 생존이 걸린 두려움의 대상이다. 다만 경영평가를 통해 기관의 성과를 인정받고 좋은 결과를 얻었을 때 돌아오는 성취감(특히 성과급)은 이런 두려움을 잠시나마 잊게 하는 설렘일 것이다.

경영평가 담당자들이 자주 하는 우스갯소리가 있다. "경영평가 결과가 좋으면 딱 6월 한 달 행복하다." 6월 30일 경영평가 성과급을 지급받고, 다음 날인 7월 1일부터 다음 경영평가를 준비해야 하는 '웃으면서 슬픈 현실' 때문이다.

정부가 바뀌면 지표도 바뀐다

공공기관 경영평가 제도는 시대에 따라 변해왔다. 1984년 처음으로 정부투자 기관에 대한 경영평가를 한 이후 현재까지 경영평가 제도는 정부의 국정철학을 실현하는 도구로서 역할을 해왔다. 새 정부가 출범하면 정부의 국정철학을 담은 국정과제를 어김없이 공공기관 경영평가에 반영했다. 공공기관은 정부가 추진하는 주요 정책을 선도적으로 이행해야 하는 책무가 있기 때문일 것이다.

최근 10여 년간 역대 정부별 주요 정책을 어떻게 경영평가에 반영했는지를 살펴보면 경영평가 제도가 국정철학을 실현하는 도구라는 의미를 이해하게 될 것이다.

박근혜 정부에서는 공공기관 방만경영 문제가 대두되면서 '공공기관 합리화, 정상화 대책 마련'을 위한 부채감축과 방만경영 개선을 경영평가에 중점적으로 반영했다. 특히 부채과다/방만경영 중점관리대상기관은 재무예산관리와 복리후생 관리지표에 대한 중간평가를 별도로 했다. 문재인 정부에서는 '공공기관의 사회적 책임'을 강조하며 경영관리 범주에 일자리 창출, 균등한 기회와 사회통합, 안전과 환경, 상생·협력과 지역발전, 윤리경영을 지표로 신설했다. 윤석열 정부에서는 공공기관의 생산성·효율성 제고에 중점을 두고 '공공기관 혁신 가이드라인' 점검 결과를 경영평가 가점(5점)으로 반영했다. 재무 건전성을 강조하면서 기존 사회적 가치 지표의 가중치를 축소하고 재무성과관리 지표의 가중치를 대폭 확대했다.

역대 정부별 정책 방향의 경영평가 반영 내용

구분	박근혜 정부 (2013~2017)	문재인 정부 (2017~2022)	윤석열 정부 (2022~2025)
정책 방향	공공기관 합리화, 정상화 대책	공공기관 사회적 가치 구현	공공기관 혁신 가이드라인
평가 반영	부채·복리후생비 감축 중간평가 반영 등	사회적 가치 구현 지표 신설 반영	사회적 책임 가중치 축소, 재무성과관리 가중치 확대

출처 : 《공공기관 경영평가 40년, 회고와 제언》(한국조세재정연구원, 2024)

최근 이재명 정부의 공공기관 경영평가제도 개편 방향은 재무성과 중심 배점을 대폭 낮추고 사회적 책임, 안전·재난관리, 친환경·탄소중립 배점을 높였다. 공공기관 혁신을 통해 국가 발전을 유도하고자 안전 일터 조성, AI 활용 등 혁신 가점을 신설했다.

Chapter 4

공기업은
누가 감시하고
통제하나

공기업을 감시하는 눈

"공기업이 잘하고 있는지는 누가 감시하나요?" 이 단순한 질문은 곧 '국민의 신뢰를 어떻게 확보하느냐'라는 본질적 문제로 이어진다.

공기업은 세금과 국가 권한을 위임받아 운영하는 집행기관으로서, 사업 규모와 사회적 영향력이 방대하다. 이런 기관을 자의적 판단이나 권한 남용 없이 투명하고 책임 있게 운영하도록 하려면 감시와 통제 체계가 필요하다.

그렇다면 이렇게 막중한 역할을 맡은 한국조폐공사를 비롯한 공기업들은 누구의 감시를 받을까?

공기업을 둘러싼 통제의 피라미드

공기업은 설립 목적과 기능에 따라 해당 분야를 관장하는 중앙행정기관의 지휘·감독을 받는다. 이를 '주무 부처'라 하며, 이들은 사업계획 승인, 예산안 협의, 정관 변경, 기관장 인사 등 실질적 권한을 통해 공기업의 운영 전반을 조율·통제한다. 공기업은 법인 형태를 갖추고 있으나 의사결정의 상당 부분은 주무 부처의 사전 승인 또는 보고 절차를 거쳐야 한다.

기획재정부는 「공공기관의 운영에 관한 법률」에 따라 공공기관 전체를 총괄하는 기구로서 공공기관 지정·해제, 예산편성 지침 수립, 인건비 관리, 경영평가 실시 등 공기업 운영에 직간접적으로 영향을 미치는 핵심 기능을 수행한다.

특히 경영평가는 기관장의 연임 여부, 성과급 산정, 제도개선 권고 등으로 이어지며, 실질적 유인·제재 장치로 작동한다. 이 결정은 기획재정부 산하 '공공기관운영위원회'를 통해 심의·의결하며, 위원회는 공기업 정책의 큰 방향성을 제시하는 정책적 감시기관으로 기능을 한다.

국민권익위원회에서는 매년 '청렴도 평가'를 통해 공기업의 청렴성과 부패 방지 실적을 객관화한다. 평가 항목은 내부 직원과 외부 민원인을 대상으로 한 부패 인식·경험 측정 설문조사를 기반으로 한 청렴 체감도 평가가 60%, 기관의 반부패 시책 추진과 노력을 미리 설정한 지표에 따라 평가하는 청렴 노력도 평가가 40%를 차지한다.

부패행위, 징계, 감사·기소·재판 결과 등 기관별 부패 사건 발생 현황을 감점으로 평가하는 부패 실태 평가도 10% 반영한다. 이런 종합청렴도 평가 결과는 경영평가에 연계되고 국민에게 공표한다.

이는 기관 내부의 청렴 문화 형성뿐 아니라 국민이 직접 기관의 부패 위험도를 파악할 수 있는 실질적 통제 수단으로 작용하고 있다.

공기업의 업무가 다각화됨에 따라 한국산업안전보건공단(산업안전), 개인정보보호위원회(정보보호), 고용노동부(노사관계), 공정거래위원회(시장 질서) 등 다양한 정부기관이 분야별 평가와 지도를 수행한다.

예를 들어 산업재해율이 높은 기관은 별도의 중점 관리 대상으로 지정되어 시정조치나 재정적 페널티를 받을 수 있다. 이런 부문별 감독은 공기업이 사회적 책무를 충실히 이행하고 있는지를 실질적으로 검증하는 체계로 작동한다.

국회가 묻고, 감사원이 보고, 회계법인이 검증하고

공기업은 국회로부터도 직접적인 감시를 받는다. 매년 정기국회 기간 중 실시하는 국정감사에서는 각 상임위원회 소속 의원들이 공기업의 예산 집행, 사업의 타당성, 인사 운영 등의 문제를 지적하고 시정조치를 요구한다.

특히 국회는 기관장 출석 요구, 자료 제출 요구, 위증 시 처벌 요구 등 강력한 법적 권한이 있다. 국회의 질의는 언론보도나 민원 제보를 바탕으로 하기도 하며, 정책·제도 개선으로도 이어진다.

감사원은 특정사안에 대한 직권감사, 정기종합감사 등을 통해 공공기관의 위법·부당 행위에 대해 지적하고, 지적사항에 대한 조치 요구를 하는데, 관련 행위자에 대한 인사 처분이나 제도 개선 권고 등이 그것이다.

회계법인은 공기업의 재무제표를 외부 시각에서 감사하며, 회계 처리의 적정성 여부를 검증해 공공 재정의 투명성을 확보한다.

또 누가 감시하냐고요? 전 국민이요!

언론은 공기업 감시의 최전선에 있다. 예산 낭비, 특혜 계약, 인사 비리 등 다양한 이슈가 언론보도를 통해 수면 위로 드러나고, 이는 국회 질의나 감사원 감사, 국민 청원 등으로 이어진다.

특히 '데이터 저널리즘'이 확대하면서, 언론은 공공기관 경영정보 공개시스템 등 공시자료를 활용해 객관적인 지표 분석 기반의 비판 보도를 내고 있으며, 익명 제보를 활용한 내부 고발 사례도 증가하는 추세다.

시민 사회는 공공기관의 운영 감시에 적극적으로 참여하고 있다. 참여연대, 경제정의실천시민연합(경실련), 투명사회를 위한 정보공개센터 등은 정보공개 청구, 국민권익위원회 진정, 국회 민원 접수 등을 통해 공기업 운영의 공공성과 투명성 확보를 촉진한다.

지역 시민단체, 노동조합 등도 사회공헌, 비정규직 비율, 환경 책임 등 이슈별 감시를 강화하고 있으며, 이들의 활동은 공기업에 대한 외부의 건강한 긴장감을 유지하는 역할을 한다.

알리오(ALIO)는 공공기관 경영정보 공개시스템으로, 공기업의 예산, 인건비, 복리후생, 이사회 회의록, 수의계약 내역, 감사 결과, 경영평가 결과 등 광범위한 정보를 국민에게 제공한다. 이 시스템을 통해 누구나 공기업의 운영 실태를 확인할 수 있어 '전 국민 감시체계'의 실질적 기반으로 기능한다.

언론과 시민단체는 이 데이터를 분석해 부적정하다고 판단하는 공기업의 운영을 지적하고 제도의 개선을 요구하며, 일반 국민도 이를 통해 감시의 주체로 참여한다.

공기업의 끊임없는 자정 노력, 내부통제

외부의 감시와 감독만으로는 공기업의 투명성 제고에 한계가 있다. 그래서 공기업 내부에서도 다양한 자율적 통제장치를 병행하고 있다. 공기업을 비롯한 모든 공공기관은 「공공감사에 관한 법률」에 따라 자체감사기구를 설치·운영하고 있다. 감사실 등은 일상감사, 특정감사, 제보조사 등을 통해 사전예방과 사후 점검을 수행하고 있다.

또한 임직원 행동강령, 이해충돌방지교육, 청탁금지법 준수체계 등을 운용하며, 자체 인트라넷, 사내 소식지, 청렴 캠페인 등을 통해 윤리의식을 제고하고 있다.

대부분의 기관은 윤리경영 전담 조직을 통해 감사실과 별도로 자율점검을 시행하고 있으며, 익명제보 시스템을 통해 내부 통제를 실현하고 있다. 게다가 공공기관은 정보공개청구, 국민신문고, 공익

신고 등의 경로를 통해 외부의 문제제기를 접수·대응하고 있으며, 이는 단순 민원이 아닌 제도를 개선하는 계기가 되기도 한다. 정보공개는 법적 의무이자 공공기관의 투명성을 유지하는 핵심 수단이다.

이처럼 공기업은 주무 부처, 국무조정실, 국민권익위원회 같은 정부기관뿐 아니라 국회, 감사원, 회계법인, 언론, 시민단체, 국민 등 다양한 주체로부터 동시에 감시를 받고 있다. 이런 다층적 감시체계는 단순한 감독을 넘어서 공기업이 공공성과 투명성을 유지하고, 국민의 신뢰를 얻기 위한 기본적인 생존 조건이라 할 수 있다.

공기업은 자신을 둘러싼 이런 다양한 시선을 통제로만 인식할 것이 아니라 제도적 신뢰 기반을 쌓는 기회로 활용해야 한다. '감시'는 두려움이 아니라 성찰의 거울이자, 책임 있는 공공기관으로서 국민과 신뢰를 나누는 실천적 과정임을 인식할 필요가 있다.

■ 국민권익의 날 부패방지 유공 대통령 기관표창 수상

PART 2

공기업은
어떻게 운영할까

Chapter 5

공기업 운영의 원리

정부도 민간도 아닌, 그 중간 어디쯤 있는 공기업

공기업은 「공공기관의 운영에 관한 법률」(공운법)에 따라 운영한다. 이 법은 단순히 '정부가 만든 회사'를 관리하는 법이 아니다. 공기업이 국민 전체를 위한 공적 기관이라는 전제를 깔고, 기업의 자율성과 공공의 책임성을 동시에 지켜내기 위한 안전장치다.

다시 말해 공기업은 민간기업처럼 자유롭게 이윤을 추구할 수 없고, 공무원 조직처럼 완전히 경직될 수도 없는, 시장과 정부 사이에 있는 존재인 것이다.

예산 편성부터 보자. 공기업은 스스로 예산안을 세우지만, 기획재정부의 승인 없이는 확정할 수 없다. 국회의 예산 심사까지 받는 것은 아니지만, 일정 수준 이상의 대규모 투자사업은 예비타당성 조사를 거쳐야 한다.

"내 돈으로 한다는데 왜?"라는 반문을 할 수도 있지만 공기업의 운영 자금은 국민의 전기요금·수도요금·수수료 등으로 조성한다고 볼 수 있는 만큼 공적 자원의 성격을 갖는다고 간주하는 것이다.

임원을 임면할 때도 큰 차이가 있다. 민간기업의 CEO는 주주총회와 이사회에서 결정하지만, 공기업 사장은 주무 부처 장관의 제청으로 대통령이 임명한다. 이사회 구성 역시 정부가 일정 부분 관여한다. 덕분에 공기업 임원은 정치적·정책적 환경의 영향을 많이 받는다.

공운법에는 경영평가 결과가 미흡할 경우 기관장 해임 건의까지 가능하다고 규정되어 있다. 즉, 성과가 뒤처지면 단순히 성과급 삭감에서 그치지 않고 자리 자체가 위태로워질 수 있다. '성과급 잔치'라는 비판도 있지만, 성과과 미흡하면 '쫓아내기 전에 제 발로 나가라'는 통보를 받을 수 있다는 점은 잘 알려지지 않았다.

공기업의 장단기 운영도 법에 근거를 두고 있다. 공기업은 매년 연간 운영계획과 함께 5년 이상의 중장기 경영계획을 세워 주무 부처와 기획재정부에 제출해야 한다. 단기 성과와 장기 비전을 동시에 챙기라는 주문이다. 이 과정에서 투자·인력·재무 전략을 종합적으로 정리하고, 정부는 이를 통해 공기업이 제대로 사업을 운영하고 있는지 살펴본다.

신규 사업의 경우 민간기업이야 "메신저 하다가 금융도 해볼까?"라고 할 수 있지만, 공기업은 법령이 허용하지 않으면 문어발은커녕 주꾸미 다리 한쪽이라도 마음대로 뻗는 것을 허용하지 않는다.

재무계획 또한 마찬가지다. 공기업이 독립적으로 계획을 세우지만, 정부의 가이드라인에 맞춰야 한다. 인건비 인상률이나 경영관리비 집행은 세세하게 점검받는다. 한마디로 민간기업의 재무계획이 '내 집 살림'이라면, 공기업의 재무계획은 '시어머니가 지켜보는 살림살이'에 가깝다.

이 모든 것을 종합해 매년 실적평가를 한다. 공공기관 경영평가가 그것이다. 매년 기획재정부는 외부 전문가를 중심으로 공기업의 효율성, 재무성과, 공공성 실현 정도를 종합적으로 평가한다. 이 결과는 임직원 성과급, 기관장 연임 여부, 앞서 말한 해임 건의까지 직결될 수 있다. 민간기업은 성과가 나쁘면 주주총회에서 CEO가 바뀌지만, 공기업은 경영평가에서 바뀐다.

정리하자면, 공기업은 공운법의 체계 안에서 계획 → 예산 → 집행 → 평가 → 보상의 사이클로 운영한다. 겉으로는 기업의 모습이지만 속을 들여다보면 공공성을 지키기 위한 강력한 규율이 깔려 있다.

민간기업이 자유로운 시장의 선수라면, 공기업은 머리 위에 모니터링 드론을 띄우고 달리는 선수다. 자유롭게 뛸 수는 있지만 규칙을 어기면 언제든 퇴장 명령을 받을 수 있다는 점이 다르다.

Chapter 6

공기업 직원의
라이프 사이클

민간기업도 공기업도
가장 중요한
'사람 뽑기'

급속한 경영환경 변화에 신속하게 대응하고자 민간기업은 필요한 시기에 직무에 꼭 맞는 맞춤형 인재를 수시로 채용하는 반면 공기업은 일정 시기에 대규모 공채 중심으로 신입직원을 확보하고, 필요에 따라 전문성이 요구되는 직무에 한해 경력직을 수시채용 하는 경우가 많다.

채용형 인턴 vs 체험형 인턴

공기업의 취업을 준비하는 청년들에게 인턴십은 더는 선택이 아닌 필수 코스로 여겨지고 있다. 하지만 '인턴'이라는 단어 하나로 묶이기에는 형태와 목적에 차이가 있어 명확한 이해가 필요하다.

채용형 인턴은 정규직 전환을 전제로 운영하는 제도다. 일정 기간에 공공기관의 실무를 경험한 뒤 근무성과나 평가 결과에 따라 정규직으로 전환 여부를 결정하므로 정규직 수준의 채용 절차를 거친다.

체험형 인턴은 직무 경험과 진로 탐색을 목적으로 운영하므로 실무를 미리 맛보는 진로 체험이라 생각하면 된다. 체험형 인턴은 채용 절차도 비교적 간단한 편이다. 인턴 기간에 쌓은 직무 수행 경험은 향후 정규직 또는 채용형 인턴에 지원을 한다면 자기소개서나 면접에 활용할 수 있으니 인턴 기간에 적극성을 발휘해 내실 있게 생활할 필요가 있다.

대부분의 공기업은 정부의 일자리 창출 전략에 부응하고자 채용형 인턴십과 체험형 인턴십을 모두 운영하고 있다.

스펙도 이름도 묻지 않는 블라인드 채용

공기업은 직무 중심의 블라인드 채용을 기반으로 채용 전형을 공정하고 투명하게 진행한다. 채용 전형은 보통 직무 분야별로 구분하고, 전형별 특성을 반영해 채용 절차와 평가 항목을 설정한다.

일반적으로 신입직원(채용형 인턴)은 1차 서류 전형, 2차 필기 전형, 3차 면접 전형으로 진행한다. 서류 전형에서 어학이나 자격증 등 정량적 요소를 바탕으로 업무 수행에 필요한 기초 역량을 갖추었는지 확인하고, 2차 필기 전형에서 직무수행능력평가와 NCS를 통해 실질적인 직무수행능력을 검증한다.

3차 면접 전형에서는 직무나 조직에 적합한 인재인지를 평가하므로 자기소개서를 바탕으로 상황 면접, 경험 면접 등 다양한 방법으로 지원자가 쌓아온 경험, 그 속에 담긴 노력과 태도, 가능성 등에 집중한다.

이처럼 채용 전형과 전형별 평가 요소는 공기업마다 다르므로 취업준비생은 해당 채용공고문을 꼼꼼하게 숙지할 필요가 있다.

아울러 직무 중심의 블라인드 채용에서는 직무와 관련이 없는 지원자의 배경에 관한 정보는 요구하지 않고, 오직 '해당 일을 잘할 수 있는 사람인지', '우리 조직에 잘 맞는 사람인지'에 집중한다.

따라서 화려한 이력이나 완벽한 자기소개서보다는 자신이 어떤 경험을 했고 그 과정에서 무엇을 배웠는지, 앞으로 어떤 사람으로 성장하고 싶은지를 솔직하게 담는 것이 중요하다.

재도전을 진심으로 응원하는 탈락자 대상 피드백

"아쉽게도 이번 채용에서는 지원자님께 기회를 더는 드리지 못하게 되었습니다."

취업준비생이라면 누구나 한 번쯤 마주하는 말이다. 그러나 탈락했다는 사실보다 취업준비생들의 마음을 더 힘들게 하는 것은 왜 떨어졌는지 이유를 알 수 없는 답답함이다.

최근 많은 공기업이 취업준비생들의 알권리를 위해 탈락자에게 피드백을 제공하고 있다. 합격자 발표와 함께 탈락자에게는 필기시험의 경우 합격 커트라인과 평균 점수, 본인 점수를 함께 제공해 지원자 스스로 본인의 위치를 객관적으로 파악할 수 있도록 하고, 면접시험의 경우 지원자의 강·약점 분석 등을 제공함으로써 부족한 부분을 보완할 수 있도록 돕는다.

어떤 사람은 불합격자에게 그렇게까지 할 필요가 있냐고 하겠지만, 공기업은 불합격 통보를 '다음을 준비하고 도전할 수 있는 출발점'으로 바꾸고자 하며, 탈락자조차 소외되지 않는 따뜻하고 공감가는 채용을 지향하고 있다.

잘 묻기 위해 열심히 배워야 하는 면접관

공기업은 공정한 면접을 위해 면접관 교육을 철저히 하고 있다. 면접관은 누구보다 해당 기관의 인재상과 직무 특성을 깊이 이해하고, 이를 바탕으로 객관적이고 일관성 있게 지원자를 평가할 수 있어야 하기 때문이다.

한국조폐공사 역시 예비 면접관을 체계적으로 육성하기 위해 관리자를 대상으로 블라인드 면접의 이해와 면접관이 갖춰야 할 태도, 면접기법에 대한 교육을 진행하고 있다.

게다가 실제 상황을 방불케 하는 모의 면접과 전문가 피드백을 통해 면접관이 평가 과정에서 범할 수 있는 오류를 방지하고, 지원자의 역량을 정확하게 파악할 수 있는 능력을 키운다.

이처럼 모든 지원자가 동등한 기회 속에서 자신의 역량을 공정하게 평가받는 품격 있는 면접이 될 수 있도록 면접관은 지원자에게 묻기 전에 먼저 배우고 있다.

진짜 '나'를 보여줄 블라인드 채용

"2025년도 한국조폐공사 신입직원 중 ICT직으로 입사한 문선정 사원은 보이는 스펙이 아닌 진짜 '나'를 보여주는 블라인드 채용 덕분에 비전공자의 한계를 넘어설 수 있었다고 한다."(입사 수기 중 일부 발췌)

이번 채용 과정은 가장 솔직한 방식으로 평가받을 수 있었던 기회였습니다. 전공이나 배경 같은 겉으로 보이는 조건이 아닌 무엇을 경험했고, 어떻게 생각하고 행동해왔는지를 중심으로 평가받을 수 있는 구조였기에 오히려 더 진심을 담아 준비할 수 있었습니다.

특히 비전공자로서 기존 채용에서 마주했던 구조적 한계를 넘어 '지금의 나'를 기반으로 공정하게 경쟁할 수 있었던 점, 태도와 철학, 문제 해결력까지 종합적으로 보여줄 수 있었던 점이 블라인드 채용만의 큰 장점이라고 느꼈습니다.

입사한 후 함께하는 동료들을 보면서도 모두가 배경이 다양하지만, 공통으로 실력과 태도를 중심으로 평가받고 성장해온 사람들이라는 점에서 긍정적인 효과를 다시 한번 실감하고 있습니다. 앞으로도 이 구조가 더욱 공고히 자리 잡아 더 많은 가능성과 다양성이 존중받는 채용 문화로 이어지기를 기대합니다.

우리 미래를 위해 당신의 과거가 필요합니다

한국조폐공사는 오랫동안 신입 공채를 통해 인재를 길러왔다. 하지만 화폐 사업 축소라는 위기를 돌파하고 ICT 사업을 빠르게 키우기 위해 최근 몇 년 사이 경력직 채용에 과감히 나서고 있다.

그러나 대부분의 경력직이 민간기업에서 근무를 해왔던 터라 이들의 공직 정착기는 그리 순탄하지만은 않다. ICT 경력직으로 입사해 모바일신분증 개발 업무에 주축을 담당한 한 직원은 한국조폐공사에서 한 시작을 이렇게 회상했다.

"전 직장보다 처우도 낮았고, 문화도 굉장히 달랐습니다. 처음에는 '과연 내가 여기서 버틸 수 있을까' 싶을 만큼 힘들었죠. 포기하고 싶은 순간들도 있었지만, 성장하는 사업을 보며 힘을 냈습니다. 이제는 공공영역에서 일한다는 자부심도 생겼고 언젠가 이 사업에 제 이름을 남기고 싶어요."

그는 낯선 환경에서도 조금씩 자신의 자리를 만들어가고 있다.

경력직 채용은 단순히 자리를 채우는 일이 아니다. 전혀 다른 산업과 문화가 부딪히며 생기는 갈등을 넘어서야 하고, 성과를 내기까지는 시간이 많이 들고 시행착오를 거쳐야 한다. 한국조폐공사는 떠나는 사람만 있는 조직이 아니라 미래를 보고 들어오는 이들의 용기 덕분에 더욱 활기차게 변하고 있다.

앞으로 공기업의 변화와 혁신에 대한 요구는 지금보다 더 거세질 것이고 이런 요구에 부응하기 위해 전문성을 갖춘 역량 있는 인재는 필수 요소다.

이런 측면에서 순혈주의를 넘어 외부 인재를 적극 영입해 새로운 사업을 개척하고 정착시켜 나가는 한국조폐공사의 사례는 향후 공공기관의 채용과 인력 운영이 나아갈 방향에 대한 참고가 될 수 있을 것이다.

'사람 뽑기' 못지않게 중요한 '사람 배치'

　공공기관의 인사 배치는 단순한 행정 절차를 넘어선다. 이는 조직이라는 구조물 위에 직원들로 기둥을 세우는 작업이므로 직원들의 경력과 성장까지 고려해 설계해야 한다. 특히 신입사원에게 인사발령은 단순한 근무부서 배정이 아니라 생애 첫 직무와의 만남이라는 점에서 의미가 더욱 크다.

　이런 인사 배치는 공정하고 합리적이어야 한다. 누구나 납득할 수 있는 기준과 이유로 인사를 진행할 때, 구성원은 조직을 신뢰하고, 조직은 활력을 얻는다.

　인사 배치는 단발성 조치가 아닌 장기적 관점에서 하는 투자여야 한다. 그렇다면 공공기관은 어떤 방식으로 인사 배치를 설계하고 있을까?

공정한 배치를 위한 기준과 제도 그리고 공감

공공기관은 관련 정부 지침과 내부 규정에 따라 공정하고 합리적인 인사 배치를 위해 노력하고 있다. 직무 적합성, 전공과 경력, 인력 수급 상황, 지역 여건, 조직의 균형 등 다양한 요소를 종합적으로 고려해 배치 기준을 수립한다.

특히 채용할 당시에 수집한 정보뿐 아니라 입사한 후 교육 과정에서 보인 태도, 성취도, 협업 능력 등도 평가에 반영한다.

이런 기준은 인사관리 규정과 전보 기준 등을 통해 제도화되어 있으며, 투명성과 예측 가능성 확보를 위한 장치로 작용한다. 특정 부서로 향하는 쏠림을 방지하거나 기피 부서를 최소화하기 위해 최소 근무 연한, 순환 직무 지정, 인사 설명회 운영 등의 장치도 함께 운영한다.

그러나 제도만으로 충분하지 않다. 배치의 정당성과 수용력을 높이려면 소통과 공감, 사람에 대한 이해가 더 중요할 수 있다. 규정 위에 설명을 얹고, 그 위에 사람이 더해질 때, 인사 배치는 비로소 신뢰받을 수 있다.

공공기관 직원의 숙명, 순환근무의 두 얼굴

민간기업에 다닌다고 해서 본인이 있고 싶은 부서에서만 일할 수 있는 것은 아니겠지만, 공기업 직원 대부분이 숙명처럼 맞이해야 하는 특징적인 근무제도가 있다. 순환근무다.

특히 조직의 규모가 클수록 전국에 사업장이 있어 순환근무는 필수로 발생하는데, 일정 주기마다 근무지를 이동하는 일은 큰 고충이 되기도 한다.

따라서 대규모 기관일수록 순환근무의 공정성을 확보하기 위한 제도적 장치를 마련해놓았다. '전보 점수제'가 대표적이다. 비선호 지역에 근무할수록 높은 점수를 쌓고 일정 점수가 되면 원하는 근무지로 이동하는 것이다. 지역 간 근무 선호도의 불균형을 완화하고 공평하게 적용하기 위한 장치인데, 많은 기관이 선택하는 대표적 제도다.

순환근무는 공기업 입사자라면 피할 수 없지만 순환근무가 꼭 부정적인 것만은 아니다. 오히려 다양한 곳에서 근무하며 다양한 경험을 쌓을 수 있어 개인이 발전하는 데 도움이 되는 측면도 있다.

순환근무는 조직의 균형을 위해 꼭 필요한 제도이지만, 개인에게는 기회의 장인 동시에 제약이 되기도 한다. 따라서 공공기관의 취업을 준비하는 이들이라면 이런 현실을 정확히 이해하고 입사를 고민해야 한다.

이를 충분히 인지하지 못한 채 입사한다면 원치 않는 지역에서 근무에 적응하지 못해 조기퇴사로 이어질 수 있고 개인의 일생에 중요한 시점에서 방황하며 시간을 허비할 수 있다. 취업을 준비하는 과정에서 취업을 원하는 기관에 대한 꼼꼼한 사전 조사가 필요한 이유다.

적재적소를 목표로 하는 '인사배치' 설계도

그렇다면 한국조폐공사는 어떻게 신입직원을 배치하고 인력을 순환하고 있을까.

다행히 한국조폐공사는 근무지가 서울특별시, 충청남도(대전광역시·부여군), 경상북도 경산시 등 3권역에만 있어 다른 기관에 비해 순환근무의 제약에서 조금은 자유로우므로 인사배치 단계부터 직원들의 성장 경로를 함께 설계하는 데 역량을 집중하고 있다.

특히 제조 중심의 사업에서 ICT 기반의 융합형 사업으로 빠르게 전환되는 경영환경 속에서 단순한 인력 충원이 아닌 역할 중심·직무 기반의 배치를 점차 확대하고 있다.

이를 위해 한국조폐공사는 부서별 직무 설명서를 정기적으로 정비하고, 신입사원을 대상으로 한 사전 인터뷰와 교육 과정에서 축적한 정보를 인사배치에 반영하고 있다.

신입 구성원은 자신의 성향·관심사·성장 목표 등을 사전에 충분히 공유할 기회가 있고, 조직은 이를 바탕으로 개인화된 경력 경로를 설계한다.

배치한 후 일정 시간이 지나면 구성원의 의견과 부서장의 피드백을 종합적으로 반영해 재배치할 가능성도 열어두고 있다. 특히 ICT 같은 신규 사업 영역은 조직의 기존 틀을 넘어선 융합형 배치 실험이 활발하며, 이는 신입사원이 조직에 뿌리내리는 데 결정적인 역할을 하고 있다.

참지 못하고 퇴사? vs 꾹 참고 성장?

인사에서 각자의 희망 사항을 반영하는 일은 현실적으로 매우 어렵다. 그렇다고 해서 낙담할 필요는 없다. 대부분의 공공기관은 인사배치가 만족스럽지 않더라도 직원의 적응을 돕기 위한 다양한 장치를 마련해두고 있다.

많은 공공기관은 신입사원이 원치 않는 직무에 배치되었을 때 느끼는 실망감과 불안감을 줄이려고 직무교육, 멘토링, 개인 면담 등과 같은 제도를 적극 운영한다. 이를 통해 새로운 직무에 대한 이해를 높이고 업무 적응에 대한 부담을 덜어주려는 것이다.

나아가 개인이 감당하기 어려운 수준의 고충이 확인된다면 보완 인사발령을 통해 근무지나 직무를 조정하기도 한다.

한국조폐공사 역시 이런 흐름에 발맞춰 입사한 후 첫 3개월 동안 온보딩 프로그램, 찾아가는 HR 상담, HR 핫라인 등을 운영하며 신입 구성원이 언제든 도움을 요청하고 고충을 해소할 수 있도록 지원 방안을 적극 운영 중이다.

직장 내의 첫 내 자리는 누구에게나 설렘과 동시에 아쉬움을 남길 수 있다. 하지만 시작의 완벽함이 아니라 이후를 어떻게 만들어 가는가가 중요하다.

공공기관은 제도의 틀 안에서 다양한 장치를 통해 개인에게 성장할 기회를 제공한다. 구성원 스스로가 자리를 가리지 않고 배우고 성장하려는 태도를 보인다면, 조직의 지원과 개인의 노력이 맞물려 인사배치의 불만족은 더는 퇴사 고민 사유가 아니라 새로운 가능성의 출발점이 될 것이다.

에피소드

잡은 물고기에도 관심과 격려를

"공공기관이다 보니 전공과 다른 업무도 해야 한다고 생각하지만, 생각보다 낮은 처우 수준과 지방 생활은 좀처럼 적응하기가 어려웠습니다."

불과 1년 전 입사 면접에서 한국조폐공사와 평생을 함께하고 싶다던 직원이 퇴직을 결정한 후 면담 시 남긴 이야기다. 누구보다 적극적이었던 직원의 목소리에는 기대와 현실 사이에서 느낀 '실망'과 '단절'의 감정이 짙게 배어 있었다.

공공기관에 입사하기 위한 경쟁은 치열하지만, 입사한 후 젊은 직원들이 이탈하는 이유는 단순하다. 공공기관 간에도 발생하는 처우 격차, 기반이 없는 지역에서 하는 생활은 이들에게 큰 부담으로 작용한다. 이런 현실 속에서 많은 신입사원이 더 나은 조건을 찾아 이직을 고민한다.

공공기관이 채용에는 자원과 시간을 많이 투자하면서도 정작 배치와 처우 문제에는 상대적으로 소홀한 것은 부인할 수 없다. 입사자에게는 생애 첫 직장이며, 평생을 보낼 조직인데, 그 출발이 생각과 상당히 다르다면 이후 모든 경험이 뒤틀릴 수 있다.

이제는 단순히 '뽑는 것'이 목적이 아니라 머무르게 하며 성장의 기회를 제공하는 것이 핵심이 되어야 한다. 전략적으로 제도를 개선하고, 신입직원이 자신의 역량을 펼칠 수 있는 환경을 설계하는 것이 어느 때보다 절실하다.

사람도 키우고 조직도 성장하는 공기업의 교육제도

많은 취업준비생은 취업이 곧 종착역이라는 기대감에 젖는다. 입사만 하면 모든 것이 해결될 것이라는 믿음 때문이다. 그러나 착각이다. 조직은 끊임없이 변화를 요구하고 개인은 그 속에서 성장을 지속적으로 해야 한다.

특히 공기업은 국민의 삶에 긴밀히 연결된 조직인 만큼 시시각각 변하는 정부 정책의 이행과 사회적 요구에 발맞추기 위해 끊임없이 새로운 역량을 다져야 한다.

한 사람의 전문성과 인사이트가 조직 전체의 성과를 이끌 수도 있으므로 공기업은 직원 교육과 인재를 양성하는 데 더욱 힘을 쏟는다.

이처럼 교육은 단순한 지원이 아니라 조직의 미래를 떠받치는 근간이다. 그렇다면 공기업은 어떤 목표와 체계를 세워서 직원들의 성장을 지원하고 있는지 살펴보자.

공기업에 들어오면 무엇을 배우나

공기업은 설립 목적과 사업 영역이 다양하기에 기관마다 특성에 맞는 교육 체계를 운영한다. 그럼에도 큰 틀에서는 공통 골격을 갖추고 있다.

보통 신입사원은 조직문화와 공공가치를 배우는 입문 과정을 거친 뒤에 계층별 리더십 교육과 직무 전문교육을 통해 역량을 향상해 나간다. 이런 체계는 직원이 어떤 직위에 있든 꾸준히 성장할 수 있도록 마련해놓은 장치라 할 수 있다.

다만, 운영 방식은 기관마다 차이가 있다. 예를 들어 한국전력공사나 한국철도공사처럼 대규모 기관은 자체 인재개발원을 두고 교육 과정을 직접 개발하고 운영하는 반면, 중·소규모 기관은 정부·대학 과정이나 전문기관과 연계한 위탁교육을 활용한다. 국제적 업무를 수행하는 기관은 해외 연수나 국제협력 과정을 통해 글로벌 감각을 키우기도 한다.

최근에는 단순한 개인 역량을 향상하는 것을 넘어 사회적 가치 창출을 지향하는 교육도 늘어나고 있다. 청년과 취업준비생을 위한 일·경험 프로그램, ESG 경영과 디지털 전환을 위한 과정 등이 대표적이다. 이는 직원 개인의 성장을 지원하는 동시에 조직의 미래 경쟁력을 강화하는 토대가 된다.

따라서 취업준비생이라면 급여와 복지뿐 아니라 해당 기관의 교육제도에도 관심을 둬야 한다. 체계적 교육 시스템 보유 여부, 외부

교육 파트너, 해외 연수 기회, 온라인 학습 플랫폼 운영 현황 등은 입사한 후 자신의 성장 여부를 가늠할 수 있는 중요한 단서가 될 수 있기 때문이다.

기관의 형편에 맞는 맞춤형 교육제도

한국조폐공사는 한국전력공사나 한국철도공사처럼 자체 인재개발원이나 상시 운영하는 강사진을 갖춘 기관은 아니다.

이런 한계를 극복하고 직원 한 사람 한 사람을 'KOMSCO 플레이어'로 성장시키려고 역량 기반의 교육 체계를 마련해 운영하고 있다. 기본 역량, 리더십 역량, 직무 역량으로 나뉘는 이 체계는 직원들이 각자의 위치에서 단계적으로 성장할 수 있도록 설계했다.

도전·혁신·전문·협력으로 요약할 수 있는 기본 역량을 내재화하기 위해 합숙형 집합교육을 비롯한 다양한 프로그램을 운영한다. 특히 2025년부터는 13년 만에 전 직원을 대상으로 하는 기본 역량 교육(UNI-KOM)을 재개해 2026년까지 이어갈 예정이다.

아울러 매월 저명인사를 초빙해 다양한 주제로 열리는 비즈니스 인사이트 특강, 책을 매개로 혁신 마인드를 키우는 독서경영(Book Insight)은 직원들이 변화와 혁신의 감각을 꾸준히 기를 수 있도록 돕는다.

리더십 교육은 계층별로 하는데, 예를 들어 부·팀장은 실무자에서 관리자로 전환하는 중요한 시기에 롤플레잉을 통해 갈등 조정과

의사결정 능력을 집중적으로 훈련한다.

직무 교육은 전문성 강화와 미래 경쟁력을 확보하는 데 중점을 두고 매년 최신 트렌드를 반영해 새로운 과정을 개설한다. 최근에는 AI 활용법과 ICT 자격 취득 지원 등 디지털 역량 강화 교육을 활발히 하고 있고, 독서·학습 소모임 등 개인의 요구를 반영한 열린 학습 환경도 제공한다.

아울러 근무 성적이 우수한 직원은 대학교·대학원 학위과정 교육비를 지원해 개인의 발전은 물론 조직의 차세대 리더로 성장할 수 있도록 돕고 있다.

한편, 한국조폐공사는 퇴직을 앞둔 직원들을 위한 미래 설계 교육도 운영한다. 수십 년간 한 조직에 몸담아온 직원들이 느낄 수 있는 불안과 공백을 완화하기 위해 진로 설계, 재취업 컨설팅, 재무관리, 정부 지원 정책 안내 등 실질적인 내용을 제공해 퇴직한 이후의 삶을 준비하도록 돕는다.

이처럼 한국조폐공사는 규모의 한계에도 불구하고 이를 극복하기 위해 더욱 세밀하고 실질적인 교육 체계를 구축해왔다. 이런 노력은 직원 개개인의 성장과 자기 계발을 실질적으로 지원하며 조직 전체의 활력을 높이는 밑거름이 되고 있다.

한국조폐공사의 작지만, 내실 있는 교육은 구성원의 성장을 견인하고, 나아가 조직의 미래를 준비하는 든든한 기반이 되고 있다.

교육, 비용이 아닌 투자인 이유

교육은 미래를 대비하는 가장 확실한 투자임에도 불구하고 재정적 어려움이 있는 기관에서는 가장 먼저 감축하는 항목이 되곤 한다. 교육을 줄여도 당장의 운영에는 큰 지장이 없기 때문이다. 공공부문도 예외는 아니다. 한국조폐공사 역시 경영상 어려움이 있었을 때 교육비를 맨 먼저 줄였다.

그러나 교육은 단기적 비용이 아니라 장기적 경쟁력을 위한 투자다. 일시적인 절감은 직원이 성장하는 기회를 제한하기에 결국 조직이 발전하는 것을 늦추는 부메랑이 되어 돌아올 수 있다.

따라서 정부 차원에서 교육의 중요성을 제도적으로 보장할 필요가 있다. 교육예산의 과도한 삭감을 제한하거나 교육에 적극적으로 투자하는 기관에 인센티브를 부여하는 방식이 예가 될 수 있다.

무엇보다 장기적인 안목과 일관된 투자가 이어질 때 공기업의 역량은 더욱 강화할 수 있다. 이는 곧 정부 정책을 현장에서 효과적으로 이행할 수 있는 기반이 되고, 국민이 체감하는 행정 서비스의 질과 생활의 편의성을 높이는 결과로 이어진다.

교육은 직원 개인을 위한 배려를 넘어 공기업의 미래와 국민 생활 향상을 담보하는 든든한 토대다.

13년 만에 만나서 반가워요!

한국조폐공사는 최근 ICT를 비롯한 다양한 분야에서 사업 전환을 추진하고 있다. 변화무쌍한 경영환경뿐 아니라 베이비 붐 세대의 대량 퇴직과 신규 인력의 꾸준한 유입으로 세대와 계층도 더욱 다채로워졌다.

이처럼 다양한 구성원이 한 조직 안에서 소통하고 협력하기 위해 한국조폐공사는 무려 13년 만에 전 직원 교육을 재개했다. 이번 교육은 대전광역시 본사·ID본부·기술연구원, 경상북도 경산시 화폐본부, 충청남도 부여군 제지본부까지 5개 기관에서 MZ세대부터 퇴직을 앞둔 선배까지, 사무직·기술직·연구직·ICT직 등 다양한 직원이 한자리에 모여 팀별 미션을 하고, 한국조폐공사의 현실과 미래에 대해 머리를 맞대고 의견을 나눈다.

2박 3일간의 시간을 통해 참가자들은 '하나의 KOMSCO'로 거듭나기에 UNI-KOM 교육은 서로를 이해하고 연결하는 여행이 되고 있다.

■ **UNI-KOM 교육 활동**

출처 : 한국조폐공사

조직을 이끄는 사람을 고르기 위한 고민

공공이든 민간이든 직장인의 동기부여는 단순하다. 더 많은 권한과 보상, 즉 '승진'과 '급여 인상'이다. 민간 부문은 성과에 따른 보상이 빠르지만, 공공 부문은 그렇지 않다. 특히 급여는 정부의 엄격한 통제를 받으므로 실질적인 동기는 '승진'뿐이다.

승진이 곧 능력과 명예의 상징이던 때도 있었다. 그러나 최근 들어 공공기관의 감시와 통제를 강화하면서 관리자의 권한은 줄어들고, 책임은 더 커지고 있다. 이로 인해 승진은 보상으로 더는 받아들여지기 어렵다.

그럼에도 조직을 이끄는 리더십의 핵심은 여전히 승진에서 비롯된다. 오늘날 공기업은 과연 어떤 절차로 승진을 운영하고 있으며, 그 제도는 누구를 위한 것이며, 직원들은 이를 어떻게 받아들이고 있을까?

계단을 오르는 방식, 공정과 예측의 공식

공기업의 승진제도는 '계단형 구조', 즉 질서 있고 단계적으로 오르는 체계를 지향한다.

기관마다 조직 규모나 사업 영역은 다르지만 대체로 안정성과 공정성을 핵심 가치로 삼고, 명확한 기준에 따라 경력을 쌓아서 오르도록 설계되어 있다.

근무평정, 인사고과, 교육 이수 등은 가장 기본적이면서도 객관적인 판단 자료다. 이는 한 사람의 성장 과정과 조직 기여도를 기록하는 발자취가 되며 인사관리규정과 근무평정제도에 따라 체계적으로 운영한다.

승진은 단지 직급 상승이 아닌 '책임의 이동'이다. 승진 희망자는 그 무게를 감당할 준비가 되어 있어야 한다. 최근에는 연공서열 중심의 승진 구조는 점차 사라지고 있다. 성과주의를 강화하며 '조직 기여도'가 핵심 평가 요소로 떠오르고 있다.

특히 공기업은 정부가 제시하는 공정한 인사 운영 지침에 따라 승진 기준을 표준화하고 외부감사와 공시를 통해 투명성을 담보한다. 이 과정에서 공정성과 예측 가능성은 제도의 중심축이 된다.

변하는 승진의 조건들

오늘날 공기업은 단순한 연공 중심의 인사에서 벗어나 역량 중심의 승진 체계로 전환을 꾀하고 있다. 조직은 근속기간이나 충성도만으로 관리자감을 더는 판단하지 않는다. 그 대신 실무 능력, 소통 역량, 윤리의식 등 다양한 요소를 평가 기준에 포함한다.

특히 최근에는 직장 내 괴롭힘 예방과 청렴 문화 조성을 위한 리더십 역량을 중시한다. 이는 관리자의 역할이 단순한 지시자가 아니라 '지지자이자 조율자'로 변하고 있기 때문이다.

예전에는 경영진의 지시를 전달하는 역할이었다면 이제는 팀원과의 소통을 통해 신뢰를 구축하고, 갈등을 해결하는 관리자를 요구한다. 이 같은 변화에 따라 관리자 교육·리더십 워크숍 등 사전 준비 프로그램도 필수화되고 있다.

그러나 이런 변화가 항상 순탄한 것은 아니다. 성과를 수치화하기 어려운 부서 혹은 정성평가 중심 직무에서는 평가 기준의 상대성이나 형평성에 대한 우려를 제기하기도 한다.

그럼에도 공기업은 공정한 평가와 승진에 가까이 다가가기 위해 제도를 지속적으로 조정하고 있으며, 이는 결국 관리자의 자질과 조직의 방향성을 함께 진화하기 위한 노력이라 할 수 있다.

특별함에 혁신을 얹힌 승진제도

한국조폐공사는 변하는 승진 패러다임 속에서 다양한 시도를 통해 인재를 발굴하고 있다. 기존 제도권 안에서 하는 실적 평가에 더해 상사와 후배 등 다양한 구성원의 의견을 반영하는 다면평가를 적극적으로 운영 중이다.

물론 다면평정은 다른 공공기관에서도 하는 일반적인 방식이다. 하지만 한국조폐공사는 내부 시스템을 통해 평가자가 누구인지 추정할 수 있는 구조의 한계를 인식했다. 그래서 외부 시스템을 활용한 무기명 평가 방식을 도입해 보다 솔직하고 공정한 피드백 환경을 조성하고 있다.

평가에 그치지 않고 결과를 관리자 개인에게도 요약 제공해 관리자 역량과 리더십에 대해 성찰할 기회를 제공한다. 시행 초기에 일부 관리자의 반발도 있었지만, 제도의 투명성과 공정성, 실질적 변화의 가능성이 조직 내에서 긍정적인 반향을 일으켰다.

한국조폐공사는 직원 주도형 특별승진제도인 '셀프 세일즈(Self-Sales)'도 기획해 도입했다. 제도권의 순위와 무관하게 스스로가 이룬 성과를 증명해 승진을 제안할 수 있는 방식으로, 정부의 기존 특별승진 가이드라인을 넘어서는 파격적인 시도였다.

해당 제도는 현재 누구나 공감하는 공식 제도로 자리 잡았다. 이 제도는 '인사혁신처 인사혁신 우수사례'로 선정되어 한국인사행정학회 학술대회에서도 공공부문 속진임용 사례로 소개하며 다른 공공기관과 공무원 조직에도 전파했다.

이런 혁신은 단지 성과 중심 평가를 넘어서 '가치 있는 영향력'에 주목하는 새로운 승진 기준을 제시한다. 이는 공정성과 혁신이 공존할 수 있는 제도의 가능성을 보여주는 대표 사례라 할 수 있다.

하고 싶지만, 하기 싫은 승진의 두 얼굴

그럼에도 공공기관의 승진제도가 완전히 이상적이라고 보기는 어렵다.

성과 중심의 평가를 강조하고 있다지만 여전히 많은 공공기관에는 연공 서열적 문화가 있다. 결재권자에게만 잘 보이면 된다는 구시대적 인식도 사라지지 않았고, 실제 평가 결과가 그 인식을 뒷받침하는 일도 적지 않다.

나아가 관리자 승진을 피하는 현상도 심화하고 있다. 권한은 줄고 책임은 늘어난 자리. 관리자라는 위치는 이제 '보상'이 아닌 '희생'의 자리로 인식한다. 특히 직장 내 괴롭힘, 성희롱, MZ세대와 겪는 갈등 같은 민감한 이슈의 최전선에는 언제나 관리자가 있다.

승진은 명예이자 사명이어야 한다. 이제 공공기관은 승진을 단순한 직급 상승이 아닌, 함께 성장하는 리더십의 개념으로 재정립할 필요가 있다.

100% 지지를 받는 제도는 어렵겠지만, 승진이 공정한 평가와 조직의 진정한 성장을 이끄는 제도가 될 수 있도록 변해야 한다. 그럴 때 비로소 공기업은 '신의 직장'이라는 별명에 조금 더 어울리게 될 것이다.

"죄송합니다만, 저는 부장 되기가 싫습니다."

"저요? 승진이요? 글쎄요, 저는 부장은 좀…."

처음에는 농담인 줄 알았다. 하지만 그는 진지했다. 17년 차 차장, 업무 능력도 뛰어나고 평판도 좋은, 누구나 인정하는 관리자 후보였다. 그에게 승진을 거부하는 이유를 묻자, 조용히 고개를 저으며 이렇게 말했다.

"부장 되면 말 한마디도 조심해야 하잖아요. 웃자고 한 말도 괴롭힘이 될 수 있고요. 저한테 승진은 명예가 아니라 '멍에' 같아요. 제 경력에는 필요 없어요. 오히려 가족이랑 보내는 시간이 더 중요해요."

공공기관에서 관리자의 위치는 점점 외롭고 고단해지고 있다. 과거처럼 권한과 명예로 무장된 자리는 아니며, 오히려 자율성은 줄고 책임은 무겁고 상사보다 오히려 부하 직원의 눈치를 더 봐야 하는 시대다.

그의 이야기는 결코 특이한 사례가 아니다. 요즘의 승진은 기회가 아닌 부담으로 다가오고 있다. 이는 제도의 실패라기보다 변하는 세대와 조직 요구에 비해 제도가 아직 따라가지 못한 결과다. 앞으로는 승진제도도 관리자의 역할을 재정의하고, 그에 맞는 제도적 지원과 심리적 안전망을 함께 갖춰야 할 것이다.

공기업 직원에서
자연인으로 돌아가기

　100세 시대, 퇴직은 인생의 마침표가 더는 아니다. 은퇴한 후의 삶을 준비하는 일은 선택이 아닌 필수가 되었다. 그래서 정부는 고용 노동부를 중심으로 장년 고용지원, 전직 지원 프로그램, 생애경력설계 서비스 등 다양한 제도를 운영하며 고령화 시대에 발맞춘 대응책을 마련하고 있다.

　공기업은 이런 정부 정책보다 한발 앞선 준비와 촘촘한 제도를 운영해 차별화된 모습을 보여주고 있다. 특히 정년을 보장하는 구조 덕분에 퇴직 시점을 비교적 명확하게 예측할 수 있어 퇴직하기 전 일정 기간 공로연수나 생애설계 교육 등을 제도화해 운영하는 경우가 많다. 예측 가능성은 단순히 날짜를 아는 것이 아니라 생애 전환기의 설계도를 미리 그릴 수 있다는 의미다.

　이번에는 공기업은 퇴직제도를 어떻게 설계하고 실행하는지, 민간기업과는 다른 공기업만의 특별함은 무엇인지, 구체적인 사례를 통해 들여다보자.

흔들리지 않는 공직의 무게, 정년 보장의 의미

공기업 인사제도에서 뚜렷한 특징 중 하나는 정년 보장이다.

민간기업에서는 경영상의 이유로 조기퇴직이나 명예퇴직이 빈번하지만, 공기업은 상당수 직원이 정년까지 근무하는 구조를 유지한다. 이는 단순한 고용 안정을 넘어 공공을 위한 헌신을 지속할 수 있도록 뒷받침하는 제도적 장치다.

공직자의 신분이 수시로 흔들린다면 정치적 압력이나 외부 이해관계에 휘둘릴 위험이 커진다. 안정된 지위 보장은 공공의 이익을 지키기 위한 최소한의 방패이자 국민과의 신뢰를 지탱하는 버팀목이 된다.

이처럼 예측 가능한 퇴직 시점과 안정된 생계 기반은 공기업 직원이 인생의 후반기를 차분히 설계할 수 있도록 돕는 기반이 된다. 정년 보장은 단지 근무 기간의 보장이 아닌 은퇴한 이후 삶의 준비를 돕는 배려이자 책임이다.

한편, 평균수명 증가와 고령화에 대응해 대다수 공기업은 정년을 연장하며 임금피크제를 도입했다. 이는 일정 시점부터 임금을 점진적으로 조정하는 방식으로, 확보한 재원은 청년 채용 등 미래세대를 위한 고용 기회로 환원하려는 목적을 담고 있다.

결과적으로 정년 보장과 임금피크제는 개인과 조직, 세대 간의 균형을 모두 고려한 장치다. 이는 공기업이 지닌 제도의 정교함이자 지속 가능한 공공성을 향한 설계라 말할 수 있다.

퇴직한 이후의 삶을 위한 연습

공기업은 일정 기간 이상 근무한 장기 재직자 또는 퇴직 예정자를 대상으로 '공로연수' 제도를 운영하고 있다. 보통 정년 3~6개월 전부터 연수에 들어가며, 이 시기 동안 실제 업무에서 벗어나 생애 후반을 준비할 수 있는 시간을 갖는다.

일부 기관은 연수자를 외부 전문교육기관에 위탁해 직무 역량을 전환하기도 하며, 생애설계 교육, 재취업 역량 강화 교육, 심리적 이행기 적응 교육 등을 함께 운영하기도 한다.

최근에는 퇴직 직전이 아닌, 보다 이른 시점부터 퇴직한 이후를 준비할 수 있도록 '생애설계 연수'의 개념을 확대하고 있다.

이는 퇴직하기 3~5년 전부터 진로를 탐색하도록 하며, 귀농·귀촌 같은 오랜 준비가 필요한 인생 2막을 미리 계획할 수 있게 돕는다. 기관 특성에 따라 창업 컨설팅, 재취업 알선, 자격증 취득 지원 등 다양한 형태의 전직 지원 프로그램을 병행한다.

이처럼 공로연수와 전직지원 제도는 단순한 휴식이 아니라 고령 근로자의 이행기 적응을 지원하는 제도적 장치다. 공기업 직원들은 이런 준비 과정을 통해 퇴직을 '기다리는 시기'가 아니라 '새로운 삶을 능동적으로 설계하는 전환점'으로 받아들이게 된다.

자연스러운 퇴장을 위한 남다른 임금피크제

한국조폐공사는 오랜 기간 교대근무와 현장 업무를 수행한 직원들이 자연스럽게 퇴직을 준비할 수 있도록 공로연수와 임금피크제를 연계한 운영 방식을 택했다.

기본적으로 한국조폐공사도 다른 기관과 구조가 동일하다. 그러나 방식이 조금 특별하다. 다른 기관에서는 임금피크 기간에 단축근무나 재택근무 형태로 업무 강도를 줄이는 데 초점을 맞추지만, 한국조폐공사는 임금은 줄이되 근무시간은 그대로 유지한다.

즉, 피크 기간에도 1일 8시간 근무를 원칙으로 하며, 그 기간 중 추가 근무한 시간은 누적해 '보상 휴가'로 적립한다. 정년 6개월 전부터 이 보상 휴가를 한꺼번에 사용할 수 있도록 설계했다. 이 제도는 회사의 관리 효율성과 직원의 만족도 모두를 충족시키는 사례로 평가받는다.

회사는 마지막까지 효율적으로 인력을 운영할 수 있고, 직원은 업무 단절 없이 끝까지 책임을 다한 후 온전히 자신을 위한 시간을 가질 수 있다.

특히 현장 교대조직의 특성상 업무 공백을 줄이는 데도 효과적이며, 회사와 직원 모두 상생이 가능한 실용적 운영모델로 평가한다. 이는 단지 퇴직자를 위한 배려가 아니라 공정한 책임의 마무리이자 조직 전체에 긍정적인 메시지를 남기는 제도적 기획이다.

시선의 경계 위에서 제도의 본질을 묻다

물론 일부에서는 이런 제도가 '쉼의 시간'으로 변질되는 부작용을 지적한다. 직무는 남아 있어도 현장 역할에서 이탈해 관리 사각지대에 놓이는 '유령직원' 문제가 대표적이다. 이런 이유로 정년 보장과 공로연수 등의 제도는 때로 방만경영과 도덕적 해이라는 비판에 오르내린다.

그러나 공기업은 감사원 감사, 국회 국정감사 등 촘촘한 외부 통제를 받으며 사회적 책임과 국민 정서를 고려해 제도를 운영한다.

공기업은 특성상 단기성과보다는 장기적 안정과 책임을 중시한다. 조직의 지속 가능성을 위해 인력을 순환하고 안정하는 것이 필요하며, 이를 위한 근간은 퇴직제도에서 비롯된다.

그러므로 정년을 채운 직원에게 일정한 예우를 하는 것은 단순한 특혜가 아닌, 성실히 일해온 사회적 보상의 일환으로 봐야 한다.

정년퇴직은 한평생을 보낸 직원의 명예로운 훈장이다. 퇴직을 준비하는 직원이 존중받고, 그간 해온 헌신이 조직의 문화로 이어질 수 있도록 공기업의 퇴직제도는 이 순간에도 조금씩 진화하고 있다.

"슬기로울, 김 차장님의 다음 인생을 응원합니다."

"정말 엊그제 입사한 것 같은데 뒤돌아보니 40년이네요. 매일 시끄럽던 기계 소리가 왜 음악 소리 같을까요? 건강히 현장을 지켜낸 시간에 감사하고 이제야 안도가 됩니다."

한국조폐공사 화폐본부에 입사해 40년 넘게 근무하고 퇴직을 앞둔 모 차장의 이야기다.

그는 고등학교를 갓 졸업한 19살에 입사했다. 어려운 가정형편에 대학 진학은 언감생심이었고, 가족을 지켜야 하는 가장이었기에 직장은 그의 전부가 되었다.

"저는 평범한 직원이었어요. 승진 같은 것은 바란 적도 없고, 그저 돈 만드는 일이 천직과도 같아 행복했습니다."

그는 잉크 냄새와 기계음이 가득한 본부의 현장을 묵묵히 지켜오며 공사가 성장할 수 있는 넉넉한 거름이 되어주었다.

공로연수와 보상 휴가를 이용해 귀촌을 준비했다는 그는 이제 조별 근무 순환의 삶을 벗어나 하루를 온전히 자신만의 시간표로 채울 것이다.

한국조폐공사가 제공한 공로연수 제도는 과하지 않은 배려였고, 그 배려 덕분에 그는 마지막까지 책임을 다한 삶을 정돈하며 새출발을 준비할 수 있었다. 이렇듯 제도가 주는 공정한 보호와 혜택은 헌신의 마침표를 존중하는 가장 실용적인 방식이 되어준다.

Chapter 7

공기업의 급여,
복지,
워라밸의 진실

너무 복잡해서 간략하게 알아보는 공기업 보수체계

공기업의 급여체계를 이해하려면 먼저 공기업 보수체계의 원칙을 알아야 한다. 공기업 급여는 크게 3요소에 의해 결정된다.

공기업 급여를 결정하는 3가지

첫째, '직급 구조'다.

대다수 공기업은 전통적으로 호봉제를 기반으로 운영해왔으며, 최근 연봉제를 도입한 이후에도 기본 연봉은 근속 연수와 직급을 기본으로 해 인상하는 구조다.

둘째, '정부 가이드라인'이다.

공기업 임금은 민간처럼 자유롭게 정하는 것이 아니라 기획재정부가 매년 내놓는 정부 가이드라인인 「공기업·준정부기관 예산편성지침」에 따라 엄격하게 관리한다.

공기업은 임금총액관리제에 따라 기관 전체 임금 총액을 정부가 관리하며 이에 따라 정부는 매년 공무원 임금인상률과 연동해 임금 인상률 상한을 제시하고, 성과급 지급 기준까지 정해주므로 대다수 공기업은 대기업처럼 자유롭게 연봉을 올리기가 어렵다.

셋째, '직무·성과 중심 임금체계 확대와 성과 연봉 차등화'다.

최근 정부에서는 공기업을 대상으로 직무급제 도입·확대를 의무화하고 있으며 이에 따라 대다수 공기업은 기존 호봉제 성격이 강한 기본급은 줄이고 직무급(업무난이도·책임에 따른 임금)을 늘리는 직무 가치 중심 보수 체계로 전환 중이다. 또한 경영평가 결과 등에 따라 지급하는 성과 연봉의 차등 지급과 차등 폭을 확대할 것을 지속적으로 독려하고 있다.

취업준비생이 궁금해하는 공기업 연봉 순위

취업준비생 사이에서는 매년 '공기업 연봉 순위표'를 공유한다.

2024년도 공기업 평균보수액_알리오 공시 기준

(단위: 만원)

순위	기관명	평균 보수	순위	기관명	평균 보수
1	한국수력원자력	10,177	7	한국동서발전	9,618
2	한국남부발전	9,978	8	한국석유공사	9,509
3	한국전력기술	9,814	9	한국마사회	9,421
4	인천국제공항공사	9,765	10	한국가스공사	9,401
5	한국중부발전	9,742	:	:	:
6	한국남동발전	9,648	18	한국조폐공사	8,638

직원 평균 보수와 신입직원 초임

(단위 : 천원)

연도	2020년	2021년	2022년	2023년	2024년
1인당 평균 보수액	86,900	83,591	82,067	84,570	86,376
(남성)	87,233	83,752	81,083	83,421	85,720
(여성)	85,912	83,148	84,656	87,686	88,133
신입직원 초임	35,702	35,782	36,550	36,890	39,387

한국조폐공사는 신입사원 초임 기준으로 다른 공사와 비교하면 그리 매력적이지는 못하지만, 1인당 평균보수액은 다른 공기업들과 비교해 순위가 조금 올라간다.

한 가지 특이한 사항은 한국조폐공사의 여성 평균 보수가 공기업 중 최상위 수준이라는 것이다. 이는 다른 공사에 근무하는 여성에 비해 한국조폐공사에 근무하는 여성의 근속 연수가 길다는 것으로, 한국조폐공사가 여성이 일하기 좋은 기업임을 방증한다고도 볼 수 있겠다. 한국조폐공사에서는 정년까지 근무하고 명예롭게 퇴직하는 여성분들도 꽤 많다.

아울러 한국조폐공사 내부적으로도 여성의 평균 보수가 남성의 평균 보수보다 높다. 이는 여성이 특별히 더 높은 급여를 받는다기보다는 여성 직원들의 평균 근속 연수가 남성보다 더 길다는 의미다.

한국조폐공사는 여성 직원들이 경력을 이어가는 데 중요한 육아휴직과 유연근무제 등 출산·육아기 경력 단절을 방지하는 제도를 오래전부터 선도적으로 시행해왔다. 종합하면 한국조폐공사는 '여성이 안정적으로 오래 다닐 수 있는 직장'이라 할 수 있겠다.

궁금하다, 공기업 복지

공기업 복지, 솔직히 좋습니다!

공기업 직원의 하루는 단순히 '출근과 퇴근'으로만 채워지지 않는다. 주거 안정 지원으로 근거리에 주택을 마련해 출근길을 짧게 하고, 믿을 만한 직장어린이집에 아이를 마음 편하게 맡길 수 있고, 구내식당과 의료지원, 사내 체력단련실은 직원의 건강을 지켜주며, 유연근무제와 정시 퇴근은 가족과의 저녁 시간을 보장한다.

공기업에서 일한다는 것은 삶의 균형을 지켜주는 든든한 울타리를 얻는 일임은 부정할 수 없다.

공기업의 다양한 복지 제도

직장인에게 가장 큰 부담은 주거비다. 대부분의 공기업은 직원들의 주거비 부담을 덜어주려고 다양한 주택자금 지원 제도를 운영한다.

주거 안정을 위한 주택 구매, 전세자금대출 지원과 근무지에 자택이 없는 직원으로 가족을 동반하지 않은 단신 직원에 제공하는 합숙소 지원이 있다. 이 제도 덕분에 신입직원은 안정적으로 독립할 수 있고, 결혼한 직원은 안정적으로 내 집 마련의 발판을 마련할 수 있다.

건강을 지켜주는 복지 제도에는 종합건강검진과 직원 본인뿐 아니라 배우자의 의료비 일부까지 단체보험에서 보장하는 범위 내에 지원하는 의료비 지원이 있다. 아울러 회사 내에 헬스장, 테니스장, 실내체육관 등이 있어 근무 중이나 퇴근 후에도 건강을 챙길 수 있다.

비슷한 듯 다르게 한국조폐공사는 다른 공기업들과 차별화되는 복지 제도를 운영하고 있다. 20대부터 50대까지 모든 세대가 체감하는 맞춤형 복지제도인 생애주기*별 인사·복지제도를 운영한다.

한국조폐공사는 다양한 연령대에서 개인의 상황에 따라 사용할 수 있도록 다양한 복지제도를 운영하는 등 빈틈없는 가족친화경영을 확대하기 위해 노력하고 있다.

일상을 바꾸는 좋은 복지의 힘

공기업의 복지는 단순히 월급에 붙는 덤이 아니다. 주거 안정은 출근길을 짧게 하고, 의료비 지원은 병원비 걱정을 덜어주며, 자기

---

* '임신-출산-자녀 양육과 가족 돌봄, 재충전'을 가리킨다.

계발 지원은 미래를 준비하게 하고, 가족 친화 제도는 삶의 균형을 지켜준다.

복지는 결국 직원의 하루를 바꾸고, 그 하루들이 모여 안정된 삶을 만든다. 공기업이 '일하기 좋은 직장'으로 꼽히는 가장 큰 이유가 여기에 있다.

그러나 공기업 복지제도에도 어려움은 있으니

대다수 공기업은 기획재정부 예산운용지침 같은 정부 가이드라인에 충실하다 보니 새로운 복지제도를 도입할 때 민간기업보다 훨씬 더 보수적으로 진행한다.

한국조폐공사도 다른 공기업들과 마찬가지로 비금전적·현장 맞춤형·가족과 지역을 연계한 복지 방식을 발굴하는 등 여러 가지 제약을 극복하려고 노력해왔다. 최근에는 국민 눈높이에 맞는 다양한 비금전적 복리후생 제도를 발굴하기 위해 사내 아이디어를 공모해 복지제도로 시행했다.

한국조폐공사 다니는 위보[*]씨의 평범한 하루

아침 7시, 대전광역시의 한 아파트 단지. 한국조폐공사에 다니는 위보 씨는 여유롭게 아이를 어린이집에 데려다준다. 회사에서 지원받은 주택자금으로 회사와 가까운 곳에 집을 마련했고, 회사 근처에 있는 대덕과학기술인 공동직장어린이집인 사이언스대덕어린이집에 아이를 맡긴다.

"주택 마련 자금 덕분에 회사와 가까운 곳에 집을 얻었고, 회사에서 지원해주는 직장어린이집에 아이를 맡길 수 있는 게 제일 큰 복지"라고 그는 말한다.

출근한 후, 오전 내내 새로 발행할 예술형 주화 설계안을 검토한다. 점심시간이면 구내식당에서 균형 잡힌 식사를 한다. 자기 관리와 건강을 중시하는 위보 씨는 미리 신청한 샐러드로 점심 식사한 후 자투리 시간을 이용해 사내 헬스장에서 운동한다.

"운동할 시간을 따로 내기 힘든데, 근무지 안에서 잠깐이라도 땀을 흘릴 수 있어서 좋다"라며 덕분에 건강검진 때마다 좋은 결과를 받는다고 한다.

퇴근은 정시. 야근이 거의 없어 아이 하원 시간에 맞춰 집으로 간다. 저녁 식사를 한후, 온라인으로 진행하는 디지털연수원 교육 프로그램의 강의를 듣는다. 교육비를 회사에서 지원해줘 경제적 부담 없이 자기 계발을 위한 학습을 이어갈 수 있다.

주말이면 복지 포인트를 활용해 가족과 함께 외식하고 서점에 가서 책도 사며, 회사에서 제휴를 맺은 휴양시설을 이용해 가족과 함께 시간을 보낸다. 회사가 제공하는 콘도 제휴와 휴양시설 지원은 가족생활의 질을 높여준다.

"큰돈을 들이지 않아도 가족과 좋은 시간을 보낼 수 있다는 것이 가장 큰 혜택"이라고 그는 말한다.

* 위보 : 한국조폐공사 캐릭터명

일과 삶,
나와 조직이 공존하는 일터

한때는 야근과 회식이 성실함의 증표였던 시절이 있었다. 공기업도 예외가 아니었다. 늦게까지 일하는 직원이 더 헌신적인 인재로 평가받던 그 시절, '일과 삶의 균형'이라는 말은 낯설고 심지어 사치스럽게 느껴지기도 했다.

시대는 달라졌다. 경제적 안정, 삶의 질, 가족과 함께하는 시간, 자기 계발 등 다양한 삶의 가치를 중시하면서 일하는 방식은 유연하고 사람 중심으로 변하고 있다.

특히 디지털화와 원격 협업 기술이 발달하면서 물리적 시간과 공간의 제약을 줄였고 근로자가 자신의 생활 패턴에 맞춰 일할 환경을 만들 수 있다. 이런 흐름 속에서 공기업은 책무에 걸맞게 모범적인 워라밸(Work-Life Balance) 제도를 설계·운영하고 있다.

공기업은 국민의 일상을 안전하게 지탱하는 조직인 만큼 구성원 개개인의 삶 역시 균형 있게 유지해야 한다는 사회적 요구를 안고 있다. 이는 단순한 복지를 넘어, 공공성과 지속 가능성을 지키기 위한 전략이자 사명에 가깝다.

그렇다면 공기업의 워라밸 제도는 어떤 모습이며, 어떻게 운영하고 있을까?

출근은 유연하게, 삶은 균형 있게

공기업의 워라밸 제도는 기관별로 세부 운영은 다르지만, 대체로 비슷한 틀을 공유한다. 대표적으로 유연근무제, 시차출퇴근제, 재택 근무제가 있다.

출근 시간을 자율 조정하거나 자녀 돌봄을 위해 일찍 퇴근하는 대신 오전에 일찍 출근하는 방식 등 다양한 근무 형태가 가능하다. 회의나 협업이 필요 없는 날에는 재택근무를 통해 출퇴근 시간을 절 약하고, 집중도 높은 근무 환경을 만들 수 있다.

특히 저출산 대응을 위한 자녀 양육 지원은 해를 거듭할수록 확 대하고 있다. 임신기에 검진 휴가를 시작으로 출산한 후 육아휴직은 필수로 쓰고 있으며, 복귀한 후에도 일정한 나이 이하 자녀를 둔 직 원은 매일 최대 2시간의 유급 육아시간을 부여받아 유연하게 등·하 원 시간을 조정할 수 있다.

이런 제도를 운영하는 현황은 정부 경영평가를 통해 매년 점검 하며, 이는 제도 이용률 제고에도 긍정적 영향을 끼친다. 가족구성 변화, 고령화, 돌봄 부담 등 사회구조 변화에 대응하는 워라밸 제도

연도별 육아휴직 사용자 수						
연도	2020년	2021년	2022년	2023년	2024년	2025년
남성 사용자 수	15	20	35	16	28	44
여성 사용자 수	18	12	15	21	28	37
전체 사용자 수	33	32	50	37	56	81

는 양육과 부양 부담이 큰 세대에 실질적인 균형을 제공한다.

최근에는 10분 단위 휴가 사용, 자율 출근일 확대 등 세분화한 제도도 도입하고 있으며, 이런 유연성은 직무 몰입도와 조직 충성도를 높이는 기반이 된다.

직원이 아닌 개인의 삶도 존중하는 워라밸 제도

한국조폐공사는 공기업 중에서도 워라밸 제도를 열심히 운영하는 기관이다. 유연근무제는 이미 일상화되었으며, 정부 지침이나 법령 개정 시 권고 수준의 최대치를 반영해 제도를 설계한다.

직원 각자의 생활 리듬에 맞춘 근무 형태를 적극 지원하고, 남성 육아휴직 사용도 점차 늘어나고 있다. 이런 변화는 실제 출산율로 이어져 한국조폐공사의 기혼 직원의 경우 평균 자녀 수는 1.7명에 달한다. 최근 국가 출산율이 0.7명 수준까지 떨어진 것과 비교하면, 제도의 실효성을 보여주는 수치다.

정해진 시간에 집중해 일하고, 그 밖의 시간은 온전히 개인의 삶에 투자하는 문화는 생산성과 자유로운 삶을 동시에 보장한다. 근로

시간 단축을 활용해 직원 교육, 건강검진, 상담 프로그램 등 다양한 사내 복지와 연계하며 심리 건강 지원 프로그램도 확대하고 있다.

최근에는 안락한 사내 휴게공간 '조폐라운지'를 마련해 직원들이 편히 쉴 수 있도록 했다. 이는 단순한 휴식이 아니라 삶의 역량을 재충전하는 시간으로 재해석되고 있다.

허락된 유연함, 그리고 더 커진 책임

모든 제도가 긍정적 평가만 받는 것은 아니다. 공기업의 워라밸 제도는 '여유로운 공공부문의 특혜'라는 시선에 직면하기도 한다. 민간기업 대비 안정성과 이용률이 높은 점은 외부에서 형평성 문제로 비칠 수 있다.

그러나 공기업의 제도는 정부 지침에 따라 설계하며, 엄격한 관리 체계에서 운영한다.

이를테면 유연근무를 쓰려면 사전 승인과 사후 기록 확인이 필수이며, 인사 부서의 검토를 거쳐 기록을 누락하면 사용을 제한한다. 업무 성과와 연계되지 않는 휴식은 허용하지 않고, 구성원 간 형평성도 철저히 관리한다. 이를 위해 일부 기관은 전사 모니터링 시스템을 구축해 근무 형태를 점검하기도 한다.

결국 핵심은 남용이 아닌 균형과 통제다. 정부 정책을 앞서서 이행하는 것도 중요하지만, 공기업 직원에게는 더욱 엄격한 기준이 요구된다.

그럼에도 공기업이 건강한 노동 환경을 선도적으로 구축하고 이를 제도화한다면, 이는 특혜가 아니라 사회 전체를 위한 선도적 모범이 될 것이며 나아가 이런 경험과 성과가 민간 부문에도 긍정적인 파급 효과를 줄 수 있음은 두말할 필요가 없다.

에피소드

부모도 함께 자라는 시간, 육아휴직

"처음에 아이는 하나만 생각했어요. 하지만 정부 지원이 많아지고 회사의 제도와 분위기도 좋아져서 둘째를 낳는 데 큰 고민이 없었어요."

둘째를 출산한 한국조폐공사 사내 부부의 이야기다. 두 사람은 모두 타향 출신으로, 회사가 있는 대전광역시에는 연고가 없었다. 첫 아이를 출산한 후 양가의 도움 없이 아이를 키우는 일은 쉽지 않았지만, 부부가 번갈아 육아휴직을 하며 어려운 시기를 견뎌냈다.

"동기들이 부모님 도움을 받는 것을 보면 부럽기도 했죠. 서울로 이사도 생각했지만, 좋은 제도 덕에 힘들어도 아이와 함께하는 시간이 많아 가족의 진짜 가치를 깨달았고, 우리 부부도 함께 성장한 것 같아요."

육아를 양가 부모의 도움 없이 육아휴직과 유연근무로 해낸 이 부부에게 제도는 가뭄의 단비였다. 육아휴직은 단순한 돌봄의 시간이 아니라 가족의 가치를 새롭게 배우는 시간이었고, 부부를 한층 성숙하게 했다.

이처럼 제도와 문화가 유기적으로 결합할 때, 그 효과는 단순한 복지를 넘어 삶과 사회를 변화시키는 힘이 된다.

Chapter 8

공기업
노사관계

공기업에도 노조가 있습니다

공기업에 왜 노동조합이 필요할까?

공기업 노동조합은 근로자들이 더 나은 근로조건과 권리를 지키려고 만든 조직이다. 과거에는 낮은 임금, 경직된 인사제도, 일방적인 결정 구조로 인해 근로자들의 목소리를 반영하기 어려웠다. 이를 해결하기 위해 노동자들은 힘을 모아 노동조합을 결성했고, 지금은 근로조건 개선뿐 아니라 기관 운영의 투명성과 공공 서비스의 질을 향상하는 데도 기여하고 있다.

노동조합은 「노동조합 및 노동관계조정법」에 근거해 법적 보호를 받으며, 근로자들이 모여 규약을 만들고 창립총회를 거쳐 행정기관에 신고하면 정식으로 성립된다.

형태는 기업별, 산업별, 직종별 노동조합이 있으며, 가입 방식은 클로즈숍, 오픈숍, 유니온숍으로 나뉜다. 클로즈숍은 노동조합 가입이 고용 조건인 방식으로, 비조합원은 고용하지 않고, 오픈숍은 노동조합 가입 여부와 관계없이 고용하지만, 조합활동에는 자율적으로 참여한다. 유니온숍은 일정 기간 내 조합에 가입해야 하는 제도로 일부 공공기관이나 대기업에서 운영하고 있다.

노동조합은 근로자의 권리를 지키고 노사 협력을 통해 기관의 발전과 사회적 신뢰를 높이는 중요한 역할을 하고 있다.

상생의 노사관계, 공기업 경쟁력의 숨은 엔진

공기업 노사관계는 단순히 근로자와 사용자의 문제가 아니라 국민 생활과 직결된 공공 서비스의 질과 안정성을 좌우하는 핵심 요소다. 공기업은 민간기업과 달리 공익성을 최우선으로 하며, 필수 서비스를 제공하는 의무가 있다. 따라서 노사 갈등으로 서비스를 중단하면 국민 불편과 사회적 혼란이 직접적으로 발생할 수 있다.

반대로 원만한 노사관계는 안정적인 서비스 제공, 근로자 복지 향상, 조직 효율성 증대에 기여해 공공기관의 공정성과 신뢰성을 높인다. 나아가 협력적인 노사문화는 경영 혁신과 지속 가능한 발전을 가능하게 한다. 결국 공기업 노사관계는 국민 삶의 질과 국가 경쟁력을 지탱하는 기둥이라 할 수 있다.

한국조폐공사에서도 노사관계는 국가 경제와 사회 안정에 직결되는 막중한 의미를 지닌다. 한국조폐공사는 화폐, 신분증, 수표, 각종 유가증권 등 국가 핵심 물품을 생산하는 중요한 기관으로, 노사

■ **상생과 협력 증진을 위한 노사 파트너십 워크숍**

간 협력이 무너진 결과 발생하는 생산 차질은 곧바로 국민 생활 불편과 사회적 혼란으로 이어질 수 있다.

따라서 한국조폐공사의 노사는 정기적인 대화와 협력을 통해 신뢰를 쌓고, 근로자의 권익 보호와 사기 진작, 생산 품질을 유지하는 데 힘써야 한다. 이는 곧 공공 서비스의 안정적 제공을 가능케 하고, 국가 경제와 국민 생활의 안정을 뒷받침하는 든든한 버팀목이 된다.

공기업 노조는 무슨 일을 하나요

공기업 노조는 임금협상, 단체교섭, 근무 환경 개선, 복지 확대, 고용 안정 확보 등을 핵심 활동으로 한다. 매년 임금협상을 통해 기본급·수당·성과급·복지 개선을 협의하고, 단체교섭에서는 근로조건·안전보건·고용 문제를 포괄적으로 다룬다. 공기업 특성상 국민생활과 직결되는 업무 안정이 중요해 사회적 책임을 고려한 합리적 합의를 강조한다.

법적 협의기구인 노사협의회도 중요한 역할을 한다. 경영진과 근로자 대표가 동수로 참여해 생산성 향상, 교육훈련, 근무환경과 안전보건 개선 등 현안을 논의하며, CEO가 직접 회의에 참석하고 결과를 공개해 신뢰와 투명성을 높인다.

노사 파트너십 워크숍을 열어 형식적 교섭을 넘어 상호 이해와 공감을 쌓고, 공동선언문과 실천 과제로 현장 개선을 추진한다. 이런 협력 구조는 갈등을 예방하고 지속 가능한 노사문화를 구축해 공공 서비스의 안정적 제공과 회사의 지속 가능한 발전을 함께 이루는 토대가 된다.

분열 위기에서 화합 대통령상까지

1990년대 후반, 한국조폐공사는 심각한 노사 갈등 속에 있었다. 구조조정과 직장 폐쇄, 위원장 구속까지 이어지며 위기 상황을 겪었지만, 2000년대 들어 노사 간 소통 시스템을 마련해 관계를 회복하는 데 나섰다.

이후 '노사 청렴공동실천협약'을 맺고, 노사관계 비전을 선포하면서 협력적 노사문화를 만들어갔다. 이런 노력은 28년 연속 무분규 경영이라는 놀라운 성과로 이어졌다.

특히 한국조폐공사는 노사 화합과 협력의 시너지를 모아 2014년부터 3년 연속 사상 최대 매출액을 경신하는 최고의 경영 성과를 거두고, 양성평등 채용 목표제와 비정규직의 정규직 전환 추진 등 사회적 약자와 함께하는 포용 정책도 적극 실천했다.

이런 성과 덕분에 2017년 고용노동부와 노사발전재단이 주관한 '노사문화 대상'에서 공기업 최초로 대통령상을 받는 쾌거를 이뤘다. 이 상은 단순히 한 번의 수상이 아니라 오랜 갈등을 극복하고 협력과 신뢰를 기반으로 한 성숙한 노사문화가 인정받은 결과였다.

수상 기업에 주어지는 근로감독 면제, 세무조사 유예, 금융 혜택 등 실질적인 보상도 있었지만, 한국조폐공사가 공기업 노사문화 모범사례로 자리매김했다는 점이 중요하다.

이를 계기로 회사는 '노사 신뢰 기반 조직문화'를 더욱 확고히 하며, 인적자원 개발 우수기관, 가족 친화 우수기관 등 각종 공기업 인증을 이어가며, 혁신적 노사관계와 조직문화의 우수사례로 인정받고 있다.

화폐보다 값진 나눔, 노사 손잡고 달린 봉사 릴레이

공공기관의 노사관계는 단순히 내부 갈등을 해소하는 데 그치지 않고, 사회적 책임과 조직 화합을 함께 고려해야 한다.

한국조폐공사는 이런 철학을 바탕으로 '노사합동 봉사·소통 릴레이 페스티벌'을 마련했다. 이 페스티벌은 한국조폐공사 노사 대표가 직접 참여해 내부 소통을 강화하고 지역 사회에 나눔을 실천하는 사회공헌 행사다.

첫 페스티벌은 2024년 4월, 대전광역시 화폐박물관 일대에서 진행했다. 노사 대표와 임직원들은 플로깅을 통해 환경 보호에 동참하고, 소외계층을 위한 카드지갑도 직접 만들어 기부하며 공감의 장을 마련했다.

2025년 4월에 열린 두 번째 페스티벌에서는 대전광역시 유성구 탄동천 일대의 하천을 정화하는 활동과 다과 세트 제작으로 확대된 봉사 활동이 중심이었다.

노사 대표 '봉사·소통 릴레이 페스티벌'은 노사 간 신뢰와 협력을 강화하면서, 한국조폐공사의 공적 역할을 실천하는 대표적 사례로 노사 간 소통을 단순한 대화에서 나아가 공동의 실천 활동으로 발전시켰다.

■ 공사 최초 노사 대표가 주관하는 봉사 소통 페스티벌

Chapter 9

평가결과로
운명이 달라지는
공기업

공기업 경영평가, 수백 장의 보고서와 수개월의 노력

Part 1에서 공기업은 누구에게, 무엇을, 어떻게 평가받는지를 간략하게 설명했다. 공기업 평가를 요약하자면, "정부가 경영평가 제도를 통해 공기업의 경영 노력과 성과를 매년 평가하며, 그 결과는 기관에 매우 중요한 영향을 미친다"라고 할 수 있다.

앞서 공기업 경영평가 제도의 전반을 살폈다면, 지금부터는 공기업 경영평가를 어떤 체계로 구성하고, 어떤 과정을 거쳐 진행하는지 한국조폐공사의 사례를 통해 구체적으로 알아보자.

경영평가, 누가 누구와 경쟁하나

한국조폐공사는 2024년 기준으로 다른 31개 공기업과 경쟁했다. 공기업은 사업 특성에 따라 SOC(8개), 에너지(12개), 산업진흥·서비스(12개) 유형으로 구분한다. 한국조폐공사는 산업진흥·서비스 유형에 속한다.

평가는 공기업 유형별로 각각 진행하지만 평가결과는 공기업 전체를 1등부터 32등까지 서열화해 S·A·B·C·D·E 6개 등급을 부여한다. 꿈의 등급인 'S등급'을 받는 기관은 매우 드물다. 2009년 평가에서 한국전력공사가 S등급을 받았던 이래로 12년 만에 2021년 평가에서 한국동서발전이 S등급을 받았다.

무슨 기준으로 평가받나

매년 12월, 공공기관운영위원회에서는 다음 해 평가에 적용할 '경영평가편람'을 최종 의결한다. 경영평가편람에는 기관의 경영 실적에 대한 평가기준과 평가방법, 후속 조치에 관한 내용을 담고

2024년 한국조폐공사 평가지표와 가중치 기준

(단위: 점)

범주	평가지표	계	비계량	계량
경영관리 (55)	1. 지배구조 및 리더십	9	7	2
	2. 안전 및 책임경영	14	8.5	5.5
	3. 재무성과관리	21	4	17
	4. 조직 운영, 관리	11	8	3
	소계	55	27.5	27.5
주요 사업 (45)	주요 사업 계획·활동·성과를 종합평가	45	21	24
	소계	45	21	24
합계		100	48.5	51.5
가점	공공기관 혁신 노력과 성과 가점	5	5	–

출처 : 〈2024년도 공공기관 경영평가편람〉(기획재정부)

있다.

즉 경영평가편람은 기관의 경영 실적을 어떻게 평가할 것인지를 정해놓은 '기준서'라 할 수 있다. 각 기관은 이 편람에 따라 실적보고서를 작성하고, 현장실사를 통해 실적을 검증받는 것이다. 124페이지 표를 보면 범주별 평가지표와 가중치를 구체적으로 설정해놓은 것을 알 수 있다.

평가지표를 좀 더 세부적으로 살펴보면, 경영관리 범주는 모든 공기업이 동일한 기준의 동일한 평가지표로 평가받고 있다. 지배구조, 안전, 재무성과, 조직 운영 등과 같이 기관의 경영활동을 위해 기본적으로 이행해야 하는 사항들로 구성되어 있다.

아래 표의 예시처럼 '지배구조 및 리더십' 지표의 세부 지표인 '리더십 및 전략기획' 지표는 기관장의 경영계약과제 이행 노력과 성과, 디지털플랫폼정부 구현 노력과 성과 등을 평가하는 것을 알 수 있다.

2024년도 경영관리 범주 지표별 세부평가내용 예시		
평가지표	**세부평가내용**	
리더십 및 전략 기획	지표 정의	기관의 설립 목적 및 환경 변화에 부합하는 경영전략의 체계적 수립 및 실행을 위한 경영진의 노력과 성과를 평가한다
	적용 대상	공기업 및 준정부기관 : 비계량 5점
	세부 평가 내용	① 기관장 경영계약과제 선정 및 중장기·연도별 목표수준의 적정성, 경영계약과 성과지표 간의 연계성 제고 등 경영 계약상 목표를 이행하기 위한 노력과 성과 (중략) ⑤ 디지털플랫폼정부 구현을 위한 계획 수립과 이행을 위한 기관의 노력과 성과

출처 : 〈2024년도 공공기관 경영평가편람〉(기획재정부)

2024년도 한국조폐공사 주요 사업 범주 평가지표		
지표명	지표정의	가중치
1. 신뢰할 수 있는 화폐 사업	고품질의 실물 화폐를 완벽하게 제조·공급하고 이를 기반으로 화폐의 디지털 전환에 적극 대응	14
2. 안전하고 편리한 ID 사업	실물 및 모바일ID를 안전하게 공급하고, 모바일ID의 활용도를 제고해 국민 편익 증진	14
3. 위·변조 방지 기술 기반 신사업	고품위 화폐 제조 역량과 위·변조 방지 기술 기반 신사업 추진으로 국민경제 발전 및 문화경쟁력 증진에 기여	13
주요 사업 계량지표 구성의 적합성 및 목표의 도전성		4

출처 : 〈2024년도 공공기관 경영평가편람〉(기획재정부)

공기업들의 기본적인 기관 운영체계는 대동소이할지라도 수행하는 고유사업들은 다 다르므로 주요 사업 범주 평가지표는 각 기관의 사업 특성에 맞게 설정한다.

한국조폐공사의 경우 '은행권·주화, 각종 유가증권, 정부와 지방자치단체가 사용할 특수제품 제조 및 관련 사업 수행으로 국민경제 발전에 이바지한다'라는 설립 목적과 '제조를 넘어 디지털로 가짜 없는 세상을 실현한다'라는 미션을 반영해 위의 표와 같이 주요 사업 지표 3개로 평가받고 있다.

어떤 평가 과정을 거치나

모든 공기업은 동일한 평가 과정을 거친다. 기관마다 차이는 있겠지만 본격적으로 보고서를 작성하는 1월부터 벚꽃이 만발하는 4월에 치르는 현장실사까지, 경영평가를 위해 1년 중 최소 3분의 1 이상의 시간을 할애한다. 전년도 지적사항을 해소하기 위해 고민하고, 기관의 차별화된 우수 성과를 창출하기 위해 노력하는 시간까지 보태면 1년 내내 경영평가에 매달린다고 해도 과언이 아니다.

경영평가는 크게 3단계로 구분한다. 기관의 성과를 점검하고 핵심 성과를 도출해 경영 실적보고서를 작성하는 보고서 작성 단계, 다음은 평가위원들이 기관을 방문해 경영성과를 직접 점검하는 현장실사 단계, 결과 발표와 사후 조치 단계다.

실적보고서 작성부터 현장실사를 거쳐 평가 결과를 통보받기까지 공기업은 무엇을 준비하고 어떤 노력을 할까? 다음 절에서는 공기업의 경영평가 대응 세부 과정을 한국조폐공사 사례를 통해 공유하고자 한다.

1년 내내 경영평가 준비만 하나요

경영평가 준비를 시작하는 시점은 언제일까? 한국조폐공사의 경우 6월에 전년도 경영평가 결과가 발표된 이후, 조직개편과 인사이동을 통해 조직을 재정비하는 7월부터 경영평가 준비에 들어간다.

맨 먼저 지난해 평가결과에 따른 지적사항을 점검하고 이를 해소하기 위한 계획을 수립하는 동시에 올해 한국조폐공사 경영을 대표할 핵심 성과를 발굴해야 한다. 이를 기반으로 전사 워크숍을 개최해 득점을 향상하기 위한 방안을 토론한다. 또한 벤치마킹을 통해 다른 기관의 우수한 점을 배우고 한국조폐공사의 부족한 점을 보완하는 시간을 마련한다.

11월 말이 되면 부서별로 내부평가보고서를 작성하고, 이를 기초로 경영 실적보고서 초안을 구성한다. 해가 바뀌고 1월이 되면 경영평가의 주인공이라 할 수 있는 경영 실적보고서를 본격적으로 작성한다.

경영 실적보고서, 쓰라면 다들 도망가는 이유

경영 실적보고서는 누가 작성할까? 공사는 성과를 창출하는 데 집중하고, 외부 컨설턴트나 전문가들이 보고서를 대신 써준다면 정말 좋겠지만 이는 원칙적으로 금지되어 있다.

한국조폐공사의 경우 2024년 경영 실적보고서 기준으로 200장이 넘는 분량을 직원 50여 명이 각자의 업무별로 나눠 작성했다. 평균적으로는 1명이 4쪽 정도 쓴 것이지만, 개인별로 따져보면 많게는 수십 쪽에서 적게는 반 쪽까지 작성 분량이 다르다. 언뜻 '몇 쪽 안 되는 분량인데 뭐가 그리 어려울까?'라고 생각할 수도 있다.

그러나 직원 입장에서는 기관을 대표해서 한 해 성과를 보고서로 작성한다는 것이 여간 부담스러운 일이 아니다. 또한 본연의 업무를 하면서 짬짬이 보고서도 써야 하므로 항상 시간에 쫓기기 마련이다. 이런 이유로 경영 실적보고서를 작성하는 일은 어떻게든 피하고 싶은 업무가 되어버렸다.

베테랑과 신입이 함께 쌓아가는 보고서의 무게

우여곡절 끝에 보고서 작성자를 선정했다. 해당 업무만 수년째 맡고 있는 베테랑 차장도 있고, 갓 입사해 신입직원 꼬리표를 달고 있는 직원도 포함됐다. 한국조폐공사는 기본적으로 해당 업무를 기준으로 보고서를 작성하므로 작성자의 인적 구성이 다양하다.

보고서를 처음 접하는 신입직원들이 걱정 가득한 눈빛으로 묻는다. "보고서는 어떻게 쓰나요?" 답은 의외로 간단하다. 경영 실적보고서는 경영평가편람에 나와 있는 질문에 대해 답하는 것이다. 더불어 정부는 매년 「경영 실적보고서 작성지침」을 기관에 통보해 경영 실적보고서 형식과 작성법도 정해준다. 따라서 '경영평가편람에서 묻는 내용을 경영 실적보고서 작성지침대로 작성하면 된다'가 정답이다. 다만, 문제는 말처럼 간단하지 않다는 것이다.

경영 실적보고서는 기관의 성과를 가독성 있게 집약적으로 표현해야 하며, 평가위원들이 이해하기 쉽게 작성해야 한다. 또한 하나의 평가지표도 작성하는 직원이 여럿이다 보니 통일성도 신경 써야 한다. 수치 오류나 오탈자는 기관의 신뢰를 무너뜨리는 치명타가 된다. 보고서 작성자가 고작 보고서 몇 장을 작성하기 위해 몇 달의 시간을 공들이는 이유다.

많은 기관이 보고서 작성자의 역량을 향상하고 보고서의 질적 수준을 높이기 위해 보고서 작성 스킬 향상 교육, 외부 전문가 컨설팅 등을 진행한다. 이런 노력과 더불어 수차례 회의와 점검, 수정을 수백 번 거쳐야만 비로소 경영 실적보고서를 완성하게 된다.

보고서의 역전극, 작년 지적사항을 올해 성과로!

경영 실적보고서는 지표별로 외부 지적사항에 대한 조치 실적을 작성하는 것부터 시작한다. 외부 지적사항이란 전년도 경영평가 결과 경영평가단이 개선을 요구한 사항과 감사원·국회 등 외부감독기관에서 최근 5년간 기관의 운영에 관해 지적한 내용을 의미한다.

외부 지적사항에 관한 조치실적은 지표별 도입부에 위치하므로 해당 지표의 첫인상을 좌우한다. 또한 공기업의 경영개선을 위한 전문 컨설팅 제공이라는 경영평가 실시 목적에 비춰볼 때 컨설팅 결과(지적사항)에 대한 조치가 미흡할 경우 좋은 평가결과를 기대하기 어렵다. 이런 이유로 모든 기관은 전년도 지적사항을 100% 개선하고자 노력하고 있다.

경영평가에서 좋은 등급을 받은 우수기관들을 벤치마킹해보면 한결같이 "외부 지적사항은 단순 해소를 넘어서 성과로 전환해야 좋은 평가를 받을 수 있다"라고 이야기한다. 어차피 한정된 분량의 보고서에 전년도 지적사항에 대한 개선 내용을 기재해야 한다면 지적사항에 대한 개선 조치를 우수성과로 전환해 일석이조의 효과를 얻으라는 조언이다.

한국조폐공사를 예로 들어보자. 한국조폐공사는 2023년도 경영평가 윤리경영 지표에서 내부 변호인 제도 등 인권 제도의 운영상 미흡점을 점검해 개선책을 마련하라는 지적을 받았다. 이에 따라 한국조폐공사는 최근 외부감사 과정에서 발생한 인권 관련 이슈에 착안해 감사 관련 진술 절차에서 변호인이 입회하고 조력할 수 있도록 '피감사인의 변호인 조력 제도'를 새롭게 도입했다.

지적사항을 우수사례로 전환한 결과 2024년도 경영평가에서 "절차상으로 피감사인의 인권을 보장하려는 노력을 추가한 점은 바

람직한 방향의 성과로 판단된다"라는 긍정적인 평가를 받았고 윤리
경영 지표가 전년 대비 2등급 상승하는 성과를 거두었다.

성과는 많은데, 왜 BP가 보이지 않을까

"BP가 없어!"

보고서 작성자들이 상급자에게 종종 듣는 잔소리다. BP란
'Best Practice', '핵심성과'라는 뜻이다. 즉 "BP가 없어!"라는 말은
보고서에서 가장 강조해야 할 기관의 핵심 성과가 눈에 띄지 않는다
는 것이다.

경영 실적보고서에서 BP가 왜 중요할까? 짧은 시간에 많은 기관
의 보고서를 읽고 평가해야 하는 평가위원들에게 차별화된 성과를
눈에 띄게 제시함으로써 좋은 평가등급을 받기 위해서이다. 이런 이
유로 많은 기관이 보고서를 작성할 때 지표별 BP를 별도로 정리해
지면을 할애하거나 본문에 'BP TAG'를 다는 등의 방법으로 평가위
원들의 관심을 끌려고 노력한다.

BP는 어떻게 만들어질까? BP를 발굴하는 과정은 기관마다 다
를 것이다. 한국조폐공사의 경우 경영평가 준비의 시작을 알리는
7월부터 '경영평가 워크숍'을 통해 BP를 도출한다. 지표별로 핵심
성과를 발굴하고 추진계획을 수립해 1차 BP 풀(Pool)을 만든다. 이
후 전사가 참여하는 '경영평가 태스크포스(TF)'를 통해 보고서를 최
종 제출하기 전까지 핵심성과를 지속적으로 점검한다. 마지막으로

Best Practice '안전하고 편리한 ID사업' 주요 성과

BP 01 세계 최고 수준의 여권 서비스로 국민의 삶을 더욱 안전하고 편안하게

	• 해외 주요국 대비 여권 발급기간 1/7, 발급비용 1/3 글로벌 탑티어 여권 서비스 제공

추진실적	신속 발급체계 구축	편의 서비스 개선	핵심 보안기술 고도화
	• 대규모 인력파견(화폐→여권) 및 생산성 향상으로 여권신청 폭증 완벽 대응	• 발급조회 시스템 구축 등 여권 신청부터 배송까지 전 과정 편의 서비스 개선	• 핵심 자재인 개인정보면 자립 생산능력 확대로 외화 유출 감소 (약 30억원 절감)

추진성과

320만권 → 584만권 (83%)	4.5일 → 4.1일 (△9%)	21일 → 3일	16만원 → 5만원	56.1% → 84.5% → 100%
'23년 '24년	'23년 '24년	대한민국 주요국 평균	대한민국 주요국 평균	'23년(28.4%p) '24년(15.5%p) '25년(목표)
[여권 생산량]	[극성수기 발급일수]	[여권 발급기간]	[여권 발급비용]	[개인정보면 자립 생산능력]
역대 최대 생산 및 신속 발급	글로벌 최고 수준의 서비스 제공			개인정보면 자립 생산 확대

BP 02 모바일 주민등록증 출시로 국가 신분증 모바일 전환의 9부 능선을 넘다!

	• 국민 대표 신분증 주민등록증이 스마트폰 속으로, '모바일 주민등록증 시대' 개막

추진실적	모바일 사각지대 해소	국민 접근성 강화
	• 특정면허, 자격과 관계없이 17세 이상 전국민 대상으로 누구나 사용하는 모바일 서비스	• 멀리 있는 면허시험장, 보훈지청에 갈 필요 없이 집 앞 전국 3,700여개 주민센터에서 발급

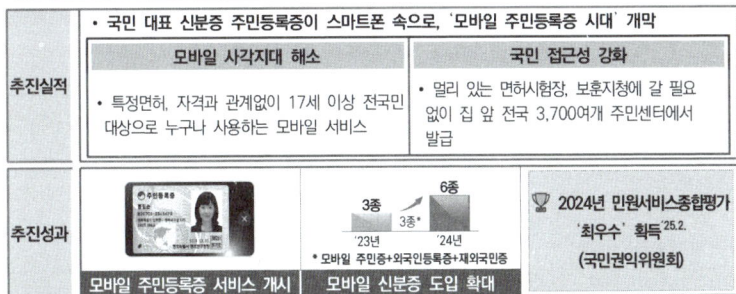

추진성과

모바일 주민등록증 서비스 개시	3종 → 6종 ('23년 3종* '24년 6종) * 모바일 주민증+외국인등록증+재외국민증 모바일 신분증 도입 확대	🏆 2024년 민원서비스종합평가 '최우수' 획득 '25.2. (국민권익위원회)

BP 03 공공앱은 물론 대한민국 대표 금융앱에서도 편리하게 모바일 신분증 사용

	• (민간개방 확대) 정부앱에서만 다운로드 사용 → 민간 대표 금융앱에서 불편 없이 사용
	• 국민에게 친숙한 민간 앱(네이버, 카카오 등)에서 모바일 신분증을 발급 및 사용할 수 있도록 개방하는 서비스

추진실적

'23년(1개)	'24년(5개 추가)	'25년~(확대)
삼성월렛	카카오뱅크 네이버 토스 NH농협 KB국민	6개 → 10개 ('24년 '25년)

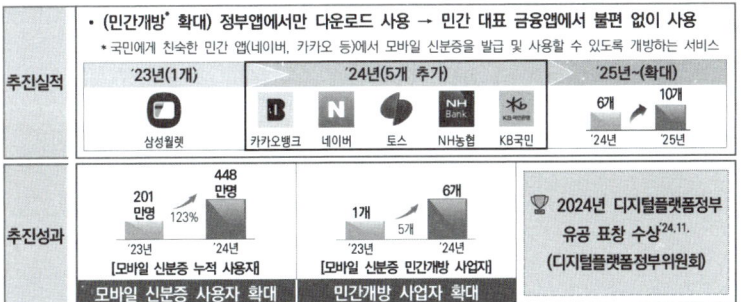

추진성과

201만명 → 448만명 (123%)	1개 → 6개 (5개)	🏆 2024년 디지털플랫폼정부 유공 표창 수상 '24.11. (디지털플랫폼정부위원회)
'23년 '24년	'23년 '24년	
[모바일 신분증 누적 사용자]	[모바일 신분증 민간개방 사업자]	
모바일 신분증 사용자 확대	민간개방 사업자 확대	

■ **한국조폐공사 주요 사업 보고서 중 BP 별도 제시 사례**

출처 : 〈2024년도 한국조폐공사 경영 실적보고서〉

2 탄소중립 로드맵 롤링을 통한 온실가스 감축 실행력 강화 🏆BP 지적권고 개선

| 배경 | 온실가스 감축목표 상향 조정에 따른 「에너지·환경 부문 중장기 전략」 보완 필요 |

에너지 전환·에너지 효율화·에너지 절약을 통한 온실가스 감축 실행력 UP!

신재생에너지로 전환	고효율 에너지 설비 확대	피크전력 저감 정책 이행
태양광 발전설비 추가 설치(2,028kWp) 태양광에너지 445kWp 확보 ⇨ **연간 585MWh 절감**	노후 설비를 고효율 기기로 교체 항온항습기, 인버터 등 26개소 설치 ⇨ **연간 964MWh 절감**	수요자원 거래시장 참여·효율적 ESS 활용 ESS 운용 우수사례 선정 ⇨ **피크전력 연간 750MWh 저감**

신재생에너지 48.4% 추가 확보	온실가스 1,514tCO2eq/년 절감	전기료 68백만원 절약
(단위 : kWp) 920 → 1,365 '23년 '24년	(단위 : tCO2eq) 21,621 → 20,107 '23년 '24년	(단위 : 백만원) 6,970 → 6,902 '23년 '24년

| 성 과 | • 공공부문 온실가스 감축목표 13년 연속 달성(최근 3개년 평균 달성률 139.5%) |

연 도	2022	2023	2024
감축목표	34%	36%	38%
감축실적	47.37%	53.73%	49.35%

■ **2024년도 경영 실적보고서 한국조폐공사 BP 사례**

CEO가 주관하고 핵심부서장이 참여하는 '보고서 편집회의'를 통해 보고서에 기재할 최종 BP를 선정한다.

보고서를 작성하는 입장에서는 BP를 발굴하는 과정도 어렵지만, 선정된 BP를 어떻게 효과적으로 표현할지도 큰 고민거리다. 정답은 없겠지만 평가위원들이 조언한 내용을 종합해보면 공통점을 몇 가지 발견할 수 있다.

먼저 기관의 입장이 아닌 평가위원 관점에서 이해하기 쉽고 설득력 있게 기술해야 한다. 장황하게 나열하기보다 기관의 개선하려는 노력과 성과를 스토리에 담아 설명하는 것도 중요하다. 마지막으로 전년 대비 향상된 성과를 계량화하고 도표 등을 활용해 시각적인 임팩트를 주는 것도 효과적인 방법이다.

겨우내 보고서를 작성하는 데 집중하다 보면 어느 날 문득 성큼 봄이 다가와 있음을 느낀다. "시간이 어떻게 갔는지도 모르겠다"라

■ **2024년 한국조폐공사 경영평가 워크숍**

는 말이 실감된다. 드디어 3월이 되고, 기획재정부와 경영평가단에 보고서를 제출하면 큰일을 하나 끝냈다는 안도감이 든다. 하지만 곧바로 마음을 추스른다. 평가위원들을 직접 만나는 현장실사가 기다리고 있기 때문이다.

평가위원의 마음을 사로잡기 위한 고군분투

경영 실적보고서가 정부경영편람에 따라 기관 입장에서 경영성과를 제시하는 자료라면, 현장실사는 평가위원의 관점에서 기관이 제시한 경영 실적의 실제 수행 여부와 타당성 등을 점검하는 과정이다.

현장실사 때 공사의 주요 부서장들은 평가위원과 직접 대면해 기관의 성과를 점검받고, 미흡사항에 대한 개선을 요구받는다. 현장실사 결과에 따라 평가 등급이 달라질 수 있으므로 실사 대응은 가장 어렵고도 중요하다. 즉 현장실사는 경영평가의 하이라이트라고 할 수 있다.

평가위원과 떨리는 첫 만남, 기관설명회

3월 초 경영 실적보고서를 제출하는 동시에 기관설명회를 시작한다. 2024년 경영평가의 경우 한국조폐공사는 2025년 3월 6일에 경영 실적보고서를 제출했고, 3월 7일에 기관설명회를 진행했다.

기관설명회는 현장실사를 하기 전에 평가위원들에게 기관의 일반적인 현황과 주요 사업 내용을 소개하고, 평가지표별 주요성과를 간략하게 설명하는 자리다.

기관 입장에서는 평가위원들과 공식적으로 처음 대면하므로 좋은 인상을 심어주기 위해 최선을 다해야 한다. 특히 하루이틀 사이에 같은 장소에서 모든 공기업의 기관설명회를 하므로 자연스럽게 기관 간에 비교가 될 수밖에 없다. 결코 가벼운 마음으로 참석할 수 없는 이유다.

기관설명회는 경영관리 범주와 주요 사업 범주로 구분해 1시간 정도 진행한다. 범주별로 사전에 제출한 설명회 자료를 기초로 일반 현황, 지표별 BP 등을 설명하고, 질의응답 하는 시간으로 이어진다.

걱정과 달리 첫 상견례 자리여서인지 생각보다 훨씬 부드러운 분위기로 진행된다. 하지만 얼마 후 '체크리스트'라는 명목으로 요청하는 방대한 질문서를 받으면 그때의 생각이 얼마나 순진했었는지를 금세 깨닫게 된다.

체크리스트에 동문서답은 금물

사전설명회를 마치면 본격적으로 현장실사 준비에 들어간다. 현장실사는 경영관리 범주와 주요 사업 범주로 나눠 각각 다른 날에 진행한다. 현장실사에 앞서 평가단은 경영평가보고서를 꼼꼼하게 검토한 후 실사 8일 전까지 실사에서 질의할 내용들을 정리한 '체크리스트'를 통보한다.

체크리스트를 접수한 기관은 답변을 작성해 실사 2일 전까지 평가단에 제출해야 한다. 따라서 체크리스트에 대한 답변을 작성하는 데는 6일의 시간이 주어진다. 단, 주말을 제외하면 실제 4일밖에 시간이 없다.

2024년 경영평가에서 한국조폐공사가 요청받은 체크리스트 질문은 경영관리 범주 358개, 주요 사업 범주 134개였다. 4일간 작성하기에는 분량이 결코 적지 않다. 물론 직원 여러 명이 나눠 답변을 작성하므로 분량은 감당할 수 있다. 더욱 힘든 점은 질문 그 자체다. 매의 눈으로 바라본 평가위원들이 던진 질문들은 하나같이 답변하기가 쉽지 않다.

왜일까? 아마도 기관의 경영 실적을 바라보는 시각이 달라서일 것이다. 작은 성과라도 크게 평가받고 싶은 기관과 컨설턴트로서 개선점을 찾는 위원들의 입장은 분명 차이가 있다. 그 차이가 얼마냐에 따라 체크리스트 난이도가 결정된다.

체크리스트를 작성할 때 반드시 피해야 할 것이 있다. 질문자의 의도를 파악하지 못하고 엉뚱한 답을 적는 것이다. 현장실사에서 평가위원은 한정된 시간 동안에 모든 평가지표를 점검하고 확인해야 하므로 항상 시간에 쫓긴다. 그래서 보통 체크리스트 답변서를 통해 궁금증이 해소된 사항은 대개 질문 없이 넘어간다. 그런데 동문서답을 한 체크리스트는 평가위원의 집중 타깃이 되고 대부분 슬픈 결말을 맞게 된다.

앞서 현장실사는 기관의 평가등급을 결정할 수 있는 중요한 절차라고 했는데, 체크리스트 답변 작성은 현장실사 결과를 좌우하는 핵심 요인이다.

동문서답한 체크리스트 답변이 많을수록 기관의 평가결과는 점점 부정적인 방향으로 갈 수밖에 없다. 많은 기관이 주말까지 반납해가며 체크리스트에 답변을 작성하느라 공을 들이는 이유다.

약점을 찾으려는 자 vs 강점만 말하려는 자

공들여 작성한 체크리스트를 제출하고 나면 이틀 후 드디어 현장실사를 받는다. 현장실사를 앞둔 기관 입장에서는 마지막으로 주어진 48시간 중 1분도 허투루 쓸 수 없다. 현장실사에서 최고의 결과를 얻기 위해 실제 참석자를 대상으로 모의실사를 한다.

모의실사의 주인공은 주요 부서장들이다. 보고서와 체크리스트 답변서는 실무자 중심으로 작성했더라도 현장실사 때는 처·실장급 관리자가 답변하는 것이 원칙이고 실무자는 보충 답변만 가능하기 때문이다.

모의실사는 자체 인력만으로 할 수도 있고, 외부 전문가를 초빙하기도 한다. 기관마다 상황과 여건에 따라 실시 여부와 방법이 다를 것이다. 다만 현장실사를 준비하면서 참석자들에게 상기시키는 공통점이 있다. '현장실사는 기관의 성과를 자랑하는 자리이지 감사받는 자리가 아니다'라는 것이다.

공기업은 주무 부처, 국회, 감사원 등 다양한 감독기관의 감시와 통제를 받으므로 감사를 받는 역할에 익숙하다. 따라서 적극적으로 기관의 성과를 어필하기보다 방어적인 태도를 취하는 경우가 많아 이를 주의하라는 것이다.

현장실사는 평가위원과 마주 보고 질의응답을 통해 기관의 성과를 설명하는 자리다. 만약 평가위원이 기관의 태도가 소극적이고 수동적이라고 느꼈다면 절대 좋은 평가를 받을 수 없다.

현장실사를 받는 4시간 동안은 질문에 대한 정확하고 논리적인 답변과 적극적이고 긍정적인 태도가 필수적이다. 그래야만 평가위원의 마음을 움직일 수 있다.

마지막 동아줄을 붙잡는 심정으로, 추가 자료 작성과 제출

현장실사가 끝나면 만감이 교차한다. 숨은그림찾기 하듯 공사만의 차별화된 BP를 찾아 헤매던 시간, 주말도 잊고 밤낮없이 작성한 경영 실적보고서, 시간에 쫓겨 아쉬움을 가득 남기고 제출한 체크리스트 답변서와 살 떨리는 현장실사까지. 이 모든 것이 끝났다는 안도감에 가슴이 벅차오른다. 하지만 금세 현장실사에서 평가위원에게 지적받은 내용들이 떠올라 다시 마음이 무거워진다.

아직 끝나지 않았다. 현장실사 과정에서 평가위원들이 요구한 추가자료 제출이 남아 있다. 현장실사에서 제대로 설명하지 못한 내용에 대해 평가위원이 자료를 요청했다면 감점을 만회할 수 있는 마지막 기회다.

그러므로 현장실사가 끝난 시점부터 48시간 이내라는 제출 기한 동안 동아줄을 붙잡는 심정으로 추가 자료를 작성하는 데 최선을 다해야 한다.

현장실사가 끝나고 추가 자료까지 제출하면 드디어 길고 길었던 경영평가가 종료된다. 평가결과는 「공공기관의 운영에 관한 법률」에 따라 매년 6월 20일까지 공공기관운영위원회의 심의·의결 후 발표한다. 이제부터 모든 공기업의 시선은 6월 경영평가 발표로 향한다.

공기업은 왜 경영평가에 목숨을 걸까

지금까지 한국조폐공사 사례를 통해 공기업이 어떻게 경영평가를 받는지 살펴보았다. 여기서 문득 궁금증이 생긴다. '공기업이 경영평가를 위해 이렇게까지 하는 이유가 무엇일까?' 설령 공기업들의 경영성과를 등급으로 매겨 서열화한다고 하더라도 이렇게까지 기관의 모든 역량을 '올인'하는 이유를 선뜻 이해하기 어려워서다.

결론부터 말하면 6월 경영평가 결과에 따라 기관장의 운명과 임직원의 성과급 지급 여부가 결정된다. 단순히 경영 실적에 대한 기관의 순위를 공개하는 자존심 문제가 아니다. 모든 공기업은 한국조폐공사 못지않게, 오히려 그 이상으로 경영평가에 임할 수밖에 없다.

경영평가 결과, 평가등급이 왜 2개?

먼저 경영평가 결과를 어떻게 결정하는지 알아보자. 경영평가는 상대평가와 절대평가로 구분하며, 평가등급은 탁월(S)부터 아주미흡(E)까지 6개로 나눠진다.

매년 6월 기획재정부에서 공식 발표하는 평가등급은 상대평가 결과이며, 절대평가 결과는 기관에 별도로 통보한다. 성과급은 상대평가 결과 50%와 절대평가 결과 50%를 반영해 산정한다. 상대평가는 전체 공기업의 순위를 매겨 등급을 부여하는 것이다. 절대평가 등급은 해당 공기업의 실적이 과거에 비해 얼마나 개선되었는지 등을 고려해 결정한다.

정부가 경영평가 등급을 상대와 절대로 구분하는 이유는 무엇일까? 아마도 상대평가로 인한 공기업들의 과도한 경쟁을 완화하고, 기관 간 비교뿐 아니라 기관 자체의 과거 대비 개선하려는 노력까지 평가에 반영하겠다는 의미일 것이다.

경영평가 등급 수준정의	
등급	수준정의
탁월(S)	모든 경영영역에서 체계적인 경영시스템을 갖추고 효과적인 경영활동이 이뤄지고 있으며, 매우 높은 성과를 달성하고 있는 수준
우수(A)	대부분의 경영영역에서 체계적인 경영시스템을 갖추고 효과적인 경영활동이 이뤄지고 있으며, 높은 성과를 달성하고 있는 수준
양호(B)	대부분의 경영영역에서 양호한 경영시스템을 갖추고 있고 양호한 성과를 달성하고 있는 수준
보통(C)	대부분의 경영영역에서 일반적인 경영시스템을 갖추고 있고 일반적인 경영활동이 이뤄지고 있는 수준
미흡(D)	일부 경영영역에서 일반적인 경영시스템을 갖추고 있지만 성과는 다소 부족한 수준
아주미흡(E)	대부분의 경영영역에서 경영시스템이 체계적이지 못하고 경영활동이 효과적으로 이뤄지지 않으며 개선 지향적 체계로의 변화 시도가 필요한 수준

출처 : 〈2024년도 공공기관 경영평가편람〉(기획재정부)

2024년도 공기업 경영평가 상대 및 절대평가 결과							
						(단위: 개)	
구분	탁월 (S)	우수 (A)	양호 (B)	보통 (C)	미흡 (D)	아주미흡 (E)	합계
상대평가	–	5	11	9	6	1	32
절대평가	2	5	9	6	7	3	32

출처: 〈2024년도 경영평가 결과〉(기획재정부 보도자료)

평가 후폭풍, 성과급 '0'과 기관장 해임

앞서 공기업은 상대평가와 절대평가 결과에 따라 경영평가 성과급을 받는다고 했다. 단, 전제 조건은 기관의 평가결과가 일정 등급이상이어야 한다는 것이다. 행여 평가등급이 미흡(D) 이하라면 실적부진 기관으로 간주해 다음과 같은 가혹한 상황을 마주하게 된다.

실적부진 기관은 임직원의 경영평가 성과급이 '0'이다. 공기업 임금체계에서 경영평가 성과급이 차지하는 비중이 작지 않으므로 성과급을 받지 못하게 되면 당장 가계에 가해지는 충격이 어마어마하다. 경영평가에 전사적 역량을 집중하는 기관들의 관심과 노력을 생각하면 실적부진 기관이라는 상처와 허탈감은 말로 표현하기 어렵다.

이에 더해 인사상 조치가 기다리고 있다. 경영평가 결과 아주미흡(E) 또는 2년 연속 미흡(D)인 기관의 기관장과 상임이사는 공공기관운영위원회의 심의·의결을 거쳐 해임 건의를 받게 된다. 즉 기관장과 임원의 운명이 경영평가 결과로 좌우될 수 있다는 것이다.

평가 준비가 본업이 되어버린 공기업

경영평가는 공기업의 경영성과와 성과 창출을 위한 노력을 객관적으로 평가하는 제도다. 경영평가제도는 40년이 넘는 동안 시대에 맞게 진화하며 공기업의 책임경영 체계를 확립하는 데 기여했다.

평가를 통해 공기업의 공공성과 경영효율성 제고를 독려해 대국민 서비스의 질을 높이는 데 중요한 역할을 해왔다. 이처럼 경영평가제도가 공기업에 미치는 긍정적인 효과는 부인할 수 없다. 그럼에도 매년 경영평가를 받는 공기업 담당자 입장에서 경영평가제도가 더욱 발전하기를 바라는 마음으로 몇 가지 제언을 하려 한다.

공기업은 설립 목적, 규모, 재정 여건 등 기관별로 다양한 특성이 있다. 세부적인 보완이 필요하겠지만 기관별 특수성을 충분히 반영할 수 있도록 평가지표 등을 개선한다면 전혀 다른 기관을 같은 잣대로 평가하는 데 따른 기관들의 불만과 공정성 논란을 줄일 수 있을 것이다.

경영평가 주기를 현재의 1년 단위에서 격년 단위 또는 기관장 임기(3년) 내 1회로 변경한다면 경영평가 대응을 위해 과도한 시간과 자원을 투입하는 비효율도 줄일 수 있을 것이다. 더불어 기관장 입장에서는 단기성과에 집착하지 않고 중장기적인 관점에서 기관을 운영할 수 있다는 장점도 생긴다.

"1년 내내 경영평가 준비만 하나요?"

6월 전년도 경영평가 결과가 발표되고 채 한 달도 지나지 않아 다음 평가를 준비하겠다고 선포하니 직원들이 내뱉는 볼멘소리다. 뻔한 이야기지만 피할 수 없다면 즐길 수밖에 없다. 이 모든 고난은 경영평가제도가 존재하는 한 공기업이 겪어야 할 숙명이기 때문이다.

하늘이 정해주는 경영평가 결과

"올해는 어떨 것 같아?"

경영평가 결과 발표일이 다가올수록 경영평가 담당 부서 직원들은 곤혹스러워진다. 경영평가 담당 부서이니 무슨 소식이라도 먼저 들었을까 하는 기대감에 여기저기서 연락이 온다. 역시 공기업 직원들에게 경영평가 결과는 최고의 관심사다.

한국조폐공사의 최근 10년간 경영평가 결과는 나쁘지 않았다. 2014년부터 2016년까지 트리플 A등급을 받은 실적은 단연 역대 최고의 성과였다. 다만 2020년 이후에는 A등급 이상을 받아본 적이 없다. 과거의 영광을 재현하려면 더 분발해야 한다.

최근 10년간 한국조폐공사 경영평가 결과(상대등급)

구분	2015년	2016년	2017년	2018년	2019년
등급	A	A	B	B	A
구분	2020년	2021년	2022년	2023년	2024년
등급	B	C	B	B	B

"평가 결과는 하늘이 정해주는 것입니다."

기대 어린 눈빛을 보내는 직원들에게 담당자가 해줄 수 있는 최선의 답이다. 평가결과가 실력이 아닌 운에 의해 좌우된다는 말이 아니라 모든 노력을 다했으니 어떤 결과든 겸허히 받아들이자는 의미다. 솔직히 말하면, 기대에 미치지 못하는 결과가 나온다면 하늘에라도 책임을 돌리고 싶은 부담 가득한 진심이 숨겨져 있기도 하다.

Chapter 10

공공감사의
모든 것

국민 관점에서 날카롭고 따가운 외부감사

공기업은 국가로부터 정책과 행정 서비스를 실현하는 집행기관으로서의 독점적 권한과 자원을 위임받고 있다. 따라서 공기업을 책임 있고 투명하게 운영하려면 감시와 견제가 제도적으로 뒷받침되어야 한다. 이런 기능을 수행하는 것이 '감사'이며, 공공기관 감사는 공정한 운영, 재정 건전성 확보, 부패 예방이라는 측면에서 필수적인 역할을 하고 있다.

우리나라의 공공감사제도는 「공공감사에 관한 법률」에 따라 중앙행정기관, 지방자치단체, 공공기관 등 다양한 형태의 자체 감사기구 설치와 운영을 규정하고 있으며, 감사원 등 외부감사기관과의 유기적 연계를 통해 감사 실효성을 강화하는 방향으로 설계되어 있다.

외부의 시선으로 기관 운영 점검

공기업의 운영과 예산 집행은 공정하고 투명해야 한다. 이런 투명성을 담보하는 수단 중 하나가 외부감사다.

외부감사는 기관 내부의 시선이 아닌, 외부의 독립적인 시선으로 기관 운영을 점검하는 역할을 하며, 법적 근거는 「공공기관의 운영에 관한 법률」과 「감사원법」 등이 있고 감사원과 주무 부처*가 대표적인 감사 주체다.

이들은 정기 또는 수시로 기관에 관한 감사를 하며 정책 추진과 예산 집행, 계약, 인사 등 다양한 분야에 대해 위법사항이나 운영의 적정성을 점검한다. 특히 감사원은 헌법기관으로서 독립성과 강력한 권한을 바탕으로 감사의 최종 보루 역할을 하고 있다.

외부감사의 주요 목적은 기관이 자율적으로 관리하지 못한 부분을 바로잡고 부정이나 비효율을 예방하는 것이다. 이와 동시에 국민에게 '이 기관은 제대로 일하고 있다'라는 확신을 제공하는 기능도 수행하고 있다.

다시 말해 외부감사는 공공기관이 보다 건강하고 효율적으로 운영될 수 있도록 도와주는 일종의 '조력자' 역할을 한다고 볼 수 있다.

---

* '공공기관에 대해 지휘·감독하는 중앙행정기관을 말하며 한국조폐공사의 경우는 기획재정부'를 가리킨다.

외부감사, 상처가 아닌 성장의 기회로

필요성에 대한 이견은 없지만 기관 입장에서 외부감사는 경영평가 이상으로 부담된다. 감사 수검을 위한 사전 자료 준비, 관계자 소명서 제출, 대면조사 대응, 감사 지적사항 조치 등 전 과정이 상당한 긴장과 피로를 유발하기 때문이다.

실제로 외부감사가 시작되면 업무 연속성이나 조직 안정성에 영향을 주는 만큼 이를 보다 원활하게 대응하기 위한 철저한 사전 준비가 매우 중요하다.

특히 감사를 받는 입장에서는 감사기관이 중점적으로 살펴보는 쟁점을 수시로 점검하는 한편 각종 규정과 기준을 체계적으로 정비해두는 것이 필요하다. 이런 상시적인 대비는 감사 대응에 따른 불필요한 긴장과 혼선을 줄이고 외부감사가 기관 운영을 개선하는 기회로 활용할 수 있다.

더불어 감사를 받는 입장에서 외부감사기관에 하고 싶은 제언은 공기업이 외부감사를 '성장과 개선의 기회'로 받아들이는 환경을 조성하려면 외부감사기관 역시 기관을 존중하며 협력적 관계를 유지하려는 노력이 반드시 필요하다는 것이다.

양쪽의 입장을 모두 이해해야 하는 조율사

외부감사를 대응하는 데 전면에 나서야 하는 내부감사실 직원들은 감사에 적극 협조해야 하는 입장과 조직 구성원으로서의 입장 사이에서 복잡한 심경을 경험하게 된다. 한국조폐공사 감사실의 한 직원은 감사원의 기관 운영 종합감사에 대응하던 당시를 이렇게 회고했다.

"감사실은 기관의 입장에서 보면 최전방에 배치된 척후병입니다. 외부감사관에게 기관 내부 사정을 잘 설명하고 실수를 줄여야 하는 역할을 하면서도, 내부 직원의 입장을 대변해야 하는 외줄타기를 하는 느낌이죠."

실제 당시 감사원 감사는 인사와 계약 분야를 중심으로 진행했고, 감사원 감사관들이 본사에 상주하며 2주간 전 부서를 대상으로 인터뷰와 자료 검토를 했다.

감사실은 감사관의 질의에 신속히 대응하는 한편, 공사 실무 부서와 자료를 검토하고 답변 초안을 교정하는 등 하루 종일 양쪽 사이를 끊임없이 오갔다.

한편으로는 기관의 운영체계와 제도의 정당성을 설명하고, 다른 한편으로는 공사 실무자의 오류가 과도한 지적으로 이어지지 않도록 최대한 사실관계를 정제하는 일을 반복했다.

외부감사관은 국민을 대신해 공정하게 감시해야 하는 '감시자'이지만 내부감사실은 그들과 수시로 의견을 교환하며 자료 해석 방향을 설명하고 때로는 기관의 입장을 대변해 설득해야 한다. 부정적 인상을 주지 않으면서도 기관의 입장을 충분히 반영하도록 조율하는 역할은 매우 섬세한 감각을 요구한다.

건강한 조직을 위한 예방주사, 내부감사

　내부감사는 조직 업무에 스며들어 있는 '예방 중심의 자정 시스템'이다. 공기업이 윤리성과 투명성을 유지하면서도 자율적으로 발전하려면 조직 내부가 자체 점검하고 문제를 조기에 인식할 체계가 필수적이다. 이 역할을 하는 조직이 자체 감사기구이며, 「공공감사에 관한 법률」에 따라 모든 공기업은 자체 감사실을 설치해야 한다.

　공기업 내부감사는 감사의 목적과 대상에 따라 다양한 유형과 방식으로 하고 있으며 「공공감사에 관한 법률」에서 정한 감사의 기

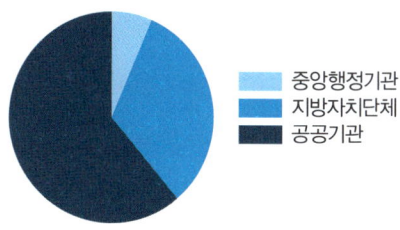

대상기관 구분	대상기관 수
중앙행정기관	51개
지방자치단체	258개
공공기관	480개
전체	789개

■ 「공공감사에 관한 법률」 적용 대상기관 현황
출처 : 감사원 (2025년 1월 기준)

내부감사의 종류	
구분	**목적 등**
종합감사	일정 주기로 조직 전체 운영 실태를 진단하는 포괄적 감사
특정감사	문제가 발생한 사안이나 이슈에 대한 원인과 책임을 규명하고 개선 방안을 도출하기 위한 감사
재무감사	예산 운용 실태, 회계처리의 적정성 여부 등을 검토하고 확인하기 위해 실시하는 감사
복무감사	임직원의 근태, 품위유지, 행동강령 준수 여부 등 근무 기강 점검 차원의 감사
성과감사	특정 정책·사업·조직 등에 대한 실행 효과를 분석하고 평가하기 위한 감사
일상감사	주요 업무 집행에 앞서 업무의 적법성·타당성 등을 검토, 평가하기 위한 감사

준을 적용하므로 기본적으로 외부감사와 형식 면에서 유사하다.

사고를 막는 일상감사

내부감사는 연중 상시 운영하며, 문제 예방과 개선을 중시하는 사전 예방 감사에 가깝다. 그중에서도 일상감사는 내부감사에서만 존재하는 것으로 업무 집행 전 또는 진행 과정에서 규정 위반 가능성, 절차상 하자, 예산 집행의 적정성 등을 사전에 점검해 오류와 사고 발생을 조기에 차단하는 기능을 한다.

예를 들어 계약을 체결하기 전 서류 검토나 사업계획 승인 전 법령 적합성 등을 확인하는 절차가 이에 해당한다. 일상감사는 사후지적 대비 적은 노력과 갈등으로 문제를 예방할 수 있고, 기관의 경영 목표 달성을 지원하는 역할을 한다는 측면에서 효용성이 크다.

한국조폐공사 감사실은 일상감사를 연간 약 700건 수행하며 이

중 3분의 1 정도의 건에 개선 의견 등을 제시한다. 이는 일상감사가 형식적 점검을 넘어 실질적 경영지원 기능을 수행함을 보여준다.

더 큰 신뢰를 위한 독립성 확보

내부감사를 효과적으로 운영하려면 자체 감사기구의 독립성이 중요하다. 「공공감사에 관한 법률」에 따르면 공공기관의 감사조직은 독립적인 기구로 기관 내에서 최대한의 독립성을 보장해야 한다. 감사가 조직 내부의 압력과 이해관계로부터 자유로워야 실질적인 감시와 예방이 가능하기 때문이다. 이에 따라 공공기관에서는 감사조직의 독립성을 위한 여러 가지 제도적 장치를 마련해놓았다.

이와 관련해 공공기관과 행정부처의 감사조직 간 구조적 차이에서 비롯되는 독립성 수준이 주목할 만하다. 행정부처는 감사조직의 장인 감사담당관을 해당 부처 장관이 직접 임명하며, 조직 역시 장관 산하 조직으로 편제되어 있다. 다시 말해 감사책임자가 행정부처 내부 권한 구조 내에 있어 조직 내 상급자에 대한 감사 수행 시 구조적 제약이 따를 수 있다.

반면 공공기관은 기관장과 상임감사 모두 대통령이 임명하고, 감사조직은 상임감사 산하로 편제되어 기관장으로부터 실질적인 독립성을 확보할 수 있다. 이런 구조적 차이는 공공기관 감사조직이 행정부처보다 독립성 측면에서 상대적으로 강화되어 있음을 보여준다.

한국조폐공사도 감사 독립성을 확보하기 위한 다양한 장치를 제

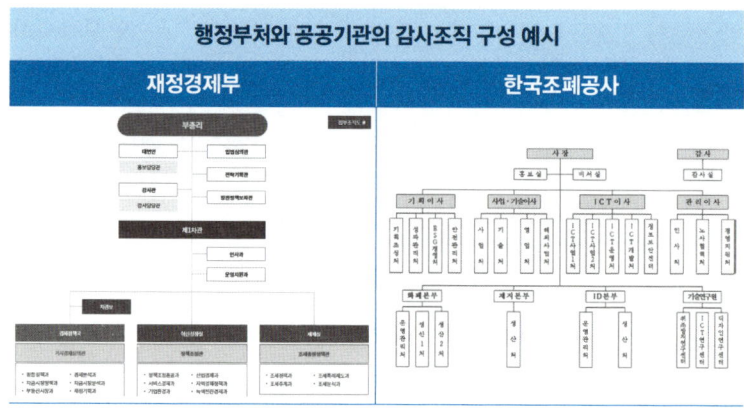

행정부처와 공공기관의 감사조직 구성 예시

도화했다. 감사실 직원은 최소 근무연수 3년 이상을 보장받아 이 기간에는 임의로 다른 부서로 인사이동 하지 않는다. 또한 감사기구는 자체 성과 평가 기준 운영, 자율적 예산 집행과 직무교육 권한도 부여받아 감사기구의 독립적 운영권을 확보하고 있다.

이와 같은 제도는 감사조직이 조직의 건전성을 유지하고 감사 결과의 신뢰성을 확보할 수 있도록 설계한 장치들이다. 즉, 내부감사는 조직 내부의 문제를 스스로 점검하고 개선하는 역할을 하며, 외부의 개입 없이도 기관이 자율성과 책임성을 유지할 수 있도록 독려한다. 그러려면 감사조직의 '독립성'을 반드시 확보해야 하며, 이는 공공기관의 투명성과 공정성을 높이는 데 필수적인 요소다.

감사받는 직원에게도 '말할 기회'를 충분히 보장

감사 과정에서 감사를 받는 직원의 권리를 보장하기 위한 제도도 운영하고 있다. 변호인 참여제도를 통해 법률적 조언을 받을 수 있으며, 이후 감사 결과에 대해서도 이의신청 절차를 통해 재심을 요구할 수 있다. 특히 이의신청 제도는 감사를 받은 직원에게 '말할 기회'를 추가로 보장함으로써 억울한 처분이 없도록 하는 동시에 감사의 수용성을 높이는 데 기여하고 있다.

감사실은 이의를 제기한 내용이 타당하다면 조사 내용을 재검토하거나 조치 수위를 조정하며 이는 감사 결과에 대한 내부 구성원의 신뢰도를 높이는 데 긍정적으로 작용하고 있다.

감사 결과에 적정성·객관성을 더하는 감사심의위원회

감사를 통해 조사한 내용은 정당성과 객관성을 담보하기 위해 감사 결과의 적정성을 따져보는 감사심의위원회를 거친 후 상임감사의 결재로 감사 결과를 확정하고 있다.

감사심의위원회는 감사 과정에서 밝혀진 사실관계와 관련 법령, 기관 내부 규정 등을 종합적으로 검토해 결론을 도출하는데, 단순히 위반 여부를 판단하는 데 그치지 않고 피감사자의 업무 여건, 경위, 고의성 여부 등 다양한 요소를 고려함으로써 '기계적 처분'이 아닌 '맥락을 반영한 판단'이 되도록 한다.

감사심의위원회 회의는 해당 감사 업무를 수행한 담당자와 감사실 직원 전원이 참여해 직위 고하나 연차 등과 무관하게 동등한 입장에서 각자가 한 명의 '감사인'으로서 의견을 제시하고 판단한다.

내부감사와 외부감사, 무엇이 같고 어떻게 다를까

공공기관의 감사는 외부감사와 내부감사로 나뉜다. 외부감사와 내부감사 모두 부패와 비효율을 방지하고, 조직의 책임성과 투명성을 확보하는 것을 목적으로 한다. 하지만 같은 목표를 향하더라도 접근 방식, 관점과 역할은 차이가 있다.

외부감사와 내부감사, 각각 무엇을 보나

대표적인 외부감사 기관은 감사원과 주무 부처다. 감사원은 「감사원법」에 근거해 3년 주기로 감사를 하고 기관의 운영 실태 전반을 점검하며, 국민 세금이 적법하게 쓰이고 있는지를 감사하므로 '제도·법률 중심 감사'라 볼 수 있다.

주무 부처 감사는 「공공감사에 관한 법률」에 근거해 2년 주기로 한다. 이 감사는 정부 정책의 집행 성과를 점검하는 데 방점이 있으며, 특히 국가 정책의 이행 여부와 예산의 합목적성을 중심으로 살피므로 '관리적 시각의 감사'라고 볼 수 있다.

반면 내부감사는 기관 내에서 스스로 하는 점검이다. 자체 감사 계획에 따라 매년 주기적으로 하고 있으며, 내부에서 발생할 수 있는 리스크를 사전에 차단하는 것이 주된 목적이다. 따라서 내부감사는 업무 과정 전반을 가장 가까운 거리에서 살필 수 있어 '현장 중심형 예방 감사'의 성격이 강하다.

이처럼 3가지 감사 모두 공공기관의 건전한 운영을 독려하기 위한 장치이지만 목적과 관점이 조금씩 다르다. 감사원은 법령과 회계 기준에 따라 성과와 책임을 밝히고, 주무 부처는 정부 정책의 목표 달성과 효율적인 예산 운영에 초점을 맞추며, 내부감사는 조직 내 구체적인 업무를 수행하는 과정과 규정 준수 여부에 주목한다.

내부감사의 강점과 한계

내부감사는 외부감사에 비해 조직 내부의 운영 실태와 규정에 대한 높은 이해를 바탕으로 현실적이고 실행 가능한 개선 방안을 도출할 수 있다. 또한 조직원과의 심리적 거리가 상대적으로 가까워 피감사자가 방어적 태도를 보이기보다는 문제를 해결하는데 적극적으로 동참하게 할 수 있다.

반면 내부감사는 종종 '봐주기 감사'라는 오해를 살 수 있다. 조사 범위가 소속 기관 내 보유한 자료에 한정된다는 구조적 제약도 존재한다. 특히 개인정보나 외부 기관의 정보를 직접 확인할 권한이 없으므로 외부감사에 비해 접근 가능한 자료가 제한적이다.

한국조폐공사의 사례로 예를 들어보자. 직원들의 휴가 사용 적정성을 점검하는 과정에서 실제 출입국 기록과 대조해봐야만 확인이 가능한 사안이 발생했으나 직원의 출입국 기록을 열람할 권한이 없어 그대로 종결되었다.

그러나 이후 감사원의 외부감사에서 이 사안을 재점검했고, 감사원은 외부 기관의 협조를 통해 직원의 해외 출입국 기록을 확보함에 따라 부적정한 휴가 사용을 적발했다.

감사 걱정 줄여주는 적극행정 면책 제도와 사전컨설팅 제도

공공기관 실무자들이 업무를 추진하면서 가장 큰 부담을 느끼는 것 중 하나는 결과에 대한 책임이다.

특히 새로운 시도나 창의적 접근이 필요한 상황에서 나중에 문제가 발생한다면 불이익을 감수해야 한다는 두려움은 도전을 주저하게 한다. 이때 '적극행정 면책 제도'와 '사전컨설팅 제도'가 중요한 역할을 한다.

처벌만 하는 감사가 아닌 응원하는 감사로

적극행정 면책 제도는 담당자가 공공의 이익을 위해 법령이나 절차상 다소 불확실성이 있는 상황에서도 적극적으로 업무를 수행한 경우, 결과가 미흡하더라도 일정 요건하에서 면책을 받을 수 있도록하는 제도다.

사전컨설팅 제도는 법령 해석이나 현실과의 괴리 등으로 인해 적극적으로 업무를 처리하기 어려운 경우, 사전에 감사 의견을 요청하고 그 의견대로 업무를 처리하면 사후 감사를 면제하거나 면책 기준을 충족한 것으로 간주하는 제도다.

이 두 제도는 '처벌 중심의 감사'라는 기존 인식에서 벗어나 감사가 조직 내 실행력과 창의성을 보호하는 우군이 될 수도 있다는 인식을 전환하는 열쇠다.

아무리 좋은 제도도 알아야 쓰는 법

적극행정 면책 제도와 사전컨설팅 제도가 현장에서 실질적으로 작동하려면 제도의 존재 자체보다 이를 어떻게 활용할 수 있는지에 대한 실무자의 이해와 접근성 확보를 선행해야 한다. 이를 위해 공기업 감사실은 조직 내부에서 이런 제도를 제대로 안내하고 활용하도록 지원하고 촉진하는 허브 역할을 하고 있다.

구체적으로는 두 제도에 대한 홍보자료를 배포하고 정기적인 교육을 통해 실무자들이 규정 해석이나 판단에서 불확실한 상황을 미리 상담할 수 있도록 안내하고 있다. 실무자는 이를 통해 보다 창의적이고 적극적인 행정을 추진할 여건을 마련할 수 있다.

대부분 공공기관에서는 사전컨설팅 전용 창구를 운영하는 등의 방법으로 접근성을 높이는 노력을 기울이고 있으며, 결과적으로 공공기관 감사실은 제도 안내자의 역할을 넘어 실무자들이 적극행정을 실현할 수 있도록 제도적 신뢰와 안전망을 제공하는 실질적 파트너로 자리 잡아가고 있다.

감사원도 인정한 사전컨설팅

2021년 코로나19의 여파로 해외에서 구매하던 핵심 원자재의 수급이 급격히 불안정해졌다. 특히 해당 원자재는 생산 공정상 대체가 어려운 필수 자재로, 일정 시점까지 공급하지 않으면 생산 차질이 불가피했다. 문제는 계약 방식에 있었다.

당시 계약 절차는 「국가계약법」에 따라 최저가격으로 낙찰자를 선정하는 방식이 원칙이었다. 그동안은 해당 자재를 해상 운송을 전제로 한 최저가격 방식으로 조달해왔으나 코로나19로 선박 운항이 지연되면서 기존 납기일 내 공급이 불가능했다. 항공 운송을 이용하면 신속하게 조달할 수 있지만, 이 경우 상대적으로 단가가 높아져 최저가격 기준으로는 조달하는 데 한계가 있었다.

이에 실무 부서는 항공 운송을 전제로 계약체결을 검토했지만, 당시 규정상 명확한 선례가 없었고 자칫하면 감사 지적의 대상이 될 수 있었다. 고민 끝에 해당 부서의 담당자는 감사실에 사전컨설팅을 요청했다.

감사실은 관련 법령과 내부 규정을 종합적으로 검토한 후 '공공의 이익을 고려한 긴급조달'로서 행정의 정당성을 확보할 수 있다고 판단했다. 이런 사전컨설팅 의견을 해당 부서에 전달해 업무가 신속히 추진되도록 했다. 이후 감사원에서 해당 사례를 점검했으나 감사실의 사전컨설팅 결과를 수용하며 적극행정을 위한 조치였음을 인정했다.

감사도 평가를 받습니다

공공기관 감사실이 제 역할을 다하려면 객관적 평가와 점검도 주기적으로 해야 한다. 실제 공공기관 감사실은 외부 감독기관이 운영 성과를 점검하는데, 대표적인 제도가 감사원 주관의 '자체 감사활동 심사평가'와 기획재정부 주관의 '상임감사 직무수행실적 평가'다.

무슨 기준으로 평가받나

감사원의 자체 감사 활동 심사평가는 매년 1월 실시하며, 기관의 자체 감사 활동의 품질을 향상하는 것을 도모하고, 우수사례를 발굴해 다른 기관으로 확산하는 데 목적이 있다.

심사 기준 중 배점이 가장 큰 '기관의 자체 감사기구 지원에 대한 관심과 의지' 항목은 자체 감사기구가 조직 내에서 얼마나 실질적인 독립성과 권한을 보장받고 있는지와 기관 전체의 내부통제 체계가

심사 기준과 심사 항목		
심사 기준	배점	심사 항목
① 기관의 자체 감사기구 지원에 대한 관심과 의지	50	• 자체 감사기구의 독립성과 인프라 개선 • 내부통제 강화 노력
② 자체 감사기구의 구성과 인력 수준	20	• 감사 인력 구성 • 감사인 전문성 • 감사기획과 수행 능력
③ 자체 감사활동 성과	30	• 감사보고서 품질 • 신분·제도개선 등 감사 성과 • 감사 지적사항 사후관리 • 적극행정·사전컨설팅 지원체계·운영 • 공공감사기구 간 협력

잘 작동하는지를 판단하는 지표다.

이는 결국 기관장이 감사기구를 조직의 핵심 통제 수단으로 인식하고 있는지, 그러한 인식을 바탕으로 실질적인 권한과 자원을 얼마나 부여하고 있는지를 확인하는 척도로 기관의 내부통제 의지와 거버넌스 수준에 대한 종합 평가인 셈이다.

기획재정부가 매년 4월 하는 상임감사 직무수행실적 평가는 공공기관 상임감사의 책임성과 전문성을 확보하기 위한 제도이며 평가지표 구성과 가중치는 166페이지 표와 같다.

이 두 평가는 독립적으로 시행하면서도 자체 감사활동 심사 결과가 상임감사 직무수행실적 평가는 물론 기관의 경영평가 중 '윤리경영' 지표에도 영향을 주는 등 긴밀한 연계성이 있다.

이런 평가들은 기관의 내부감사가 단순히 감사 지적 건수 등 양적 성과에 국한되지 않고 감사조직이 기관 내 윤리경영의 정착과 내

평가지표와 가중치					
평가 범주	평가지표	가중치			
		계	비계량	계량	
감사 역량	감사의 전문성 확보	25	25	–	
	감사의 윤리성 및 독립성 확보	25	25	–	
	소계	50	50		
직무 수행 성과	내부통제 기능 강화	20	20	–	
	내부감사 성과 및 사후관리 적정성 (감사원 자체 감사활동 심사결과 반영)	25	–	–	
	기관의 청렴도(국민권익위원회 평가결과 반영)	5	–	–	
	소계	50	20	30	
전체 합계		100	70	30	

부 통제 체계 강화에 실질적으로 기여했는지를 다각적으로 판단하려는 데 목적이 있다.

즉, 감사조직을 단순한 '통제자'나 감시기구로 한정하지 않고, 조직 운영 전반에 걸쳐 경영 혁신을 지원하는 '경영 파트너'로서의 역할까지 수행할 것을 독려함으로써 공공감사의 질적 성장을 촉진하는 제도적 기반으로 작용하고 있다.

감사보다 바쁜 평가 준비

감사원과 기획재정부의 평가는 감사조직이 성장하는 데 실질적인 동기를 부여하는 긍정적 측면이 있지만, 실무자들에게는 결코 가볍지 않은 현실적 부담이 된다.

통상적으로 매년 12월부터 다음 해 4월까지 약 5개월간은 일상적인 감사업무 외에도 평가자료 정리, 보고서 작성, 인터뷰 준비, 평가 기준 검토 등 부수적인 업무를 병행해야 한다. 이로 인해 실질적인 감사 수행 역량이 일시적으로 분산될 수밖에 없다.

특히 다양한 정량지표에 대한 실적 취합, 정성평가 항목에 대한 설명자료 작성과 근거 문서 정리 등의 업무는 최근 더욱 복잡해지고, 고도화되어 단순 대응이 아닌 전략적 접근이 필요하다.

이런 맥락에서 공공기관 감사실은 평가 대응을 연중 과제로 인식하고, '사후 정리' 중심의 일회성 대응보다는 '사전 관리' 방식의 연속적 준비 체계를 구축하려 노력하고 있다.

실제 한국조폐공사 감사실은 분기별로 주요 감사 성과와 제도개선 사례를 정리·축적하고, 성과가 우수한 사례는 조기에 선별해 내부적으로 공유하는 시스템을 운영 중이다.

또한 평가 항목별로 담당 직원을 지정하고, 사전 대응계획을 수립하는 등 평가 업무의 전략적 분산을 통해 특정 시기에 과도하게 업무가 집중되지 않도록 유의하고 있다.

이런 대응 전략은 단지 평가를 잘 받기 위한 기술적 노력에 그치지 않고, 감사조직이 본연의 역할을 흔들림 없이 수행하면서도 대외적인 평가까지 안정적으로 대응할 수 있는 조직이 되는 데 매우 효과적으로 작용하고 있다.

감사실 직원들의 딜레마와 성장

공공기관의 감사실 직원들은 대부분 3년 정도 감사실에서 근무한 후 실무 부서로 복귀한다. 이때 자신이 감사했던 부서로 돌아가거나 자신에게 감사를 받았던 직원과 함께 근무할 수도 있어 감사 과정에서 발생했던 관계적 긴장감이 재생되기도 한다. 이는 감사실 직원이면 누구나 겪는 대표적인 딜레마다.

공사 직원인 듯 아닌 듯

감사는 조직 내 잘못된 업무처리, 규정 위반 등을 찾아내 개선하고, 때로는 징계를 요구하는 일이다. 이 과정에서 '동료의 잘못'을 지적해야 한다는 사실이 가장 어렵다. 감사실 직원도 이전에는 실무자였고, 향후 다시 실무 부서로 복귀하는 구조에서 객관성을 유지하면서도 조직 내 관계의 균형을 지키는 일은 쉽지 않다.

감사는 규정과 원칙에 따라 조사하고 지적을 하는 것이지만 감사를 받는 당사자들에게는 심리적 저항감과 불만을 유발할 수 있다. '일을 열심히 할수록 오히려 미움만 산다'라는 감사실 직원들이 흔히 체감하는 현실이다.

감사실 직원이라는 이유만으로도 다른 부서 동료들과 일종의 심리적 거리감이 생기기도 한다. '말조심해야 한다', '감사실 직원과는 사적인 대화를 피하자'라는 인식이 은연중에 퍼져 있다. 이런 상황은 감사실 직원들에게 업무 외적으로도 상당한 부담감을 준다.

균형 잡힌 외줄타기와 함께한 경험과 보람

감사실 직원은 조직의 잘못된 관행을 찾아내고 개선점을 제시하는 과정을 통해 다양한 부서의 업무를 깊이 이해하게 된다. 단기간에 폭넓은 업무를 경험하면서 조직 전체를 입체적으로 바라보는 시야를 갖추게 되는데 이는 감사실 직원에게만 허락된 특별한 학습 기회라 할 수 있다. 이후 실무 부서로 복귀했을 때도 감사 당시의 문제의식을 기반으로 정밀하고 책임감 있는 업무 수행이 가능해진다.

이런 개인적 성장만이 감사업무 수행 경험을 통해 얻을 수 있는 전부는 아니다. 감사는 조직의 사각지대를 밝히고, 규정 위반이나 비효율을 조기에 발견해 제도를 개선하는 방향으로 이어지게 한다.

결국 감사 활동은 단순한 오류 지적을 넘어 조직의 투명성과 내부통제 역량을 실질적으로 강화하는 역할을 하는 것이다. 이는 곧 공공기관으로서의 신뢰 기반을 공고히 할 수 있는 중요한 토대가 된다.

원칙을 따르되 관계를 무너뜨리지 않는 태도, 규정을 우선하되 현실을 고려하는 균형감각, 조직 구성원과의 신뢰를 유지하며 감사를 수행하는 자세는 감사실 직원이라면 매일 마주해야 하는 과제다. 때로는 고립된 상황에 놓이기도 하지만 그 속에서도 전문성을 다지고 조직을 더 나은 방향으로 이끄는 견인차가 되어야 한다.

감사 업무는 화려하지 않지만, 중요성은 조직 내 다른 업무와 견줘도 뒤지지 않는다. 개인의 성장과 동시에 조직의 윤리 수준, 제도적 건전성을 높이는 데 기여한다는 점에서 감사 업무는 힘들지만, 가치 있는 경험이라 할 수 있다.

Chapter 11

공공성과 투명성을 확보하다

산 넘어 산, 국정감사

공기업 직원에게 국정감사는 경영평가나 감사원 감사 못지않게 넘기 어렵고 피하고 싶은 또 하나의 거대한 산이다. 단순히 성과를 평가받는 것이 아니라 국민의 대리인인 국회로부터 기관 운영 전반에 대한 평가와 감사를 받는 엄중한 시간이기 때문이다.

지금부터는 국정감사가 무엇인지, 왜 공기업이 국회의원들로부터 감사를 받는지, 그 결과가 기관에 어떤 영향을 미치는지에 대해 깊이 있게 다루고자 한다.

공기업을 감시하는 국민의 눈?

국정감사는 대한민국 헌법에 근거한 국회의 핵심 권한이다. 국회는 매년 정기국회 회기 중 30일 이내의 기간을 정해 소관 상임위원회별로 정부와 산하 기관의 정책 집행, 예산 사용과 운영 전반을 감시하고 평가한다. 이는 행정부를 감시하고 국민의 세금이 제대로 쓰이고 있는지 확인하는 민주주의의 중요한 견제 장치라 할 수 있다.

국정감사는 특정 사안에 대해 조사를 벌이는 '국정조사'와 달리 매년 정례적으로 하며, 범위는 국정 전반에 걸쳐 포괄적이다.

국정감사를 흔히 '행정부를 감시하는 국민의 눈'이라고 부르는 이유도 여기에 있다.

국회는 국민을 대신해 정부와 공공기관의 운영 실태를 꼼꼼히 따져 묻고, 그 결과를 국민에게 공개한다. 이 과정에서 국회는 자료 제출 요청, 증인과 참고인 출석 요구, 현장 확인 등 다양한 수단을 통해 국민의 감시권을 실현한다.

왜 정부가 아닌 공기업이 국정감사를 받나

공기업은 민법상 '법인' 형태를 띠지만, 설립 목적과 재원은 국민의 세금과 공공자산에 기반을 둔다. 국가의 중요한 정책을 집행하고 공공 서비스를 제공하는 막중한 역할을 맡고 있으므로 당연히 국민의 감시 대상이 되는 것이다.

한국조폐공사처럼 정부가 출자하거나 지분을 보유한 기관들은 모두 국정감사 대상에 포함된다.

국회는 이런 공기업을 감사하기 위해 경영평가와 감사원 감사 등과는 다르게 강력한 법적 권한을 행사한다. 국회는 「국정감사 및 조사에 관한 법률」에 따라 국정감사에 필요한 모든 자료를 제출하도록 요구할 수 있다.

「국회에서의 증언·감정 등에 관한 법률」에 따라 기관장과 임직원을 증인으로 소환할 수 있으며, 만약 정당한 사유 없이 이에 응하지 않거나 위증한다면 법적 처벌을 받는다. 이런 강력한 법적 강제력은 공기업 운영에 대한 국회의 감사에 실효성을 강화해준다.

다음으로 국정감사에서는 공기업의 예산 집행, 사업 타당성, 인사 운영, 사회적 책임 수행 수준, 심지어 노동·인권 문제까지 다룬다.

한국조폐공사는 어느 국정감사에서 "여권 발급이 왜 지연되나?", "정품 인증서 시장에서 독점 문제는 없나?"와 같은 핵심 사업 관련 질문부터 "비정규직 전환 문제는 어떻게 진행하고 있는가"와 같은 사회적 책임 문제까지 다방면의 질의를 받았다. 이는 공기업이 단순히 재무적 성과만 추구하는 것이 아니라 사회 전체의 공공성과 가치를 창출해야 함을 강조하는 것이다.

끝날 때까지 끝나지 않는 국정감사

국정감사는 크게 준비, 실시, 결과 처리의 3단계로 진행한다.

(1) 준비 단계 : 상임위원회는 감사 계획을 수립하고, 위원들이 자료 요구서를 제출해 피감기관에 공식적으로 요청한다. 이 과정에서 언론 보도나 민원 제보를 통해 제기된 의혹들을 중요한 감사 주제로 선정하기도 한다.

(2) 실시 단계 : 국정감사 당일에 국회의원들은 기관장에게 날카

로운 질의를 던지고, 기관장은 이에 대한 답변을 한다. 질의 내용은 언론에 실시간으로 공개해 국민 여론과 직결하고, 필요에 따라서는 기관의 주요 사업 현장을 직접 방문해 현장 시찰과 담당자 질의를 통해 문제점을 파악하기도 한다. 이 과정은 단순한 질의응답을 넘어, 기관의 정책 방향과 책임에 대한 심도 있는 논쟁이 펼쳐지는 장이라할 수 있다.

(3) 결과 처리 단계 : 국정감사는 질의응답으로 끝나지 않는다. 국정감사를 종료하면 위원회는 감사 결과를 담은 보고서를 채택하고, 개선이 필요한 사항에 대해 정부나 해당 기관에 시정 요구를 한다.

시정 요구를 받은 기관은 처리 결과를 국회에 보고할 의무가 있는데, 만약 중대한 위법·부당 행위가 발견될 경우, 국회는 감사원에 감사를 요청하거나 수사기관에 고발할 수도 있다.

나아가 기관장의 경질, 예산 삭감, 정책 변경 등 직접적인 행정 조치로 이어질 수 있다.

국정감사의 한계와 부작용

국정감사는 국민의 감시권을 국회를 통해 행사하는 제도이며, 한국조폐공사 같은 주요 공기업의 모든 것을 국민 앞에 투명하게 공개하는 장이다.

국정감사는 공공기관을 방만하게 운영하지 않도록 감시하고, 국민의 목소리를 반영해 더 나은 기관으로 거듭나도록 유도하는 중요한 순기능을 수행한다.

국민의 관심이 모일수록 국정감사는 더욱 실효성 있는 감시 도구가 되며, 문제와 개선 과정을 국회가 확인하고 제도화하는 과정은 결국 더 나은 정부와 공공기관을 위한 초석이 된다.

언론이 국정감사 현장의 생생한 질의 내용을 보도하고, 사회적 이슈로 공론화하면, 기관은 국민 여론의 압박을 받아 보다 빠르게 제도를 개선하거나 조치할 수밖에 없다.

그러나 때로는 국정감사가 본질을 벗어나 정쟁화되거나 매년 반복되는 질의와 보여주기식 감사로 인한 문제점도 적지 않다. 실제로 일부 의원들이 오래전에 지적해 이미 해소된 문제를 다시 제기하거나 실질적인 해결책 없이 비판에만 집중하는 경우가 자주 발생한다.

감사를 받는 공공기관 직원들의 과도한 업무량이 가장 큰 문제다. 공공기관은 보통 7월부터 국정감사 준비에 착수하는데, 국정감사 일정이 10월 전후에 집중되다 보니 최소 3~4개월 동안 직원들은 보고자료 작성, 질의 예상 답변 준비, 현안 정리 등에 매달린다.

국정감사 과정에서 국회가 요구하는 자료는 방대하다. 의원실에서는 통상적으로 최근 5개년 자료를, 때로는 10년 동안의 사업 실적, 세부 계약내역, 심지어 사소한 지출까지도 요구하는데, 이는 단순한 자료 제출을 하는 수준을 넘어 '새로운 보고서'를 다시 작성하는 것과 다름없다.

공공기관 직원들은 이런 과중한 자료 작성에 매달리다 지쳐서 원래 맡고 있는 본업에 대한 집중력을 잃기도 한다. 심한 경우, 이 시기

동안 기관의 핵심 사업이나 대외 협력, 신규 사업 기획 등 본연의 업무는 뒷전으로 밀릴 수도 있다.

결국 국정감사가 끝난 뒤 남는 것은 기관의 성과에 대한 칭찬이나 과실에 대한 지적이 아니라 감사 준비와 대응에 매달리느라 번아웃된 직원들의 무기력증 호소다.

에피소드

한국조폐공사도 피해자입니다만

2024년 10월 21일, 한국조폐공사와 소송 중인 중소기업 대표의 피해 호소가 국회 기획재정위원회 감사장을 달궜다. 모든 일은 정부의 '일회용 컵 보증금제' 정책 철회에서 시작했다.

환경부(현재 기후에너지환경부)가 추진한 '일회용 컵 보증금제'는 일회용 컵의 회수와 재활용을 촉진하기 위해 음료를 판매할 때 보증금을 포함해 판매하고, 소비자가 컵을 반환하면 보증금을 환불하는 제도다.

한국조폐공사는 2022년 4월, 환경부 산하 자원순환보증금관리센터(COSMO)로부터 일회용 컵에 부착할 표시라벨 제작 업무를 위탁받았고, 정부정책을 뒷받침하기 위해 최선을 다했다.

그러나 환경부는 갑자기 보증금제를 유예하더니, 2023년 9월에 정책을 철회했다. 그 결과 한국조폐공사와 계약을 체결하고 컵 보증금 라벨지 생산과 유통에 참여했던 중소기업들은 한국조폐공사를 상대로 손해배상 청구 소송을 제기했다. 이런 사정이 언론에 알려지자 여야 국회의원들은 한목소리로 "한국조폐공사가 다 책임져라"를 외쳤다.

정책이 폐지되면서 한국조폐공사도 7억 7,700만 원의 손실이 발생했지만, 공기업이라는 이유로 피해자가 아닌 가해자 취급을 받게 되었다.

이에 한국조폐공사는 사태를 신속하게 해결하기 위해 다각적으로 해결 방안을 모색한 결과, COSMO를 소송의 보조참가인으로 참여시키고 법원의 조정에 적극 응했다. 2025년 2월에 법원은 한국조폐공사와 COSMO의 책임 비율을 3 : 7로 결정했다. 한국조폐공사는 법원의 결정사항을 존중하며 중소기업과의 화해와 조정 등 후속 사항을 신속하게 조치했다.

돌이켜보면 종종 비슷한 패턴이 반복되고 있다. 정책은 정부에서 만들고, 집행은 공기업이 맡고. 실패하면 책임은 오롯이 공기업의 몫이 된다. 억울한가? 억울함도 공기업이 감수해야 할 운명이라고 생각한 지 오래다.

신의 직장 환상을 깨뜨리는 국정감사 준비

공공기관 직원에게 국정감사는 계절의 변화처럼 매년 찾아오는 거대한 파고다. 막연히 '신의 직장'으로만 생각했던 공공기관에 입사하면 매년 가을 국정감사라는 비상 상황을 마주하게 된다. 이 기간에는 사내 대부분의 부서와 직원들의 일상이 멈춰지고, 방대한 자료 요청과 피 말리는 논리 싸움으로 초토화된다. 공공기관이기에 짊어져야 하는 책임감의 무게를 깨닫는 시간이다.

요구서요? 소환장 같은데요

실질적으로 국정감사는 매년 7~8월경부터 시작한다고 할 수 있는데, 각 의원실에서 날아오는 '자료 제출 요구서'는 단순한 요구서가 아니라 기관의 운영 전반을 점검하겠다는 국회의 공식적인 '소환장'과 같다. 이 요구서에는 「국정감사 및 조사에 관한 법률」에 따른 국회의 자료 제출 요구권이 명시되어 있어 기관은 방대한 양의 내부 자료를 제출할 법적 의무가 있다.

요구자료는 지난 수년간의 재무제표, 사업보고서, 이사회 회의록은 물론 특정 사업의 수의계약 내역, 임직원의 복리후생 자료, 심지어는 기관 내부의 자체 감사보고서까지 아우른다. 한마디로 5~10년 전부터 현재까지 기관에서 일어난 모든 일에 대한 자료다.

국회 보좌진들은 언론 보도, 시민단체 제보, 국민신문고 민원 등 다양한 채널을 통해 기관의 취약점을 사전에 파악하고 이를 바탕으로 요구서의 내용을 구성한다.

예를 들어 특정 사업의 예산 집행률이 저조했다면 사유와 책임 소재를 묻는 자료를 요구하고, 신기술을 도입하는 과정에서 예산을 낭비한 의혹이 있었다면 관련 계약서와 내부 검토 보고서 일체를 요구하는 식이다.

공공기관은 이 요구서를 접수하는 순간부터 비상 체제에 돌입하며, 각 부서는 자신들의 업무와 관련된 자료 요구 내용을 확인하고, 자료를 취합하고 정리하는 작업에 착수한다. 이 과정에서 한 글자, 한 줄의 데이터도 허투루 넘길 수 없다. 작은 수치 하나가 의혹의 불씨가 될 수 있어서다.

이 많은 자료를 제출하면 다 볼 수는 있나요?

국정감사를 준비하면서 가장 고되고 지난한 일은 자료 제출이다.

국회의원실의 요구에 따라 수년 치의 자료를 밤낮으로 찾아 헤매야 하므로 국회 담당 부서는 물론이거니와 국정감사 대응 TF에 속한 직원, 해당 질문에 대한 답변을 직접 작성해야 하는 소관 부서의 담당자는 모두 비상사태에 돌입한다.

국정감사 자료는 기관이 자율적으로 제출 여부를 결정할 수 없다. 「국회에서의 증언·감정 등에 관한 법률」에 따라 자료 제출에 응하지 않거나 허위 자료를 제출하는 행위를 명확히 법적 처벌 대상으로 규정하고 있기 때문이다. 만약 기관이 정당한 이유 없이 자료 제출을 거부하면 해당 기관장이나 직원은 징역 또는 벌금에 처할 수 있다.

자료 제출을 요구받은 공공기관 직원들은 수년 치의 내부 기록을 밤낮없이 뒤져야 하는데, 한 번에 수백수천 쪽에 달하는 자료를 요구하는 일이 다반사이며, 이는 직원들에게 엄청난 업무 부담을 안겨준다. 특히 민감한 이슈와 관련된 자료는 더욱 철저한 검토를 거친다.

국정감사용 방패이자 창, 예상 질의답변서 만들기

방대한 자료를 제출하고 나면 국정감사의 성패를 가르는 '논리전쟁'이 시작된다. 기관 내부에서는 국정감사 대응을 위한 전담팀(TF)이 꾸려져 보좌진들이 파고들만 한 모든 약점을 예상하고, 이에 대한 답변을 촘촘하게 준비한다. 이 과정에서 예상 질의·답변서(Q&A) 작성이 가장 중요하다.

Q&A는 단순히 예상 질문에 대한 답변을 나열하는 문서가 아니라 기관의 입장과 논리를 담는 방어막이자 국회의 공격에 대비할 무기다.

국회 담당 부서를 필두로 한 대응팀은 보좌진들이 어떤 자료에 주목하고 어떤 질문을 던질지 예측하며, 이전 감사사례, 언론 보도, 시민단체 고발 내용 등을 종합적으로 분석한다.

예를 들어 신규 사업의 부채 증가 문제를 지적할 것이라고 예상한다면, 해당 부채가 미래 성장 동력을 확보하기 위한 불가피한 투자였다는 사실을 데이터와 근거를 들어 논리적으로 설명하는 답변을 준비하는 식이다.

두근두근 국정감사 당일

수개월 동안 치열하게 준비한 끝에 마침내 국정감사 당일, 기관장을 필두로 한 기관 임직원들은 국회의원들과 언론 앞에 서게 된다. 서울특별시 여의도 국회의사당 기획재정위원회 회의장은 팽팽한 긴장감으로 가득하다. 기관장과 주요 임원들은 증인석에 앉고, 뒤편으로는 관련 부서장과 실무진들이 초조한 표정으로 상황을 지켜보고 있다.

국회의원들의 날카로운 질문이 시작되면, 기관장은 준비한 답변을 하려 하지만 예상치 못한 추가 질문에 진땀을 흘리는 상황이 비일비재하다.

한국조폐공사의 국정감사에서는 다음과 같은 이슈들을 주요하게 논의한 적이 있다.

(1) 신규 사업 추진과 경영 효율성 : 화폐 발행량이 감소하는 추세에서 한국조폐공사가 추진하는 모바일 신분증, 블록체인 기반의 디지털 화폐 등 신규 사업과 관련한 우려가 도마 위에 올랐다. 국회의원들은 신규 사업 추진을 위한 과도한 부채 발생, 공사 설립 목적상 타당성 여부 등을 지적하며 기관의 미래 전략에 대한 깊이 있는 질문을 던졌다.

(2) 생산 품질과 안전성 : 여권 발급 지연 사태나 화폐 제조 불량률 증가 등 한국조폐공사 본연의 업무와 관련된 문제도 중요한 감사 대상이 되었다. 특히 국민 생활에 직접적인 영향을 미치는 사안일수록 언론과 국민의 관심이 집중된다.

국정감사 현장은 단순한 질의응답을 넘어, 언론이 이 과정을 실시간으로 보도하며 국민 여론을 형성하는 중요한 역할을 한다. 국정감사를 통해 공공기관은 국민의 감시와 평가 속에서 투명하게 일해야 한다는 책임감을 다시금 되새기며, 더 나은 기관으로 발전하기 위한 혹독한 성장통을 겪게 된다.

혹독한 국정감사 끝에 깨닫는 공기업 책임의 무게

국정감사 현장에서 질의응답이 끝나면 모든 것이 마무리될 것 같지만 또 다른 시작이다. 감사 현장에서 제기했던 문제들과 지적사항들은 '시정 및 조치 요구'라는 명목으로 다시 직원들의 업무가 된다.

기관은 감사 결과를 토대로 내부 규정을 개선하고, 문제가 되었던 사업에 대한 계획을 재검토해야 한다. 경우에 따라서는 감사원 감사나 검찰 수사로까지 이어지기도 한다. 국정감사는 단순히 한 번의 행사가 아니라 향후 기관을 운영하는 방향을 결정짓는 중요한 나침반이 된다.

국민은 국정감사를 통해 기관의 민낯을 보게 되고, 기관 임직원들은 문제점을 개선하려고 고군분투한다. 이런 혹독한 과정을 거치며 공공기관은 투명성과 효율성을 높여가고, 궁극적으로 국민에게 더 나은 공공 서비스를 제공하는 주체로 거듭난다.

국정감사라는 혹독한 과정은 공공기관이 존재하는 이유와 그들에게 주어진 책임의 무게를 다시 한번 상기해준다. 이것이 '신의 직장'의 이면에 숨겨진, 공공기관 취업을 희망하는 이들이 반드시 알아야 할 사실이다.

■ **국정감사 현장**

국정감사 시즌 한정 동네북, 국회 담당자의 하루

30대 후반의 길동은 두 딸의 아빠이자 맞벌이 아내의 든든한 남편. '워라밸'을 인생의 목표로 삼고 차근차근 준비해 마침내 공기업에 입사했지만, 월급은 박하고 업무량은 넘쳐서 불만만 쌓여가는 중이다. 특히 국정감사 기간에는 더욱 그랬다. 외향적이고 농담을 즐기던 그의 성격도 이 시기만큼은 잔뜩 예민해진다.

국정감사 시즌의 아침은 알람 소리로 시작하는 것이 아니라 밤사이 쌓인 수백 건의 국회 요구자료 파일을 열어보다가 내지른 비명에 스스로 놀라 악몽을 깨는 것으로 시작한다.

꿈이어서 다행이라고 생각했지만, 막상 출근해보니 현실도 꿈과 다르지 않다. 의원실에서 보낸 엄청난 양의 요구자료는 제목을 클릭하는 것조차 두렵다. 오늘 오전까지 회신해야 하는 긴급 요청만 수십 건이다.

어젯밤 도착한 자료 요구를 각 부서에 배포하기 시작했다. 의원실 요구자료 파일에는 수십 개, 많게는 100개가 훨씬 넘는 목록이 빼곡했다. 메일을 보내자마자 메일을 받은 부서에서 불만을 토로하는 전화와 메신저가 폭주한다.

길동은 단순히 요구자료를 배포하는 역할이 아니었다. 국회와 내부 부서 사이에서 완충재 역할을 하며, 때로는 의원실에 전화를 걸어 "이건 저희 공사에서 관리하는 자료가 아니라서 제출이 어렵다"라고 양해를 구해야 했고, 때로는 내부 부서를 설득해 마지못해 자료를 만들게 해야 했다.

국회 담당자는 회사의 방패인 동시에 자료 제출을 요구받은 직원들에게는 '골칫덩어리'로 환영받지 못하는 존재였다.

오후가 되자 국회 보좌관실에서 전화가 걸려왔다. 보좌관은 친절하지만, 단호한 목소리로 압박했다.

"오늘까지 자료를 주지 못하시면 국감장에서 뵙는 겁니다."

저녁 6시 30분, 퇴근 시간이 지났지만, 아직 처리해야 할 자료들이 산더미다. 국정감사는 준비부터 3~4개월이 걸리는 긴 여정이다. 하지만 길동에게는 늘 하루하루의 싸움이다. 무리한 요구를 하는 외부의 압박과 그를 앞세워 자료 제출을 막아보라는 내부의 불만 속에서, 길동은 오직 30대 가장으로서 짊어진 책임감 하나로 버티고 있다. 자정 가까운 시간, 길동의 컴퓨터가 꺼졌다. 텅 빈 사무실에서 물 한 잔을 마시며 내일 다시 시작될 전쟁은 잠시 잊기로 했다.

PART 3

'공기업의 사회적 책임', 공공의 가치를 실현하다

Chapter 12

이윤보다 중요한
한 가지

공기업의 진짜 존재 이유, 공익수호

공기업은 국가가 운영하는 기업으로 민간기업과는 달리 '이윤'보다 '공익'을 우선시한다. 국민의 세금으로 운영하는 만큼 공기업의 존재 이유는 명확하다. 국민의 편익 증진과 사회 전체의 지속 가능한 발전에 기여하는 것이다. 이런 역할을 위해 공기업에 요구하는 것이 '사회적 책임과 의무'다.

공공의 이름으로 주어진 책임

공기업은 국민의 삶과 직결되는 다양한 서비스를 제공한다. 교통·에너지·금융·신분 확인 등 국민 생활의 기반이 되는 영역에서 필수적인 역할을 하며, 국민의 안전과 편익을 높이는 데 기여한다.

따라서 공기업은 양질의 공공 서비스를 누구나 쉽게 이용할 수 있도록 제공해야 하며, 특히 자칫 소외되기 쉬운 계층이나 지역까지 세심하게 살펴야 한다.

공기업은 사회 전체의 균형 있는 발전을 도모해야 한다. 이윤 중심의 운영 방식보다는 사회적 약자에 대한 배려, 중소기업과의 상생, 지역 사회와의 협력을 통해 사회적 가치 창출에 앞장서는 것이 공기업의 본질적인 책무다. 이를 위해 채용·조달·투자 등 다양한 영역에서 포용성과 공정성을 실현해야 한다.

공기업의 사회적 책임은 단기적인 사업 성과를 넘어 국민이 체감할 수 있는 신뢰와 만족으로 이어져야 한다. 특히 환경 보호, 고용 안정, 공정한 노동환경 조성 등 지속 가능성과 관련된 영역에서도 공기업은 모범을 보여야 한다.

한국조폐공사 역시 이런 방향에서 역할을 해왔다. 디지털 기반의 공공 서비스 확대, 위·변조 방지 기술을 통한 국민 신뢰 확보, 사회공헌 활동 등 다양한 노력을 통해 국민의 삶 속에서 공기업의 책임을 실현하고 있다. 이는 공기업이 단순한 행정기관이 아니라 국민과 함께 성장하고 사회를 더 나은 방향으로 이끄는 진정한 동반자임을 보여준다.

오늘날 공기업은 '공공성'과 '책임성'을 동시에 요구받고 있으며, 그에 걸맞은 운영 철학과 사회적 감수성이 필요하다. 국민의 기대는 단순히 기능적 서비스 제공을 넘어서고 있다. 이런 기대에 부응하는 책임감 있는 자세야말로 공공의 가치를 실현하는 출발점이 될 것이다.

Chapter 13

고객은
신(信)이다

공기업의
진짜 주인은 누구인가

"국민 세금으로 월급 받으면서 똑바로 일해야죠?" 공기업에 근무하며 민원전화를 받는다면 흔히 들을 수 있는 말이다. 단순한 불만을 넘어서 공기업의 본질적인 존재 이유를 묻는 질문이기도 하다.

세금 먹는 철밥통, 오해와 진실

한국조폐공사는 정부가 약 67억 원을 전액 출자해 설립한 법인이다. 국민세금으로 조성한 정부예산으로 회사를 설립했으니, 회사의 주인도 국민인 셈이다.

실제로 공기업 대부분이 정부가 출자해 설립했고, 초기 자본금은 국민 세금에서 나왔다. 다만 한국조폐공사를 비롯한 대부분 공기업은 인건비를 국고 또는 지방비에서 보조받지 않고, 자체 사업수익으로 충당하고 있다. 쉽게 말해, 회사를 설립할 때는 국민세금을 사용했지만, 이후 초기 투자금을 활용한 사업수익으로 직원 인건비를 해결한다는 뜻이다.

많은 국민이 흔히 생각하는 '공기업 직원들의 월급 = 국민 세금'이라는 공식과는 다소 차이가 있다. 그러나 국민 세금으로 조성한 출자금 없이는 공기업의 설립 자체가 불가능했으니, 공기업 임직원이 국민 세금으로 월급을 받는다는 국민의 생각이 아주 잘못되었다고는 볼 수 없다.

주식회사 공기업이 있다고요?

그렇다면 주식 시장에 상장한 공기업은 어떨까? 상장 기업의 주인은 주주다. 현재 코스피에 상장한 공기업은 한국전력공사, 한국가스공사, 한국지역난방공사, 한전KPS, 한국전력기술, 강원랜드, 그랜드코리아레저(GKL) 등 총 7개다.

2025년 6월 말 기준으로 한국전력공사는 한국산업은행이 32.9%, 정부가 18.2% 주식을 보유하고 있으며, 소액주주 비율은 37.64%다. 강원랜드는 한국광해광업공단 36.27%, 정선군청 5.02%, 소액주주 38.79%의 비율로 주식을 소유하고 있다.

상장 공기업은 정부 지분이 100%에 가까운 비상장 공기업과 달리 개인 소액주주들이 존재한다. 전체 국민의 공익과 주주들의 사익 사이에서 딜레마가 필연적으로 존재할 수밖에 없는 구조다.

이처럼 상장 공기업에는 다수의 민간 주주가 '주인'으로 참여한다. 그렇다면 상장 공기업은 국민 전체의 공익을 우선해야 할까, 아니면 주주 이익 보호가 우선일까? 선뜻 답하기 어려운 문제다.

상장 공기업이 처한 가장 큰 문제는 공익과 사익 간의 충돌이다. 전력·가스·난방 같은 기초 에너지를 공급하는 기업의 경우, 정부는 물가 안정을 위해 요금 인상을 억제하려 한다. 그러나 이는 기업의 수익성을 악화시키고 주주들의 배당 기대를 저해하며, 심지어 주가가 하락하는 데도 영향을 준다.

실제로 한국전력공사는 국제 에너지 가격 급등기마다 적자를 기록해왔고, 이는 곧 주주의 손해로 이어졌다. 반대로 주주 가치를 높이기 위해 전기요금을 현실화해 인상한다면, 국민은 필수 생활비 부담 증가라는 사회적 비용을 떠안아야 한다.

강원랜드 역시 마찬가지다. 지역 경제 활성화라는 공익적 목표가 있지만 동시에 카지노 운영으로 수익을 창출해야 하는 상장사다. 이 과정에서 지역 사회 공헌과 사행산업의 부작용(도박 중독 등) 최소화라는 공익 목적과 주주 수익성 극대화라는 상반된 목표가 정면으로 부딪친다. 결국 상장 공기업은 양자 간 균형점을 찾으려 하지만 어느 한쪽을 온전히 만족시키기는 어렵다.

결국 상장 공기업은 이중적 정체성 아래 놓여 있다. 국민의 회사인 동시에 주주의 회사라는 이중 구조다. 그 결과 국민은 "세금으로 만든 회사니까 국민을 위해 존재해야 한다"라고, 주주는 "내가 투자했으니, 수익을 돌려받아야 한다"라고 요구한다. 어느 쪽도 틀린 말은 아니지만 양립하기도 어렵다.

이 정체성 혼란은 공기업 내부 의사결정에도 영향을 미친다. 경영진은 정부의 정책 기조를 따르면서도 주주총회에서 주주들을 설득해야 한다. 이 과정에서 책임의 초점이 모호해지고, 의사결정의 투명성이 약화할 위험이 있다. 결국 상장 공기업은 국민에게 불신을, 주주에게 불만을 줄 수 있다.

그렇다면 어떻게 해야 할까? 무엇보다 투명성이 중요하다. 공기업이 국민의 회사라면 경영 내역과 정책적 의사결정 과정을 국민이 이해할 수 있도록 공개해야 한다.

동시에 상장사라면 주주 가치 훼손에 대한 설명 책임도 져야 한다. 정부 정책 때문에 불가피하게 적자가 발생한다면, 이를 메울 제도적 장치나 명확한 보상 체계가 필요하다.

나아가 사회적 합의가 필요하다. 공기업을 단순히 '세금으로 세운 회사'라는 틀에 가두는 것만으로는 현재의 현실을 설명할 수 없다. 상장 공기업은 국민 전체의 이익과 주주의 이익이라는 두 축을 동시에 만족해야 하는 특수한 존재다.

따라서 이중적 정체성을 인정한 상태에서, 어디까지 공익을 우선하고 어디까지 사익을 허용할지에 대한 사회적 논의를 반드시 수반해야 한다.

공공성과 효율성 사이에서 외줄타기

공기업은 우리 사회에서 늘 민감한 존재다. 국민의 세금으로 세워진 만큼 공공성을 요구받는 동시에 시장에 참여하는 만큼 효율성과 수익성을 요구받는다. 특히 상장 공기업은 이 두 세계의 경계 지점에서 외줄타기하고 있다. 국민의 회사이자 주주의 회사라는 이중적 역할을 잘 수행해야 한다.

민원전화를 통해 들려오는 "세금으로 월급 받으면서 일 똑바로 하라"는 말은 여전히 유효하다. 하지만 그것만으로는 공기업의 현실을 다 설명할 수 없다. 공기업이 어떤 방식으로 국민과 주주의 기대를 동시에 충족할 수 있을지에 대한 진지한 고민이 필요하다.

이제는 공기업의 정체성을 둘러싼 사회적 합의를 새롭게 만들어야 할 때다. 그래야만 공기업이 국민에게 신뢰받고, 주주에게도 책임 있는 기관으로 자리매김할 수 있을 것이다.

국민과 더욱 가까워지기 위한 소통 노력

빠르게 변하는 디지털 시대를 맞아 공공부문에서 국민과의 소통방식에 변화를 시도하고 있다.

기존의 경직되고 권위적인 이미지를 벗어나 보다 친근하고 접근하기 쉬운 방식으로 국민과 소통하고자 한다. 대표적인 사례가 '충주시 홍보맨'이다. 충주시 홍보맨은 유튜브 채널을 운영하며 공무원에 대한 기존의 인식을 완전히 바꿔놓았다.

이런 시대적 요구에 따른 소통방식 변화에 발맞춰 한국조폐공사도 '감성'과 '재미'를 결합한 새로운 커뮤니케이션 전략으로 주목받고 있다.

한국조폐공사와 유명 유튜버의 협업

한국조폐공사는 2024년에 50만 명 이상의 구독자를 보유한 화폐 수집 유튜버 '미국아재'(마이클 토머스 페레스)를 외국인 최초 명예 홍보대사로 위촉했다. 이어서 2025년에도 280만 구독자를 자랑하는 인기 크리에이터 '침착맨'까지 명예 홍보대사로 영입하며 눈길을 끌었다.

이는 MZ세대와의 소통을 강화하기 위한 전략의 일환으로, 단순한 홍보가 아닌 한국조폐공사의 핵심 기술인 '위·변조 방지 기술'과 '진짜와 가짜를 구별하는 힘'을 대중의 언어로 재해석해 국민과 소통하기 위함이다.

기술적 신뢰를 '재미'라는 감성적 코드에 담아 전달함으로써 정보의 신뢰도는 물론 공공기관에 대한 심리적 거리감까지 좁히는 데 기여하고 있다.

단순한 기술 설명이나 정보 전달이 아닌, 경험과 공감을 바탕으로 한 콘텐츠는 정보의 신뢰도를 높일 뿐만 아니라 공공기관에 대한 거리감을 허물고 참여를 유도하는 긍정적 효과를 낳고 있다. 이런 변화는 가시적인 성과로도 이어지고 있다.

'미국아재'의 한국조폐공사를 탐방한 영상에는 "기념주화를 직접 사보고 싶다"라는 댓글이 이어졌고, '침착맨' 역시 생방송 중 한정판 기념주화를 언박싱하며 "예쁜 화폐는 충분히 가치가 있다"라고 언급했다.

두 콘텐츠 모두 평균 조회수를 훨씬 뛰어넘는 긍정적인 반응을 얻었고, 방문자들의 자발적인 참여가 활발하게 이어졌다. 이는 공공기관의 콘텐츠가 유튜브 알고리즘에 의해 자연스럽게 확산하며, 전

■ 유명 크리에이터와의 협업을 통한 국민과의 소통

통적 커뮤니케이션의 한계를 넘어서는 가능성을 보여준 대표적 사례다.

"안녕하세요? 배우 박신양입니다."

햇살이 화창하던 어느 날, 한국조폐공사 사업 부서의 적막을 깨는 전화 한 통이 걸려왔다. 박신양은 1998년 전도연과 함께 주연한 영화 〈약속〉의 공상두 역할로 강렬한 인상을 남겼고, 2004년 방영한 SBS 드라마 〈파리의 연인〉에서 재벌 2세 한기주 역할로 전 국민의 뜨거운 사랑을 받은 슈퍼스타다.

배우 박신양이 한국조폐공사에 전화를 건 이유가 무엇일까? 박신양 작가는 위·변조가 불가능한 미술작품을 만들고자 한국조폐공사의 위·변조 방지 기술 적용이 가능한지 문의했다.

관련 기술을 검토한 끝에 한국조폐공사는 박신양 작가의 판화 작품에 자사의 '디지털 워터마크' 기술을 적용해 작품의 진위를 보증하는 서비스를 제공하고, 미술품과 관련 제품에 대한 '브랜드 보

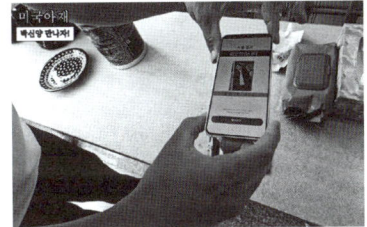

■ 박신양 작가와 함께하는 한국조폐공사 브랜드 보호 사업

호 보안인쇄 계약'을 체결했다.

예술과 보안 기술을 융합한 새로운 형태의 브랜드 보호 사업모델을 함께 추진함으로써 한국조폐공사의 기술력과 신뢰도를 예술 분야로 확장하는 계기를 마련한 것이다.

공기업, 브리핑룸을 떠나 브랜딩룸으로

이처럼 유명 크리에이터와 예술인과의 협업은 '공공 신뢰에 대한 새로운 해석'이라는 공통 메시지를 담고 있다. 한국조폐공사의 위·변조 방지 기술이 하드웨어 중심이었다면 이제는 '신뢰'가 경험과 이야기 속에서 전달되는 시대다.

'미국아재'와 '침착맨'은 콘텐츠를 대중의 언어로 해석하고, 박신양 작가는 그 콘텐츠를 예술로 확장하는 메신저 역할을 하고 있다. 이는 신뢰를 전달하는 방식이 '기술적 설명'에서 '감성과 재미가 있는 스토리'로 전환하고 있다는 점을 잘 보여준다.

한국조폐공사의 이런 시도가 매우 선도적이고 창의적이라는 점이 주목할 만하다. 많은 공공기관이 소셜미디어를 운영하고 있지만, 외부 인플루언서와 장기적 협업을 통해 공동의 브랜드 파워를 만들어가는 사례는 흔치 않다.

특히 일방적 홍보에서 벗어나 감성적 접근과 소통형 콘텐츠를 통해 국민과의 관계를 새롭게 재구축하고 있다는 점에서, 공공커뮤니케이션의 새로운 가능성을 보여주는 혁신적 사례다.

대부분의 공공기관 홍보는 여전히 성과를 과시하거나 형식적 정보를 전달하는 수준에 머물러 있고, 디지털 환경에 익숙한 MZ세대와 하는 소통은 미흡한 실정이다.

한국조폐공사의 참신한 시도는 이런 한계를 극복하고, 감성과 재미, 경험을 중심으로 한 콘텐츠 기획이야말로 국민과의 진정한 소통을 가능하게 한다는 점을 입증하고 있다.

물론 이런 시도가 일회성 이벤트에 그치지 않으려면 지속 가능한 소통 전략이 필요하다. 콘텐츠의 다양성과 진정성, 기술력과 이야기의 유기적 결합이 지속적으로 이어져야 하며, 국민의 눈높이에 맞춘 언어로 소통할 때 비로소 신뢰는 일상으로 자연스럽게 스며들 수 있다.

결국, 한국조폐공사의 감성과 재미를 기반으로 한 소통 전략은 단순한 기관의 이미지 개선을 넘어, 공공기관이 나아가야 할 대중과의 소통에 새로운 방향을 제시하고 있다. 기술에 담긴 신뢰를 '감성과 재미'로, 국민과 소통하는 이 변화는 향후 다른 공공기관들에도 참고할 만한 모범사례가 될 것이다.

공기업은 누구를 위해 누구와 일하나

흔히 '고객'이라 하면 물건을 사거나 서비스를 받는 사람을 떠올리기 마련이다.

그렇다면 현대자동차의 고객은 누구일까? 현대자동차를 이미 구매한 사람이거나 구매할 계획이 있는 사람일 것이다. 마찬가지로 삼성전자의 고객은 삼성전자 제품을 구매했거나 구매할 계획이 있는 사람이다. 평생 수입차나 아이폰을 이용한 사람을 현대자동차나 삼성전자의 고객이라고 말하지는 않는다.

그렇다면 공기업의 고객도 민간기업과 같을까? 그렇지 않다. 공기업의 고객은 훨씬 더 다양하고 복잡하다. 공기업은 이윤을 추구하는 민간기업과 달리 국가의 정책을 수행하고 공공의 이익을 증진하려고 존재한다. 그러므로 공기업의 고객은 단순히 서비스를 이용하는 소비자가 아니라 공공의 이익을 위해 다양한 방식으로 연결된 여러 이해관계자다.

공기업의 복잡한 이해관계

이해관계자란 공기업의 활동이나 결정에 영향을 미치거나 그 결정에서 영향을 받는 개인 또는 기관을 말한다. 공기업은 정부와 국민, 이를 둘러싼 다양한 사회적·경제적 관계 속에서 활동하므로 고객도 여러 범주로 나눠볼 수 있으며, 운영 방식에 따라서 이해관계자들을 다르게 정의할 수도 있다.

예를 들어 대중교통을 제공하는 공기업인 한국철도공사는 주요 고객이 대중교통을 이용하는 시민들이다. 그러나 운영에 필요한 정책적 지침을 제공하는 국토교통부 같은 정부 부처, 교통 관련 규제를 담당하는 한국교통안전공단 등도 중요한 이해관계자가 된다.

한국전력공사 같은 에너지 관련 공기업은 전기를 사용하는 가정과 산업체가 주요 고객이지만, 에너지 관련 정책을 결정하는 산업통상자원부나 전력거래소 등도 협력하며 상호영향을 주고받는 중요한 파트너다. 물 관리와 공급을 담당하는 한국수자원공사 역시 수질을 개선하고 물 부족 문제를 해결하기 위해 기후에너지환경부, 지방자치단체 등과 다양한 정책적 협력을 추진하고 있다.

이처럼 공기업의 주요 고객은 시민과 소비자이지만, 운영과 관리는 여러 이해관계자가 상호작용하고 있으며, 이는 공기업의 미션과 역할에 따라 달라진다.

이런 이해관계자들은 각기 다른 방식으로 공기업의 운영에 영향을 미친다. 정부 부처는 공기업에 정책적 방향을 제시하고, 필요에 따

정부 부처	언론
• 정책적 방향 제시 • 법과 규제를 통한 공기업의 업무 조정	• 공기업 활동 감시 • 공정성과 투명성 평가

고객(국민)	관련 기관과 단체
• 공공 서비스 이용 • 신뢰도와 만족도 평가	• 규제 담당 기관, 지방자치 단체와 공기업 운영관리를 위한 협력

공기업

라 법과 규제를 통해 공기업의 업무를 조정한다. 언론은 공기업의 활동을 감시하며, 공정성과 투명성에 대해 평가를 내린다. 국민은 그 혜택을 직접 체감하며, 공기업의 운영에 대한 신뢰도를 결정하는 중요한 역할을 한다. 다양한 이해관계자의 기대를 잘 조율하는 것이 공기업이 성공적으로 사회적 책임을 다하기 위한 핵심 요소다.

한국조폐공사, 돈만 찍는 곳이 아닙니다

그렇다면 한국조폐공사는 어떨까? 흔히 한국조폐공사는 돈을 찍는 곳으로 알려졌지만, 실제로는 그보다 훨씬 다양한 역할을 맡고 있다. 지폐와 동전뿐 아니라 주민등록증, 운전면허증, 여권, 상품권, 지역화폐 같은 다양한 보안 제품과 서비스를 제공한다.

한국조폐공사의 가장 중요한 고객은 단연 국민이다. 우리가 일상에서 화폐나 신분증, 여권을 믿고 사용할 수 있는 이유는 위조되지 않았다는 믿음 덕분이다. 한국조폐공사는 이 믿음을 지키기 위해 고도의 보안 기술을 개발하고 품질을 관리하는 데 힘쓰고 있다.

한국조폐공사가 협력하는 기관 중 가장 가까운 곳은 한국은행이다. 실제로 화폐 제조를 맡긴다는 점에서, 한국은행은 한국조폐공사의 핵심 고객이다. 한국은행이 정한 수량과 규격에 맞춰 지폐와 동전을 제조하고 납품하는 일은 한국조폐공사의 가장 기본적인 임무다. 여기에 기획재정부도 중요한 역할을 한다. 한국조폐공사의 예산과 정책 방향을 조율하는 주무 부처로서, 공사의 운영이 정부 정책과 잘 맞도록 조정하는 기능을 한다.

한국조폐공사는 신분증과 여권도 제작한다. 이 과정에서 행정안전부·외교부와 협력하는데, 주민등록증이나 여권은 국민의 신원을 증명하는 중요한 수단이므로 품질과 보안 수준은 매우 높아야 한다. 특히 여권은 해외에서 사용하고 국가 신뢰와 연결되므로 한국조폐공사의 기술력은 곧 국가의 신뢰로 이어진다고 해도 과언이 아니다.

최근 지방자치단체와의 협력도 늘어나고 있다. 지역화폐나 온누리상품권 등 국가와 지방자치단체가 운영하는 다양한 제도에 한국조폐공사의 기술을 적용한다. 단순히 화폐를 제조하는 기관에서 벗어나 지역 경제와 복지 시스템에도 기여하는 범위로 확장하고 있다.

한국조폐공사는 또 다른 형태의 고객도 있다. 언론과 국민의 감시와 평가다. 공기업은 세금으로 운영되는 만큼 활동이 공정하고 투명해야 하며, 이에 대한 사회적 감시도 당연한 책무다. 언론은 한국조폐공사의 활동이 국민을 위한 방향으로 나아가고 있는지를 살피고, 국민은 이를 바탕으로 공기업의 가치를 판단한다.

결국 한국조폐공사 고객은 단지 화폐를 사용하는 사람들에 그치지 않는다. 화폐를 발행하는 중앙은행, 정책을 결정하는 정부 부처, 지역 사회와 언론, 모든 결과를 체감하는 국민까지 매우 다양하고 복합적인 관계 속에서 한국조폐공사를 운영하고 있다.

이 모든 이해관계자가 공통으로 기대하는 것은 단 하나 '신뢰'다. 한국조폐공사는 이 신뢰를 지키기 위해 보이지 않는 곳에서 최고의 기술과 투명한 운영으로 묵묵히 제 역할을 다하고 있다.

공기업의 서비스에 만족하십니까?

정부는 공기업을 대상으로 매년 고객만족도 조사를 하고 있다. 공기업 고객만족도 조사는 공기업이 제공하는 서비스 품질을 향상하고자 서비스를 받는 고객을 대상으로 하는 설문조사다. 이 조사를 통해 공기업이 고객 만족 경영을 강화하고, 고객 지향적 마인드를 제고할 수 있도록 돕고 있다.

전화와 현장 방문 조사로 최고 등급인 우수와 보통, 미흡 3등급으로 평가한다. 평가결과는 경영평가에 반영한다. '미흡' 판정을 받은 기관은 대국민 서비스 개선 계획을 수립해 주무 부처로부터 분기별 이행실적 점검을 받아야 한다. 2년 연속으로 '미흡' 판정을 받은 공공기관은 고객 만족 리더십 향상과 컨설팅 교육을 받아야 한다.

공기업은 1999년부터, 준정부기관은 2004년부터, 다른 공공기관은 2005년부터 고객만족도 조사를 하고 있다. 2025년 발표한

2024년도 공기업 고객만족도 조사 결과, 한국조폐공사는 인천국제공항공사, 한국가스공사, 한국수자원공사 등과 함께 '우수'를 받았다. 조사 대상인 공공기관 182개 중 우수 등급은 64곳이 받았다.

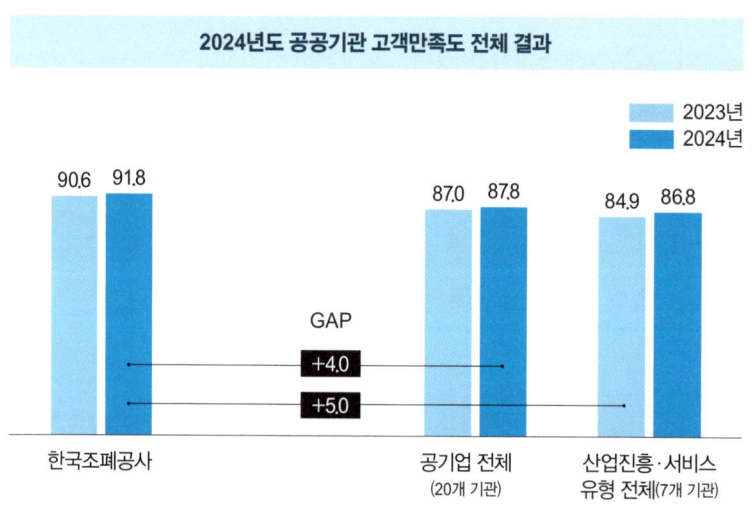

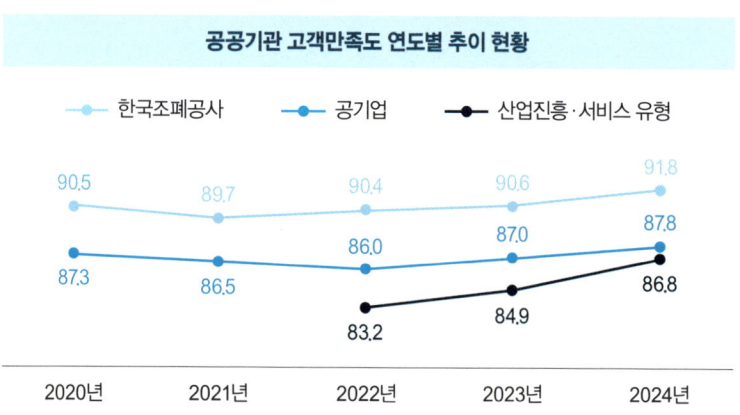

Chapter 14

공기업
ESG 경영에서
답을 찾다

공기업의 새로운 숙제, ESG 경영

ESG 경영은 환경(Environment), 사회(Social), 지배구조(Governance)의 영문 첫 글자를 조합한 단어다. 최근 기업 경영의 필수로 여겨지는 ESG는 언제부터 시작했을까?

ESG 경영은 1948년 인간의 존엄성을 강조한 유엔 세계인권선언으로 거슬러 올라간다. 이후 1953년 사회적 책임이 더해졌다. 1969년 미국 캘리포니아주 해상 원유유출사고로 지구의 날을 제정했고, 1989년에는 유조선 엑슨발데즈호 기름 유출 사건을 계기로 GRI(Global Reporting Initiative)를 설립했다.

이로써 기업이 환경에 대한 직접적인 책임이 있다는 것을 처음으로 명확히 하고, 경제·사회·환경을 고려한 지속가능경영보고서 작성 기준을 마련했다.

2000년부터는 본격적으로 글로벌 표준을 제정하고 이니셔티브를 만들었다. 2006년 DBDPS 책임투자원칙(UN PRI)에서 ESG를 최초로 언급했고, 2015년 유엔 지속가능발전목표(UN-SDGs)를 설정하면서 파리 기후변화협약을 채택했다.

공기업에 왜 ESG 경영이 필요할까?

그렇다면 왜 ESG 경영을 해야 할까? 국제 사회에서 커가는 ESG 경영 요구에 대한 기업들의 움직임을 먼저 살펴보자. 2019년에 애플, 아마존 등 미국을 대표하는 CEO 181명이 기업의 존재 이유는 경제적 가치의 극대화에 있는 것이 아니라 '기업의 모든 이해관계자를 위한 가치 창출'임을 천명했다.

왜일까? 기업은 ESG 기준을 충족하지 못하면 투자 감소, 이익과 주가 하락으로 이어지고 사회적 요구와 환경규제를 충족하지 못하면 기업의 본질적인 생산과 판매를 할 수 없게 된다. 반면 ESG를 잘하는 기업은 좋은 평판을 유지해 투자가 활발해지고 인재가 모여 기업의 이익이 개선되는 선순환을 이룬다.

공기업도 예외가 아니다. 안전사고, 노사갈등, 환경 문제, 부정부패 등 이슈가 발생하면 신뢰가 추락하고 조직의 수익성이 악화한다. 게다가 기관장의 인사 조치를 비롯해 임직원 인센티브도 직접적 영향을 받는다.

반대로 기관의 설립 목적과 사업 특성에 맞는 ESG 경영을 실천하면 공공성을 요하는 기관의 존재 가치를 더욱 높일 뿐만 아니라 민간기업 수준의 효율성도 기할 수 있다. 국민의 신뢰를 얻는 것은 당연하다.

이제 공기업도 민간기업과 마찬가지로 다양한 이해관계를 어떻게 조정하고 우선순위에 두느냐가 중요 관심사가 되었다. 사회(Society), 파트너(Partner), 투자자(Investor), 고객(Customer), 종업원(Employee) 모두를 통합하는 생태계의 중심을 잡는 어려운 역할을 해야 한다.

이뿐만이 아니라 기후 위기 시대에 공기업은 탄소중립도 실천해야 하고 안전·재난 같은 사회적 책임까지 완수해야 비로소 ESG 경영을 한다고 말할 수 있게 되었다.

공기업 ESG 경영이 궁금하다면 알리오를 보세요

그러면 공기업은 ESG 경영을 어떻게 하고 있는지 궁금해진다. 공기업의 ESG 경영은 기본적으로 정부정책, 국정과제와 밀접하게 맞물려 돌아간다. 이에 더해 환경·안전·사회·지배구조 분야별 제반 법령을 준수하는 것부터 시작한다.

공기업의 ESG 경영이 궁금하다면 가장 먼저 알리오(www.alio.go.kr)를 보면 된다. 모든 공공기관은 ESG 경영을 비롯한 경영정보를 투명하게 공시* 하고 있다.

예를 들어 탄소중립에 가장 화두인 온실가스 감축 실적을 알고

---

* 「공공기관의 운영에 관한 법률」 제12조(통합공시), 「공공기관의 운영에 관한 법률」 시행령 제16조(통합공시)에 따랐다.

온실가스 감축실적

온실가스 감축실적[직접배출(Scope1) + 간접배출(Scope2)]　　　　　　　　(단위: tonCO₂eq, %)

구분	기준배출량(A)	온실가스배출량(B)	감축률[(A-B)/A*100]
2019년	41,738	24,103	42.25
2020년	44,709	27,036	39.53
2021년	46,704	28,795	38.35
2022년	46,735	24,463	47.66
2023년	46,731	21,621	53.73

출처 : 한국조폐공사

싶다면 ESG 운영 > E(환경) > 대기환경 > 온실가스 감축 실적을 보면 된다.

한국조폐공사의 경우 2023년 온실가스 2만 1,621tonCO₂eq(이산화탄소환산톤)를 배출해 기준배출량 4만 6,731tonCO₂eq 대비 53.73%를 감축하고 있다.

이외에도 ESG 운영에 관한 총 14개 항목(2025년)을 공시하고 있다. ESG 경영과 운영위원회 현황을 비롯해 환경 분야 3개 항목(대기환경, 자원환경, 환경보호), 사회 분야 7개 항목(안전관리 및 정보보호, 사회공헌활동, 인권 경영, 일·가정 양립 지원제도 운영 현황, 동반성장 평가결과, 장애인 고용현황, 구매실적), 지배구조 분야 3개 항목(이사회, 자체 감사부서 현황, 청렴도 평가결과)이다.

공기업은 ESG 경영도 평가 중

공기업은 대부분 정부가 대주주이므로 국민을 대신해 정부가 공공기관 ESG 평가를 한다. 예를 들면 환경 분야에서는 공공부문 온실가스 목표관리제와 환경경영 활동평가를 받는다. 사회 분야에서는 안전활동 수준평가, 안전관리등급 심사, 고객만족도 조사, 동반성장 평가를 받는다. 지배구조 분야에서는 국정감사, 청렴도 평가 등을 받는다. 정부경영평가까지 포함하면 공기업은 1년 내내 평가 중이라고 할 수 있다.

다음 절에서는 공기업 ESG 경영의 실체이자 핵심이라고 할 수 있는 탄소중립과 환경경영, 산업안전, 중소기업과의 상생협력 현황을 한국조폐공사의 예를 들어 차례로 살펴보겠다.

지속가능 성장을 위한 탄소중립과 환경경영

환경은 '보호해야 할 자연'에만 더는 머무르지 않는다. 오늘날 환경은 에너지, 자원, 기후, 사회적 신뢰까지 포괄하는 거대한 시스템이 되었다.

특히 공기업에 환경은 선택이 아닌 의무이며, 기관의 운영방향과 성과를 좌우하는 핵심 기준이 되고 있다. 이는 법령과 정책 속에 녹아 있으며, 예산 집행과 사업 추진의 기준이자 국민과의 신뢰를 지키는 약속이기도 하다.

지속가능한 내일은 공기업의 오늘에서 시작

지속가능발전은 현재 세대의 필요를 충족하면서도 미래 세대 삶의 기반을 해치지 않는 발전을 의미한다. 이를 위해 정부는 「2050 탄소중립·녹색성장 기본계획」, 「제10차 전력수급기본계획」, 「제2차 기후변화 대응 기본계획」 등 국가 전략을 수립하고, 에너지 전환과 온실가스 감축을 범국가적으로 추진하고 있다.

공기업은 이런 국가정책을 가장 먼저 이행해야 하는 주체로서 단순히 자율적 실천을 넘어 법령과 지침에 따른 의무적 역할을 담당한다. 이는 계량화된 온실가스 감축 목표 달성뿐 아니라 친환경 에너지 사용 확대, 자원 효율화, 녹색제품 구매 등 제도적으로 요구되는 다양한 조치를 포함한다.

결국 공공기관의 환경경영은 개별 기관의 선택이 아니라 국가 정책을 실행하는 선도적 책무이자 국민 신뢰를 지키는 약속이다.

공기업이 앞장서서 짊어진 37.4%

우리나라가 선언한 2050 탄소중립은 단순한 목표를 넘어, 경제·사회 구조 전반을 저탄소 체제로 전환하겠다는 장기 전략이다. 탄소중립 실현을 위한 구체화 단계에서 중요한 도구가 온실가스 감축목표(NDC)다. NDC는 각국이 국제 사회와 약속한 온실가스 감축 목표로, 연도별 감축 비율과 부문별 계획, 정책, 수단 등을 포함한다.

우리나라는 2030년까지 2018년 대비 온실가스를 37.4% 감축하겠다는 목표를 설정했고, 이를 달성하기 위해 온실가스 목표관리제라는 제도를 통해 연간 배출량 관리와 감축 목표 이행을 추진하고 있다.

공기업은 공공부문 온실가스 목표관리제를 이행하기 위해 배출량 모니터링 분석, 에너지 효율화와 절약 활동, 재생에너지 활용과 저탄소 기술 적용, 교육과 행사 참여 유도 등의 다양한 영역에서 목표를 달성하고자 노력하고 있다. 제도적 틀을 활용해 실질적 감축 활동과 문화를 만들어가는 것이 우리가 지향하는 지속가능한 내일을 위한 길이다.

기계를 멈추지 않고 탄소를 줄이는 법

일반적인 행정·금융·서비스 중심의 공공기관과 달리 한국조폐공사는 제조업 중심의 공공기관이다. 한국조폐공사의 온실가스 배출 현황을 분석한 결과에 따르면, 80%는 전력 부문에서 배출되고 있었다.

이를 개선하기 위해 2024년 인버터를 중심으로 한 고효율 기기 교체 사업을 진행했고, 연간 22만 14kW(킬로와트)의 전력을 절감할 수 있었다. 전력 피크 시간대의 부하를 줄이려고 각 생산본부에 에너지저장장치(ESS)를 설치했다.

여기서 멈추지 않고 각 본부에 태양광 발전 설비도 설치했다. 에너지 소비 최소화, 신재생 에너지 발전, 스마트 에너지 관리를 통해 건물 자체가 에너지를 절약하고 스스로 생산하는 공간이 되도록 했다. 이런 노력을 통해 2024년 2만 106tCo₂eq 온실가스를 배출해 전년 대비 29.25% 감축했다. 이는 해당연도 감축목표율인 13.2%보다 16%p 초과 감축한 것으로, 13년 연속 온실가스 감축 목표를 달성한

■ 한국조폐공사에 설치한 ESS 장치(왼쪽)와 태양광 설비(오른쪽)

성과다.

한국조폐공사는 화석연료에 대한 의존도를 낮추고 신재생 에너지 설비를 확대할 계획이다. 완료한 후 설치 가능한 건물 부지를 대부분 사용할 예정인 만큼 한국조폐공사는 각 본부의 유휴 상태인 주차장을 중심으로 태양광 설비 설치를 검토 중이다.

한국조폐공사는 에너지 사용의 본질을 점검하고 효율을 높이기 위한 체계적인 에너지 진단도 계획하고 있다. 진단에 해당사항이 없는 생산본부를 제외한 전 본부에서 실시할 예정으로 건물과 설비 전반의 전력 사용 현황을 면밀하게 파악하고, 최적의 운영 방안을 마련하는 것이 목표다. 결과 데이터 분석을 기반으로, 향후 설비 운영과 유지관리, 에너지 절감 전략을 구체적으로 수립할 예정이다.

이처럼 한국조폐공사는 탄소중립이라는 목표를 단순한 숫자로만 보는 것이 아니라 지속 가능한 미래를 향한 진심 어린 발걸음으로 이어가고 있다.

작은 변화들이 모여 지구와 사회를 지키는 큰 힘이 된다는 믿음으로, 오늘도 한국조폐공사는 한 걸음씩 나아간다.

쓰지 못하는 돈이 다시 돈이 되는 '화폐 굿즈'

한국조폐공사 하면 대부분은 자연스럽게 화폐를 떠올린다. 그런데 여기, 조금 특별한 시선으로 바라볼 만한 것이 있다. 돈으로 만든 펜 '돈볼펜'이다. 이는 단순한 기념품이 아니다. 여기에는 한국조폐공사의 탄소중립을 향한 진정성 있는 노력이 고스란히 담겨 있다. 화폐를 제조하는 과정에서 발생하는 다량의 부산물을 활용해 만든 순환자원의 성공 사례다.

화폐를 제작하는 과정에서 불량으로 판정된 화폐 부산물을 파쇄해 굿즈를 제작하는 데 활용하고 있다. 연간 100톤가량의 은행권 파쇄설을 활용해 볼펜과 방석 등으로 제작하는 체계적인 생산계획을 수립했다. 폐기물 처리비용을 절감함과 동시에 새로운 수익 창출의 기회까지 만든 일석이조의 성과다.

이 과정에서 가장 중요한 의미는 폐기물이 단순히 버려지는 것이 아니라 가치를 지닌 자원으로 새롭게 태어날 수 있다는 점이다. 화폐 굿즈를 사용하는 사람들은 쓰는 순간마다 작은 자원 순환의 의미와 지속 가능성의 메시지를 직접 체감하게 된다.

이처럼 한국조폐공사는 친환경과 순환자원의 가치를 일상에서 구현하며, 공공기관으로서의 사회적 책임과 혁신적 실천력을 동시에 보여주고 있다.

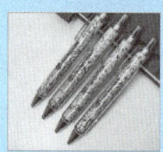   

■ 볼펜, 여권 케이스, 그립톡, 달항아리 코스터, 수막새 액자, K-패턴 여권 케이스, 자투리 폐기물, 액막이(윗줄 왼쪽부터 시계방향으로)

안전을 빼면 공(空)이 되는 공기업

ESG는 환경(Environment), 사회(Social), 지배구조(Governance)를 아우르는 지속가능경영의 핵심이다. 그중 사회 부문은 안전과 직결된다. 안전을 외면한 ESG는 실체 없는 구호에 불과하다. 공기업이 수행하는 업무는 단순한 서비스 제공을 넘어 국민의 생명과 직결되는 경우가 많다.

이런 기관에서 안전이 무너지는 순간, 그 피해는 한 개인에 국한하지 않고 사회 전반으로 확산할 수 있다. 안전은 '있으면 좋은 부가가치'가 아니라 '공기업의 존재를 정당화하는 최소한의 조건'이다.

안전, 선택이 아닌 존재 이유

안전은 조직의 한 부서가 맡은 업무가 아니라 모든 부서와 모든 구성원이 공유해야 할 '심장'이다. 이 심장이 멈추면 그 어떤 사업도,

성과도, 명성도 유지할 수 없다.

현실의 많은 현장은 여전히 위험과 가까이 있다. '이 정도 위험은 괜찮다'라는 안일함, '속도가 우선'이라는 압박, '비용 절감'이라는 명목 아래 사라지는 보호 장비와 교육 시간. 이런 작은 타협들이 모여 사고라는 큰 비극을 만든다. 이런 위험을 줄이고 안전수준을 높이려고 정부는 모든 공공기관을 대상으로 안전활동 수준평가와 안전관리등급심사를 시행하고 있다.

안전활동 수준평가는 기관이 수립한 안전관리계획이 실제로 현장에서 어떻게 작동하고 있는지를 확인하는 제도다. 단순히 계획문서만 보는 것이 아니라 PDCA(계획-실행-점검-개선) 사이클에 따라 안전교육 이수 여부, 위험성 평가 실시 여부, 비상대응체계, 재해 예방 활동까지 현장에서 직접 점검한다. 중요한 점은 이 평가가 형식적인 점수 매기기가 아니라 '현장 작동'을 전제로 한다는 것이다.

안전관리등급심사는 보다 정량적인 지표로 안전수준을 평가한다. 산업재해율, 사고 발생 건수, 대응 속도, 교육 이수율, 안전 예산 집행율 등을 종합적으로 살핀다.

이 결과는 기관의 대외 신뢰도와 경영평가에도 직접 반영한다. 높은 등급은 안전 경영이 실제로 작동하고 있다는 사회적 신뢰를, 낮은 등급은 반드시 개선을 요구하며, 후속 조치까지 추적한다.

이 두 제도는 종이 위의 계획보다 '현장에서 작동하는 안전'을 우선시한다는 의미이며, 기관이 안전을 '선택'이 아니라 '존재 이유'로 여기고 있는지를 가늠하는 사회적 잣대가 된다.

한 청년의 안타까운 죽음으로 탄생한 '중대재해처벌법'

2018년 12월, 어느 공공기관 산하 발전소에서 젊은 근로자가 홀로 야간 근무를 하다가 오랫동안 위험에 방치된 채 운영해온 석탄 운송 컨베이어 벨트에서 끼임 사고로 목숨을 잃었다.

사고 당일 그는 단 한 명의 동료도 없는 상태로, 길이 수백 미터에 달하는 설비를 점검하고 있었으며, 작업장에는 안전 통제 인력도, 즉시 멈출 수 있는 안전장치도 충분하지 않았다.

이 사고는 우리 사회에 큰 충격을 주었다. 이후 산업 현장에서 안전을 외면한 구조적 문제들이 드러났고, 비슷한 위험은 공공·민간 영역을 가리지 않고 산재해 있다는 사실이 밝혀졌다.

국민적 분노와 요구 속에서 2022년 중대재해처벌법을 제정·시행했다. 이 법은 안전 관리의무를 다하지 않아 중대재해가 발생하면 기관의 경영책임자를 형사 처벌할 수 있도록 규정한다.

법 제정만으로 안전은 확보되지 않는다. 법이 존재해도 현장의 경각심이 사라지면 비극은 반복된다. 이 사고는 안전이 방심과 타협 속에서 얼마나 쉽게 무너질 수 있는지를 여실히 보여준다.

한국조폐공사의 안전은 매뉴얼이 아닌 문화

한국조폐공사는 이 사건을 반면교사로 삼아 시대적 흐름에 발빠르게 대응하고 있다. 안전을 조직문화의 핵심으로 삼고, 작동하는

■ QR코드 안전신문고

① 위험요소 사진 촬영
② 홍보물 내 QR코드 스캔
③ 사진첨부 및 위험요인 설명 작성
④ 안전부서 접수 및 조치

안전 시스템을 구축해 매년 안전활동 수준평가에서 점수가 상승하고 있으며, 안전관리등급심사도 상위 그룹을 유지하고 있다.

한국조폐공사는 단순히 안전 규정을 지키는 데 그치지 않는다. 전 직원이 참여하는 정기 위험성 평가를 하고, 안전교육은 모든 직무와 연계한다. 특히 인쇄기, 초지기 등 신규설비와 고위험 기기를 도입할 때는 생산성보다 안전성을 먼저 검토할 수 있는 매뉴얼을 구비하고 있다.

현장의 의견을 경영진에게 바로 전달할 수 있는 '소셜미디어 안전 채널'을 구축하고 있으며, 위험 상황을 발견하면 바로 신고할 수 있는 'QR코드를 활용한 안전신문고'를 운영해 안전 문제를 빠르게 개선할 수 있는 구조를 만들었다.

이런 지속적인 노력은 '사고 없는 일터'를 만드는 데 그치지 않고, 대외적으로도 신뢰를 높인다. 안전을 보장한 우리의 일터에서 직원은 안심하고 일할 수 있으며, 국민은 한국조폐공사가 제공하는 서비스와 제품을 믿을 수 있다. 이 차이가 결국 조직의 경쟁력으로 이어진다.

공기업은 중소기업 성장의 조력자

우리나라 공기업들이 보유한 각종 자산은 중소기업의 성장을 돕는 중요한 상생협력 자원으로 활용하고 있다.

정부는 공기업들이 중소기업의 경쟁력 제고와 신사업 진출을 지원하도록 하기 위한 다양한 프로그램을 적극적으로 운영하고 있다.

공기업의 기술, 중소기업 성장으로 이어지다

대표적인 사업인 기획재정부 주관 '미활용 특허 나눔 사업'은 민간-공공기관 협력 방안의 일환으로 공공기관이 보유한 미활용 특허자원을 활용해 민간 성장을 지원하고, 나아가 민간기업의 혁신을 지원하며 경제 활성화를 유도하기 위해 우리나라의 대표적인 공기업들이 모두 참여하고 있다.

한국발명진흥회 국가지식재산거래플랫폼(IP-Market)과 기술보증

■ 2024 대한민국발명특허 대전과학기술
　정보통신부장관상

■ 색변환잠상 보안인쇄기술(Tiltlook®) 전
　시물품

출처 : 한국조폐공사

기금 스마트테크브릿지(M&A거래정보망) 등 공공플랫폼을 통해 중소
기업은 간편하게 원하는 기술을 찾아 무료나눔과 소액 기술이전을
신청할 수 있으며, 희망하는 특허를 기술이전 받을 수 있다.

　한국조폐공사는 국내 위·변조 방지와 보안인쇄 분야에서 가장
많은 지식재산권을 보유하고 있다. 화폐 제조를 통해 축적한 우수한
보안제품 제조 역량과 브랜드 보호 신사업에 대한 개척 노하우도 보
유하고 있다.

　이런 강점들을 살려 보안인쇄 분야에서 위·변조 방지 기술 도입
을 희망하지만, 비용 부담과 R&D 역량 문제로 고민하는 국내 중소
기업들을 위해 맞춤형 기술이전 제도를 운영하고 있다.

　기술이전 계약 시 기술료 산정 방식을 경상기술료 중심으로 운영
해 업체들의 부담을 완화하고 있으며, 기술이전을 한 후에도 업체 대
상으로 지속적인 품질 기술지원을 실시해 기술 사업화가 활성화되
도록 노력하고 있다.

　한국조폐공사의 복사방해패턴(Ghostsee) 기술을 이전받아 보안

■ MS오피스 보안라벨　　　　　■ 천일염 이력추적 라벨

용지 사업 매출을 확대하고 있는 협력업체로는 신광사, 아코스코리아 등이 있다. 내부 사내벤처에서 개발한 '색변환잠상 보안인쇄기술(Tiltlook®)'을 2020년 보안라벨 전문 중소기업 ㈜세롬에 이전하기도 했다.

이처럼 중소기업과의 상생협력을 통해 동반성장 기틀을 마련하고, 브랜드보호 신사업 개척을 위해 지속적으로 노력하고 있다.

한국조폐공사는 정부에서 주관하는 특허 무료나눔사업에 적극적으로 참여해 중소기업을 대상으로, 무상으로 기술이전을 통해 동반성장을 실현하고 있다.

2021~2022년에는 대전테크노파크와 협업을 통해 중소기업 7개 업체에 15건을 무상 이전했고, 2024년에는 기획재정부 주관 미활용 특허 무료나눔사업에 참가해 기술 20건을 국가 지식재산거래 플랫폼에 등록, 공유했다. 2024년 2건, 2025년 기준 3건, 총 5건의 기술 이전을 완료했다.

한국조폐공사가 보유한 위·변조 방지 기술을 민간과 공동으로 연구해 성과를 거두고 있다. 고밀도 바코드 전문기업인 보이스아이와 협업해 디지털 보안코드를 공동개발하고 제품을 출시했다.

앞으로 정부수입증지, 브랜드보호와 의약품 등 이력추적 솔루션이 필요한 제품에 다방면으로 활용할 것으로 보인다.

특수보안잉크 공동개발 건으로 조광페인트와 해외 화폐 표면보호 특수잉크 개발을 완료했다. 해외 수출 협력을 통해 2024년 25억원 규모의 신제품을 사업화하는 데 성공했다. 한국조폐공사의 화폐 잉크 기술력과 조광페인트의 바니시 제조기술력을 결합해 기술혁신을 이뤄낸 성과라고 할 수 있다.

수입하던 기술을 수출하다

한국조폐공사의 위·변조 방지 기술 협력과 국산화 성공 대표 사례는 '전자여권 개인정보면 힌지'라고 할 수 있다.

전자여권의 힌지는 개인정보 면을 여권 책자에 견고하게 부착하도록 해주는 기계적 연결부로, 여권의 내구성과 보안성 면에서 중요한 역할을 한다. 일반적으로 섬유(메시) 타입으로 만드는데, 기존에는 프랑스 탈레스사에서 33억 원을 수입(2024년 기준)해서 전자여권을 만드는 데 썼다.

그래서 한국조폐공사는 2022년 힌지 제조기술 개발과 생산을 위한 국내 협력업체를 발굴해 구매 조건부로 신제품 개발 사업을 추진한 결과 2023~2024년에 개발을 완료했다. 정부 사업 선정과 투자금액(한국조폐공사 2,000만 원+정부 2,000만 원)으로 한국조폐공사와 협력업체인 ㈜코레쉬텍(대구광역시 소재)이 힌지 제작·생산 기술을 공동 특허 출원까지 완료했다.

앞으로는 관련 기술과 해외 시장 개척, 보안성 강화를 위한 위조 방지 요소를 지속적으로 개선해 수출할 수 있도록 노력할 예정이다. 한국조폐공사가 보유한 기술을 나누고, 중소기업과 함께 개발하며, 국산화하고, 수출까지 연결하는 이런 선순환 구조는 동반성장을 실현하는 모범적인 사례라고 할 수 있다.

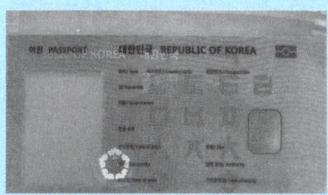 

■ 전자여권의 힌지

구매를 넘어 미래를 설계하는 과정, 공공조달

'공공조달'이라는 말을 들으면 무엇이 맨 먼저 떠오를까? 대다수 국민은 공공기관이 민간기업과 거래할 때 거치는 복잡한 절차 정도만 생각할 것이다.

그러나 공공조달은 우리 경제의 활력과 직결되며, 국가의 미래를 설계하는 중요한 과정이다. 공공조달은 단순한 구매 행위를 넘어, 국가 예산의 효율적 사용을 통해 사회적 가치를 창출하고, 혁신을 끌어내며, 궁극적으로 국민 삶의 질을 향상하는 핵심 통로이기 때문이다.

공공조달 시장 규모 200조 원, 그 이상의 가치

실제로 공공조달은 일상과 매우 밀접하다. 매일 이용하는 지하철, 버스는 물론 행정복지센터에서 여권을 만들 때 사용하는 보안용지까지, 모든 것이 공공조달을 통해 국민에게 제공한다.

규모 또한 상상을 초월한다. 연간 200조 원에 달하는 시장으로, 이는 대한민국 GDP의 약 10분의 1에 해당한다. 이 막대한 예산을 어떻게 사용하느냐에 따라 국가 경제의 방향성이 달라질 수 있음을 감안하면, 공공조달의 중요성은 아무리 강조해도 지나치지 않다.

물론 공기업의 조달 업무는 쉽지 않다. 복잡한 법령, 까다로운 심사, 국정감사의 날카로운 시선은 늘 담당자들을 긴장시킨다. 무엇보다 '국민의 세금을 투명하고 공정하게 사용해야 한다'라는 막중한 부담감이 있다. 하지만 이런 엄격한 과정을 통해야만 조달을 더 공정하고 투명하게 할 수 있고, 그 결과가 국민 모두에게 돌아간다.

최근 한국조폐공사에서 선제적으로 도입한 '납품대금 연동제' 같은 혁신적인 제도는 공공조달이 경제 활성화뿐 아니라 사회적 책임까지 아우르는 방향으로 진화하고 있음을 보여준다.

공공조달은 중소기업의 성장 동력을 지원하고, 혁신적인 스타트업이 시장에 진입하는 것을 도우며, 나아가 지역 경제의 활성화를 유도하는 등 다양한 사회적 가치를 실현하는 데 기여하고 있다. 단순히 '가성비'만 따지는 것이 아니라 '가치'를 기준으로 움직이는 새로운 계약 문화를 공공조달을 통해 구축하고 있다.

공공조달의 진화, 한국조폐공사가 보여준 해법

한국조폐공사는 이런 변화의 흐름에 발맞춰 적극적 조달, 예산 절감, 업무 효율화라는 3가지 핵심 가치를 중심으로 조달 시스템을 새롭게 정비했다. 특히 관행에서 벗어나 실질적인 성과를 창출하기 위한 노력에 집중했다.

핵심 신사업 분야의 주요 자재를 조달하는 방식에 큰 변화를 주었다. 기존의 건별 계약 방식으로는 급변하는 시장 상황에 유연하게 대처하기 어렵다고 판단했다. 그래서 장기적인 관점에서 연간 단가의 계약 체결을 확대해 납기 단축을 예측 가능하게 하고 비용을 절감하는 효과를 극대화했다.

이는 가격 경쟁만 추구하는 것을 넘어 안정적인 공급망을 구축하고 거래의 지속 가능성을 높이는 데 기여했다. 특정 공급업체에 대한 의존도를 낮추기 위해 공급처를 다변화하고 핵심 기술을 국산화하기 위한 노력도 병행함으로써 국가 주요 보안 자재를 다루는 공기업으로서 가져야 할 책임감을 다하고 있다.

이런 혁신적인 조달 전략과 노력은 가시적으로 드러났다. 2024년 한 해 동안 여권과 상품권 자재 등 다양한 분야에서 총 57억 원 이상의 구매 예산을 절감하는 쾌거를 달성했다. 이는 공공기관이 혁신적인 조달 방식을 통해 어떻게 국민의 세금을 더욱 효율적으로 운용할 수 있는지 보여주는 모범사례라 할 수 있다.

중소기업과 윈윈하는 동반성장

공기업이 기술나눔, 공공조달과 납품대금연동제를 통해 중소기업의 역량을 강화하고 판로를 확대해 경영 안정성을 지원한다면, 중소기업은 공기업이 혼자서 감당하기 어렵거나 경쟁력이 부족한 분야에서 핵심적인 역할을 한다. 에너지, SOC, 산업진흥·서비스 등 모든 영역의 공기업은 협력 중소기업 없이는 존재할 수 없다.

공기업의 동반자, 중소기업

실제로 중소기업이 우리 경제에 미치는 영향력은 생각보다 크다. 중소기업은 우리나라 전체 기업의 99.9%를 차지하며, 업체 수는 약 770~800만 개에 이른다.

중소기업 종사자는 전체 고용의 약 80~81%인 약 1,849만 명이며, 2021년 기준 매출은 약 3,017조 원으로 전체 법인 매출의 46.9%

를 차지하는 우리 경제의 든든한 버팀목이다.

한국조폐공사는 2024년 기준 연간 총구매액 998억 원 중 909억 원을 중소기업으로부터 구매하고 있다. 이는 총구매액의 무려 91.1%를 차지*한다.

중소벤처기업부에서는 공공기관이 중소기업 생산품을 구매 총 액의 50% 이상 의무 구매하도록 규정하고 있으며, 중소기업 제품 물 품 구매액의 3.5%는 기술개발 제품으로 구매하도록 해 중소기업 판 로와 기술개발을 제도적으로 뒷받침하고 있다.

법으로 명시한 공기업의 동반성장 의무

공기업은 중소기업과 동반성장을 추진해야 할 사회적 책임이 있 다. 이를 체계화하기 위해 「대·중소기업 상생협력 촉진에 관한 법률」 (이하 "상생협력법") 제19조(공공기관의 중소기업 협력 촉진)을 제정했고, 2007년부터는 공공기관을 대상으로 한 동반성장 평가를 도입했다.

매년 동반성장 평가 결과는 기획재정부 장관에게 통보해 공공기 관 경영평가에 반영한다. 공기업에게 중소기업은 사업적으로 핵심적 인 파트너일 뿐 아니라 기관 경영평가**에도 영향을 미치는 중요한 이해관계자인 셈이다.

그렇다면 공기업이 하는 동반성장 활동은 어떤 것이 있으며, 구

* 알리오(www.alio.go.kr) 2025년 2분기 공시자료를 참고하기 바란다.
** '경영관리 범주, 안전 및 책임경영(상생·협력 및 지역발전, 가중치 2점)'.

구분	동반성장 활동 사례
❶ 동반성장 전략수립 및 체계	목표 설정, 조직 구성
❷ 공정거래 문화조성 및 확산	납품대금 연동제 도입
❸ 창의·선도적 동반성장 생태계 구축	원-윈 아너스 프로젝트
❹ 기금출연 및 지원	기금 출연 및 집행
❺ 성과공유제도	성과공유과제 시행
❻ 결제환경 개선	상생결제 도입
❼ 기술혁신 및 보호 지원	공동 R&D 과제 발굴
❽ 중소기업 판로지원	동반성장몰 거래 실적
❾ 상생협력 문화 및 창업 생태계 조성	협력업체 복지증진

출처 : 중소벤처기업부 '2025년도 공공기관 동반성장 평가제도'

체적으로 어떻게 할까?

큰 틀에서 공기업의 동반성장 활동은 9개 분야로 구분할 수 있다. 각 활동은 중소벤처기업부 중소기업 육성 종합계획*, 국정과제와 동반성장 평가 기준에 따라 공공기관 공통으로 추진하고 있다.

이 중 창의·선도적 동반성장 생태계 구축 활동은 기관별 특성을 보여줄 수 있으므로 매우 중요하게 평가한다. 이런 창의·선도적 동반성장 생태계 구축 활동의 대표적인 사례로 원-윈 아너스(WIN-WIN HONORS) 프로젝트가 꼽히는데, 원-윈 아너스란 기존 일방적·시혜적 상생을 넘어 협력과 파트너십에 기반해 함께 성장하는 상생협력 우수사례를 의미한다.

이런 우수사례를 발굴하고 확산하기 위해 중소벤처기업부는 2023년부터 매년 원-윈 아너스 프로젝트 공모를 통해 우수사례를

---

* 중소기업기본법 제19조의2에 따라 3년 단위로 수립하는 법정계획이다.

선정하고 있다.

한국조폐공사는 중소기업 광명잉크제조㈜와 K-특수보안잉크 해외 조폐 시장에 동반 진출한 성공 사례로 2024년 제1차 윈-윈 아너스 대표 기업으로 선정되기도 했다.

보안잉크로 쓴 상생의 기록

한국조폐공사는 2021년부터 중소기업 광명잉크제조㈜와 협력을 시작했다. 한국조폐공사 담당 기술연구원이 1년의 절반을 광명잉크제조㈜와 화폐본부를 오가며 3년간 노력을 기울인 결과, K-특수보안잉크를 진입장벽이 높은 세계 은행권 인쇄용 잉크 시장에 성공적으로 수출할 수 있었다.

은행권에서 사용하는 잉크는 높은 기술력과 특화된 시설을 필요로 한다. 세계 1위 기업인 스위스 시크파(SICPA)가 시장의 85%를 독점하고 있다.

한국조폐공사는 이런 세계적 기업과 경쟁하기 위해 자체 기술로 보안잉크를 개발했고, 가격 경쟁력과 안정적인 생산 여력을 확보하기 위해 역량 있는 중소기업인 광명잉크제조㈜를 발굴해 은행권 잉크 제조 기술을 체계적으로 전수했다.

광명잉크제조㈜는 전문시설을 갖추고, 전담 연구인력의 단기간 기술 습득과 추가 설비투자, 생산인력 채용을 통해 K-특수보안잉크를 제조했다. 그 결과 잉크의 부가가치를 높여 해외 조폐국에 수출

출처 : 한국조폐공사

하는 데 성공했으며, 세계적 기업과 동등한 품질, 가격 경쟁력을 확보할 수 있게 됐다. 해당 사례는 YTN(사이언스) 〈TV 최강기업〉에 방영되기도 했다.

앞으로도 한국조폐공사는 중소기업과 상호 윈윈하는 협력을 통해 수출 국가와 품목을 다양화하며 해외 조폐 시장 점유율을 지속적으로 확대해 나가는 등 세계 시장에서 우리나라의 기술력과 위상을 제고할 계획이다.

한국조폐공사×성심당의 광복절빵 협업

한국조폐공사는 올림픽, 3·1운동 100주년 등 국가적 행사를 기념하는 기념화폐를 제조하는 기관이다. 한국조폐공사는 이런 디자인 기획력을 바탕으로 대전광역시의 대표 중소기업 성심당과 협력해 광복 80주년을 기념하는 특별한 광복절빵을 공동 개발했다.

제품 디자인은 현존하는 가장 오래된 태극기인 데니(Denny) 태극기를 모티브로 해 국민이 일상에서 자연스럽게 애국심을 느끼고 역사의식을 되새길 수 있도록 기획했다.

광복절빵은 2024년에 첫 출시했을 때도 단 2주 만에 약 2만 1,870개를 판매해 1억 원이 넘는 매출을 기록했고, 2025년에도 주말 하루에 3,000개 이상씩 불티나게 팔렸다. 특히 광복절빵 판매 수익금 일부를 독립유공자 후손들에게 전달해 지역 사회와의 동반성장을 실천하고 있다는 점이 의미 있다.

출처 : 성심당

Chapter 15

사회공헌과 지역발전, 두 마리 토끼 잡기

이윤보다 온기, 공기업이 사회를 품는 법

오늘날 공기업에 요구되는 역할은 점점 더 다양해지고 있다. 단순히 공공 서비스를 제공하는 데 그치지 않고, 국민 삶의 질을 높이며 사회적 약자를 돌보는 일에도 적극적으로 나서야 한다는 목소리가 커지고 있다. 이런 흐름 속에서 공기업들은 '사회적 가치 실현'을 핵심 과제로 삼고, 다양한 방식으로 사회공헌활동을 전개하고 있다.

1조 3,000억 원의 따뜻한 투자

기획재정부에 따르면, 2023년 한 해 동안 공공기관 350여 곳이 수행한 사회공헌활동 예산 규모는 1조 3,000억 원을 넘어섰다. 특히 지역 상생, 취약계층 지원, 교육 기회 확대 등 국민 생활과 밀접한 영역에서 한 기여가 눈에 띈다. 이런 활동들은 단순한 기부금 전달이 아니라 각 기관의 정체성과 전문성을 바탕으로 지역 사회와 함께 성장하는 방식으로 발전해 나가고 있다.

실제로 한국도로공사는 교통사고 유자녀 장학금 지원, 고속도로 휴게소 내 청년 창업 매장 운영 등을 통해 교육 기회를 확대하고 일자리를 창출하는 데 기여하고 있다.

한국수력원자력은 지역 초등학생 대상으로 방과후 과학교실을 운영하며 미래 인재를 양성하는 데 힘쓰고 있다. 한국관광공사는 인천국제공항 내 문화예술 공연과 다문화 체험 프로그램을 통해 관광 산업의 사회 환원을 실현하고 있다.

이런 사례들은 공기업이 기관의 역할을 사회적으로 확장하며, 더불어 살아가는 사회를 만드는 데 기여하고 있음을 보여준다.

이처럼 공기업들의 사회공헌활동이 활발한 가운데 한국조폐공사 역시 본사가 위치한 대전광역시를 비롯해 주요 사업장이 있는 경상북도 경산시, 충청남도 부여군 지역에서 지역 특성에 맞춘 다양한 공헌활동을 전개하고 있다.

대전광역시에서는 본사·연구원 임직원들이 매년 연탄 나눔, 김장 봉사, 헌혈 캠페인 등 지역 사회와 정서적으로 연결되는 활동을 지속하고 있다.

■ 대전 지역 아동보호시설 선물 전달

■ 부여 지역 수재민 돕기 물품 지원

한국조폐공사장배 크로스컨트리대회　　**화폐박물관 벚꽃 페스티벌**

화폐박물관을 거점으로 지역 사회 발전을 위한 다양한 활동을 이어가고 있으며, 매년 봄에 열리는 벚꽃 페스티벌에서는 지역 기업의 장터와 바자회를 마련해 판로 확대를 지원하는 한편 대전광역시 시민들에게 볼거리를 제공하고, 수익금은 지역에 기부하고 있다.

50년 역사를 자랑하는 '한국조폐공사 크로스컨트리대회'를 매년 봄에 개최해 지역 육상 꿈나무를 후원하는 한편, 어린이날을 비롯해 연말에는 사장이 산타클로스가 되어 지역 어린이 보호시설 천양원(대전광역시 유성구 소재) 아동들에게 선물을 전달하고 있다.

경상북도 경산시 화폐본부는 포도, 복숭아 등 지역 특산물을 기관 급식과 명절 선물로 구매해 지역 농가의 안정적 수익을 확보하는 데 기여하고 있다. 인근 아동센터 아이들과 가족들을 초청해 한국조폐공사의 화폐 제조시설을 직접 견학하고 체험할 기회도 제공하고 있다.

충청남도 부여군 제지본부에서는 부여 지역의 대표 특산물인 사과대추와 대추방울토마토, 표고버섯을 정기적으로 단체 구매해 지역 농산물의 소비를 촉진하는 대 기여하고 있다. 특히 2024년 집중호우로 피해를 입은 지역 주민에게는 긴급 생필품을 전달하며 위기 대응에도 발 벗고 나섰다.

부여군 지역 아동들을 초청해 문화재와 문화 공연 관람 프로그램도 꾸준히 운영하고 있다. 이는 단순한 나눔을 넘어 지역 아동들에게 자긍심과 문화적 감수성을 심어주는 활동 일환으로 지속적으로 추진할 계획이다.

이처럼 공기업의 사회공헌활동은 각 소관 지역의 특성과 필요를 고려해 설계하고 있으며, 지역 주민과의 일상적인 연결 속에서 의미를 더하고 있다.

공기업의 사회공헌은 기관만의 활동이 아니라 함께 살아가는 지역 사회를 위한 공동의 노력이다. 앞으로도 이런 작고 꾸준한 실천들이 지역에 따뜻한 변화를 만들어가기를 기대한다.

에피소드

대추방울토마토 한 상자에 담긴 공공의 책임

충청남도 부여군에는 한국조폐공사 제지본부가 있다. 이곳은 1958년 은행권 용지를 만들려고 설립한 후 1983년 대전광역시에서 부여군으로 이전해 지금까지 운영하고 있다. 현재는 화폐뿐 아니라 여권, 상품권, 각종 보안용 인쇄물에 쓰이는 특수 용지를 안정적으로 생산하는 핵심 사업장으로 자리 잡았다.

하지만 한국조폐공사가 부여군에서 하는 일은 단순히 종이를 생산하는 것만이 아니다. 공공기관으로서 지역과 함께 살아가기 위한 다양한 사회공헌 활동을 적극 실천하고 있다. 그중에서도 지역 농산물 구매를 통한 상생 노력은 대표적인 사례라 할 수 있다.

매년 명절이 다가오면 한국조폐공사는 선물 준비로 바쁘다. 직원과 고객, 협력사 등 주요 이해관계자들에 전달할 명절 선물 세트 안에는 부여군의 대추방울토마토, 사과

대추, 표고버섯 같은 지역 특산물을 담는다. 단순한 명절 인사를 넘어서, 이 선물에는 공공기관으로서 지역경제와 농촌 공동체에 기여하겠다는 의지를 고스란히 담았다.

■ 부여 대추방울토마토　　■ 부여 사과대추　　■ 부여 표고버섯

이와 함께 제지본부 구내식당에서도 부여군 지역 농산물을 적극 활용하고 있다. 제철 채소와 쌀, 과일 등을 지역 농가로부터 직거래로 구매해 급식에 활용함으로써 지역 농산물의 소비를 일상에서 실천하는 중이다.

제지본부 직원들은 부여중앙시장을 자주 이용하며 지역 소상공인과의 교류를 이어가고 있다. 부서에서 필요한 행사용 물품이나 사무실 간식 등을 시장에서 직접 구매해 사용하고 있으며, 이를 통해 공공기관 구성원들이 지역경제에 자연스럽게 참여하고 있다.

이런 활동이 실제로 지역에 어떤 의미가 있는지를 보여준 인상 깊은 사례가 있다. 몇 해 전, 부여의 한 대추방울토마토 농가가 봄철 냉해를 입었다. 판로가 막혀 속만 태우던 상황에서 한국조폐공사가 해당 농가에 대량 구매 요청을 넣었다. 한국조폐공사는 수백 상자 분량을 명절 선물로 활용했고, 농가는 "그 주문이 없었더라면 그해 수확은 모두 버렸을 것"이라고 말했다.

대추방울토마토 한 상자가 단순한 상품을 넘어, 농가에는 생계의 숨통이 되었고, 한국조폐공사에는 공공의 책임을 실천하는 의미 있는 선택이 되었다.

공공기관의 사회공헌은 때로는 거창한 사업보다 지역과 함께하는 작은 실천에서 더 큰 의미가 있다. 대추방울토마토 한 상자에 담긴 마음처럼 공공의 책임은 작지만 꾸준하게 이어지고 있다.

박물관도 운영하는 공기업들

　　박물관은 단순히 유물을 전시하는 공간을 넘어, 사회적 기억과 국가적 정체성을 보존하는 중요한 문화 장치다. 일반적으로 국립 박물관이나 사립 박물관이 주도적인 역할을 맡지만, 산업과 공공 분야의 역사와 기술을 집약적으로 보여주는 데는 공기업이 운영하는 박물관의 역할과 필요성이 더욱 커진다.

　　한국전력공사 전기박물관, 한국철도공사 철도박물관, 한국조폐공사 화폐박물관은 대표적으로 공기업이 운영하는 박물관이다.

　　이들 박물관은 단순히 기업의 홍보 수단을 넘어, 해당 산업과 공

■ 한국전력공사 전기박물관

■ 한국철도공사 철도박물관

공 서비스가 국민 생활 속에서 어떤 의미를 지니고 발전해왔는지를 보여주는 역사적 기록 공간이다. 나아가 국민에게는 산업 발전에 대한 이해와 자부심을 심어주고, 지역 사회에는 문화적·경제적 활력을 불어넣는다.

공기업 박물관의 역할 ① 문화유산의 보존

전기·철도·화폐 등은 국민 생활과 직결되는 동시에 기술 발전과 시대 변화에 따라 빠르게 변모해온 분야다. 만약 공기업이 직접 나서서 유산을 기록하고 보존하지 않는다면, 중요한 역사적 흔적들이 소실될 위험이 크다.

한국전력공사는 2001년 8월 전기 역사의 체계적인 보전과 전력 문화에 관한 이해를 확산하기 위해 전기 전문 박물관을 개관했다. 우리나라 전력 산업의 태동부터 현대화 과정을 망라하며 발전기, 송전 기술, 가전제품 등 다양한 전기 관련 유물을 전시하고 있다.

한국철도공사 철도박물관은 증기기관차부터 KTX에 이르는 철도 교통수단의 진화를 보여준다. 한국조폐공사 화폐박물관은 조선시대 상평통보부터 현대의 위조 방지 기술을 적용한 지폐와 기념주화까지 아우른다.

이들 유물은 단순한 산업 기술의 산물이 아니라 국민 생활과 직결된 역사의 기록이다. 이처럼 공기업 박물관은 산업사(產業史)의 공적 아카이브로서 학술 연구와 문화 교육에서 핵심 역할을 한다.

공기업 박물관의 역할 ② 국민 교육과 체험의 장

공기업이 운영하는 박물관은 국민 교육과 체험의 장이 되어준다. 일반 국민은 일상에서 전기·철도·화폐를 늘 접하지만, 원리나 기술적 배경을 깊이 알기는 어렵다. 박물관은 이런 내용을 시각화·체험화해 쉽게 이해할 수 있도록 돕는다.

전기박물관의 '전기 원리 체험관', 철도박물관의 '기관사 시뮬레이터', 화폐박물관의 '나만의 화폐 만들기' 프로그램이 대표적이다. 이런 체험형 학습은 어린이와 청소년에게 과학적 호기심과 직업적 영감을 제공하며, 성인에게는 산업 기술의 가치를 재인식하게 한다.

공기업 박물관은 공공성을 바탕으로 운영하므로 사회적 가치를 확산하는 데도 기여한다. 단순히 기업의 성과를 과시하는 홍보의 장이 아니라 국가 발전 과정에서 공기업이 수행해온 사회적 책무를 투명하게 보여줌으로써 국민과의 신뢰를 강화한다.

공기업 박물관의 역할 ③ 문화 외교의 무대

이들 박물관은 국가 브랜드를 높이는 문화 외교의 무대가 되기도 한다. 해외 외교 사절단, 국제 학계 인사, 외국인 관광객은 박물관을 통해 해당 산업과 국가의 문화적 수준을 직관적으로 체험할 수 있다.

한국조폐공사 화폐박물관은 대한민국의 화폐 제작 기술을 소개함으로써 위조 방지 기술과 정밀 제조 역량을 국제적으로 알리는 창구가 된다. 이는 곧 기술 수출과 국제 신뢰로 이어진다. 철도박물관은 KTX로 대표되는 고속철도 기술의 진보를 소개하며, 전기박물관은 한국의 전력 인프라와 친환경 에너지 전환 노력을 전시함으로써 국가 이미지 제고에 기여한다.

이런 박물관 전시 활동은 단순한 관광 자원 이상으로 문화 외교와 국가 경쟁력 강화라는 측면에서 의미가 크다.

공기업 박물관의 역할 ④ 지역 사회와의 상생 거점

공기업 박물관은 지역 사회와 상생하는 거점이 된다. 대부분의 공기업 박물관은 수도권이나 지방 주요 도시에 있어 지역 경제와 문화 발전에 긍정적 효과를 미친다. 박물관을 찾는 관람객은 인근 상권을 이용하고, 이는 자연스럽게 지역 경제 활성화로 이어진다.

박물관은 지역 주민과 함께하는 다양한 프로그램을 운영한다. 지역 학생들을 위한 교육·견학, 지역 축제와 연계한 전시, 지역민 무료 개방 행사 등이 대표적이다. 이는 박물관이 지역 주민과 분리된

■ 한국조폐공사 화폐박물관

■ 화폐박물관 어린이 금융·화폐 교육

공간이 아니라 지역문화 생태계에서 함께 호흡하는 공공 자원임을 보여준다.

공기업 박물관의 역할 ⑤ 단순 홍보를 넘어선 국민적 자산

공기업 박물관은 단순한 홍보를 넘어선 국민적 자산이다. 공기업이 박물관을 운영하는 이유는 단순한 기업 홍보를 넘어선다. 곧 산업 문화유산의 보존, 국민 교육과 사회적 가치 확산, 국가 이미지 제고, 지역 사회 상생이라는 다층적 의미를 담고 있다.

이런 역할은 민간기업이 운영하는 홍보관이나 전시장과는 본질적으로 다르다. 공기업 박물관은 공공성을 기반으로, 국민 누구나 누릴 수 있는 문화 공간으로서 기능한다.

결국 공기업 박물관은 산업의 역사를 기록하고, 현재의 가치를 공유하며, 미래를 상상하게 하는 국민 자산이다.

에피소드

10살 아이 첫 경제교육, 한국조폐공사 덕분에 가능했어요

"엄마, 진짜 돈은 어떻게 만들어져?"
10살 아들이 어느 날 진지하게 물었다. 용돈은 받지만 정작 '돈'에 대해 제대로 배운 적이 없다는 것을 그제야 깨달았다. 경제를 어렵지 않게, 재미있게 알려줄 방법을 고민하다가 지인의 추천으로 한국조폐공사 화폐박물관을 찾았다.
아이의 손을 잡고 박물관에 들어서는 순간, 두 눈을 반짝이며 이곳저곳을 둘러보던 모습이 아직도 생생하다. 조선시대 엽전부터 현재 우리가 쓰는 화폐와 그 안에 숨어 있는 위조 방지 기술까지 다양한 전시물이 단순한 '돈' 이상의 이야기를 담고 있었다.

그중 화폐경제교육 프로그램이 인상적이었다. 단순히 돈을 어떻게 쓰는지만 알려주는 것이 아니라 돈을 계획하고 나누는 법을 퀴즈와 게임으로 배울 수 있었다. 아이는 나와 함께 참여한 다른 가족들과 팀을 이뤄 '나만의 화폐'를 만들어보기도 하고, 용돈을 어떻게 관리할지 직접 시뮬레이션을 해보는 활동을 통해 '돈은 그냥 쓰는 것이 아니라 계획하고 나눌 줄 알아야 한다'라는 메시지를 자연스럽게 배웠다.

용돈을 어디에 써야 할지, 꼭 필요한 소비는 무엇인지 고민해보는 활동은 아이에게도, 나에게도 큰 깨달음이었다. 아이가 집으로 돌아오는 길에 "엄마, 나 이제 용돈기입장 써볼래!"라고 말했을 때는 속으로 뭉클하기까지 했다.

나중에 안 사실이지만 이 프로그램은 한국조폐공사가 공익사업의 일환으로 운영하는 무료 교육이었다. 국민 모두가 화폐의 가치를 이해하고 경제적 자립성을 키울 수 있도록 도와주는 사회공헌활동의 일환으로 2024년도 대한민국 경제교육대상을 받았다는 소식에 고개가 절로 끄덕여졌다.

그날 이후, 우리 가족은 매달 한 번씩 '가족 경제회의'를 연다. 아이가 스스로 소비계획을 세우고 저축하는 모습을 볼 때마다 한국조폐공사 덕분에 우리 가족이 함께 성장하고 있다는 것을 느낀다.

공기업,
민생에 숨을 불어 넣다

최근 미국의 자국 보호무역주의 관세 정책과 고물가·고금리 장기화로 인한 경기 불황이 지속되는 가운데, 우리 정부는 민생회복 소비쿠폰, 상생페이백* 등 다양한 경제정책을 통해 내수 소비를 진작하고 소상공인의 매출 증대와 금융 부담을 완화하는 민생경제를 회복하는 데 총력을 기울이고 있다. 이런 정부정책 기조하에서 공공부문은 어떤 역할을 하고 있을까?

공공부문의 민생 회복을 위한 노력

한국은행은 가계부채와 물가안정을 위해 금리와 유동성을 관리하고, 금융위원회는 서민금융 공급 확대와 소상공인 카드수수료 인

---

* 민생경제 회복, 소비 진작을 위한 지급형 금액 상품권과 전년 대비 늘어난 소비 증가분에 대해 디지털 온누리상품권으로 환급해주는 정책이다.

하 등 민생 부담 완화를 위한 금융 경감 제도를 개선한다. 한국산업은행, 신용보증기금 등 정책 금융기관들은 다양한 투자·대출 상품 개발과 소상공인 신용 보증 프로그램을 운영하고 있다.

이처럼 공공 금융기관들이 민생 회복 정책들을 마련하면 한국조폐공사는 이런 정책들을 신속하고 투명하게 국민에게 전달할 수 있도록 공공 지급 수단의 '고속도로' 역할을 하고 있다.

1960년대 경제개발을 위해 철도 기반의 거점지역 운송 중심에서 전국 곳곳을 연결하는 '경부고속도로'를 건설했듯이 한국조폐공사는 경제정책이 소비자와 소상공인 개개인들에게 디지털 '가치'를 전달할 수 있도록 새로운 공공 결제 플랫폼을 만드는 것이다.

전통 시장을 살린 한국조폐공사의 따뜻한 결제 혁신

한국조폐공사가 디지털 '가치'를 전달할 수 있는 플랫폼을 구축하는 것은 화폐를 제조하고 공급해왔던 업무와도 일맥상통한다.

화폐가 기존의 전통 경제 전반에 '가치'를 전달하는 혈액 같은 역할을 해왔다면 한국조폐공사의 공공 결제 플랫폼은 최근 IT 기술이 발전하면서 디지털화된 생산·소비·유통 환경에서도 동일한 역할을 하고 있다. 이는 한국조폐공사 본연의 업무에 대한 대표적인 디지털 전환(DX) 성공 사례라 할 수 있다.

2009년 중소기업청(현 중소벤처기업부)은 온누리상품권을 최초로 발행하면서 전통 시장을 보호하고 상인·자영업자들의 매출을 향상하기 위한 정책을 추진했다.

한국조폐공사는 소상공인과 소비자들이 사용하기 편리하고, 화폐의 보안 기술을 적용해 위·변조가 없는 지류형 온누리상품권을 최초로 제조하고 공급하기 시작했다. 이는 한국조폐공사가 단순히 화폐만 제조·공급하는 것이 아니라 소상공인을 포용하는 금융정책의 첫 '가치' 전달 수단을 제공하게 된 것이다.

IT 기술은 디지털 환경에 취약했던 전통 시장도 점점 빠르게 변화시켜갔다. 전통 시장 내 시설의 현대화는 물론 신용카드와 모바일 결제 등 새로운 디지털 결제 수단을 도입하는 데 대한 젊은 소비자들의 니즈가 증가했으며, 이런 요구를 수용하기 위해 온누리상품권 또한 변화가 필요했다.

민생 경제의 '디지털 혈관'을 잇는 한국조폐공사

한국조폐공사는 지방자치단체 82개의 지역화폐를 제공하고 있는 공공 결제 플랫폼인 '착(chak)'에 이어 2025년 3월에 전국 곳곳의 전통 시장과 소상공인의 골목상권에 사용할 수 있는 디지털 통합 온누리상품권 플랫폼을 출범했다.

기존 온누리상품권에 대한 모바일 QR결제와 카드 결제를 분리해 운영했던 시스템을 모바일 앱으로 통합하고, '소상공인도 곧 소비자'가 될 수 있도록 모바일 앱에서 소비자 기능과 가맹점주 기능을 개선, 통합해 편리성을 더했다.

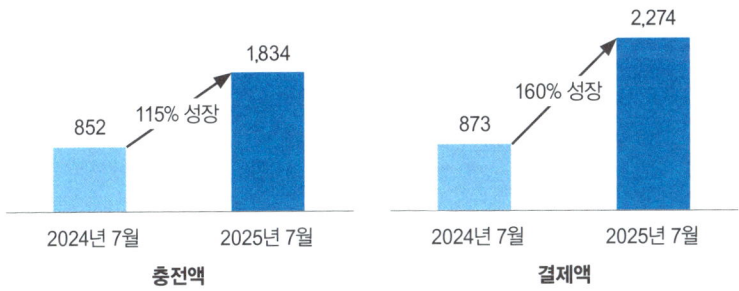

디지털 온누리상품권 충전액과 결제액 성장률

(단위: 억 원)

충전액	결제액
852 → 1,834 (115% 성장)	873 → 2,274 (160% 성장)
2024년 7월 → 2025년 7월	2024년 7월 → 2025년 7월

이런 변화는 서비스를 오픈한 후 불과 몇 개월 만에 성과로 이어졌다. 2025년 7월 기준, 디지털 통합 온누리 회원 수는 263만 명으로 증가했다. 상품권 월 충전액은 1,834억 원, 결제액은 2,274억 원으로 각각 전년 동기 대비 115%, 160% 성장했다. 소비자에게는 더 많은 혜택을 제공함으로써 소비 진작을 유도하고, 전통 시장과 골목상권 소상공인에게는 매출 향상으로 이어지는 효과를 봤다.

디지털 온누리상품권은 폭발적인 성장을 거듭하고 있지만, 디지털 상품권 결제 플랫폼을 넘어 정책수당 등 경제정책의 '가치'를 온전히 국민 개개인에게 전달할 수 있는 공공 지급 수단으로 발전하려면 지속적인 혁신이 필요하다.

민생회복 소비쿠폰 같은 그간의 다양한 대국민서비스(G2C) 경제정책은 시행할 때마다 진통이 따르곤 했다. 한국조폐공사를 포함한 신용카드사, 각종 페이사 등의 협력을 통해 신속하게 사업을 완수했지만 매년 행정 처리 등 불가피한 준비 시간과 과정을 고려하면 이제는 한국조폐공사가 구축하고 있는 공공 정책 전달의 '고속도로'를 건설하는 데 박차를 가해야 한다.

이는 전력을 전국 곳곳에 공급하는 전력망과 같이 국민의 생활과 소상공인 활동을 편리하게 뒷받침할 수 있는 '디지털 SOC 사업'* 으로 추진해 정책 자금의 신뢰성과 투명성을 보장하고, 행정비용을 줄이며 정책의 '가치'를 전국 곳곳에 전달할 수 있는 핵심 공공재의 역할을 하게 될 것이다.

2025년 추진한 특별재난지역 디지털 온누리상품권 환급 사업은 이런 공공재를 활용해 산불재해와 집중호우로 피해를 입은 개별 지방자치단체를 대상으로 소비 진작 정책을 신속하게 시행하는 대표적인 사례라 할 수 있다.

디지털 온누리상품권 플랫폼의 미래 예시

| 공공 상품권 | 정책 수당 | 정책 알림 |

공공 데이터 오픈 API 제공

소비자	소상공인	쇼핑몰, 배달앱	공공기관, 제휴사
맞춤형 소비정보 제공	상권정보, 소상공인 정책자금	소비 플랫폼으로의 연계	전기, 교통요금 등 납부 연동

* 디지털 사회간접자본으로 국가가 AI, 빅데이터, 클라우드 등 IT 기술을 접목한 사회적 기반 시설로 국가의 경제·사회 혁신을 지원하는 사업이다.

지역에 돈이 돌면 나라가 산다

"지역이 살아야 국가가 산다"라는 말이 단순한 구호에 그치지 않는 현실이 되고 있다. 수도권으로의 인구 집중이 가속화되면서 지방 소도시들의 상권이 급속도로 위축되고 있는 지금, 한국조폐공사가 자체 개발한 '착'이 지역경제 위기의 해법으로 주목받고 있다.

'착'의 탄생에는 절박한 현실적 배경이 있다. 2020년 코로나19 팬데믹으로 지역 소상 공인들이 큰 타격을 받으면서 정부는 긴급재난지원금을 지역사랑상품권 형태로 지급하기 시작했다.

그러나 기존 종이상품권은 분실 위험과 부정 유통 문제, 사용처 확인의 어려움 등 한계가 명확했다. 이런 문제를 해결하기 위해 한국조폐공사는 2019년부터 블록체인 기반의 디지털 지역화폐 서비스 '착'을 개발·운영하게 되었다.

'착'은 단순한 결제 앱이 아닌 지역경제 생태계를 근본적으로 변화시키는 플랫폼이다. '지역 내 소비 선순환' 시스템을 핵심 특징으로 꼽을 수 있다. 발행한 상품권이 해당 지역 내에서만 쓰이도록 설계해 외부로의 자금 유출을 원천 차단한다.

예를 들어 군산시에서 발행한 군산사랑카드로 충전한 상품권은 군산시 지역 가맹점에서만 결제가 가능해 지역 소상공인의 매출이 증대하고 상권이 활성하는 데 직접적으로 기여한다.

이와 함께 지방자치단체는 '착'을 통해 정책 목적에 맞는 인센티브를 효과적으로 설계하고 집행할 수 있다. 선할인, 캐시백, 정책수당 등을 손쉽게 운영하며, 스마트폰 앱을 통한 편리한 카드 발급과 상품권 충전 기능을 제공한다. 거래 데이터를 실시간으로 수집·분석해 정책 효과를 객관적으로 평가할 수 있는 기반을 마련한다는 점이 중요하다.

'착'의 신뢰성은 블록체인 기술에서 나온다. 모든 거래 기록을 위·변조 없이 저장하며 발행부터 유통, 정산까지 전 과정을 실시간으로 모니터링해 부정 유통과 부정 수급을 방지한다. 국가정보원 보안심사를 통과하고 정보보호관리체계(ISMS) 인증을 획득한 강력한 보안 체계를 갖춰 사용자들의 개인정보 보호와 거래 안전성을 보장하고 있다.

현재 '착' 플랫폼을 통해 지방자치단체 82개와 공공기관에서 지역사랑상품권을 발행하고 있다. 강원도 철원군의 '철원사랑상품권'부터 전라남도 완도군 '완도사랑상품권'까지 전국 각지의 지방자치단체가 '착'을 활용해 지역경제 활성화에 나서고 있다. 특히 코로나19 이후 급증한 지역사랑상품권 수요를 안정적으로 처리하며 공공 디지털 인프라로서 할 수 있는 역할을 입증했다.

'착'은 지역사랑상품권을 넘어 종합 공공플랫폼으로 진화하고 있다. 택시·배달앱 결제, 복지수당, 문화·체육·건강바우처 등 생활밀착형 서비스를 결합해 시민들의 일상에 더욱 가까이 다가가고 있으며, 다양한 이벤트와 프로모션을 통해 소비자 참여를 확대하고 있다. 사용자들의 앱 이용률도 꾸준히 증가하고 있다.

이런 성공은 가맹점 네트워크를 탄탄하게 구축하는 데서 출발했다. QR·카드 결제 환경 구축 지원, 가맹점 표지물 부착, 결제 서포터스 활동을 통한 교육 지원 등으로 가맹점을 지속적으로 확대해왔다.

전통 시장뿐 아니라 골목상권, 생활 서비스 업종까지 확장해 시민들이 일상생활에서 편리하게 이용할 수 있는 환경을 조성했으며, 서비스 안정성 면에서도 자체 데이터센터 운영으로 장애 대응체계를 확립하고 금융 보안 규격을 준수하며 개인정보 보호를 강화해 사용자들의 신뢰를 확보했다.

미래를 향한 '착'의 비전은 통합 공공 서비스 플랫폼이다. 지역사랑상품권, 정책수당, 각종 디지털 바우처를 앱 하나, 계정 하나로 관리·이용할 수 있도록 UI/UX를 지속적으로 개선하고 있어 시민들은 여러 앱을 설치할 필요 없이 '착' 하나로 모든 공공 서비스를 이용할 수 있게 될 것이다.

정책 측면에서는 저출산, 물가 안정, 골목상권 보호 등 정부·지방자치단체의 정책목표에 따라 선할인·캐시백·정책수당을 세분화해 정책 효과를 극대화할 계획이다.

예를 들어 출산 장려 정책 일환으로 영유아용품 구매 시 추가 할인을 제공하거나 전통시장 이용 시 더 높은 캐시백을 지급하는 방식으로 정책의 실효성을 높일 수 있다.

나아가 '착'이 축적하는 거래 데이터는 그 자체로 중요한 정책 자산이 되고 있다. 지역별 소비 패턴과 업종별 매출 변화를 분석해 지방자치단체별 맞춤형 경제 활성화 전략을 제안할 예정이며, 빅데이터 분석을 통해 어느 지역의 어떤 업종이 활성화되고 있는지, 어떤 정책이 실제로 효과를 보고 있는지를 객관적으로 평가할 수 있게 될 것이다.

'착'은 단순한 결제 도구를 넘어선 국가 공공경제 플랫폼으로 자리 잡고 있다. 지방 소멸 위기가 심각해지는 현 상황에서 '착'은 지역 경제에 새로운 활력을 불어넣는 디지털 심장 역할을 하고 있다.

'지역이 살아야 국가가 산다'라는 신념 아래, 앞으로도 '착'은 모든 국민의 공공자산으로서 지역 경제를 활성화하는 데 든든한 동반자로 발전해 나갈 것이다.

지역의 심장을 뛰게 하는 공기업

공기업이 지방으로 이전하면 해당 지역의 경제성장과 인구 유입, 지역 고용 창출과 주거 수요 증가, 소비 활성화 등에 긍정적인 영향을 미친다. 특히 일자리 창출 측면에서 공공기관이 지방으로 이전하면 직접고용, 간접고용, 생활 서비스 고용, 지역 인프라 투자에 따른 고용 등 다양한 경로로 일자리 창출 효과를 불러일으킨다.

사람이 모이고, 도시가 살아 숨 쉬는 공기업 이전 효과

대표적인 사례로 전라남도 나주시를 들 수 있다. 2014년 한국전력공사가 이전하면서 단순한 농업 도시였던 나주시는 에너지 분야 중심의 공기업 집적지로 변모했다.

한국전력공사를 필두로 한전KPS, 한전KDN, 전력거래소 등 주요 에너지 공기업이 동반 이전해 에너지 산업 생태계의 기반을 구축했다. 그 결과, 에너지 특화 클러스터를 조성하고 스타트업이 활성화하면서 지역 내에 기술에 기반한 창업이 활발해지고 있다.

최근 5년간(2021~2025년) 212억 원 규모의 프로젝트를 추진했고 나주시 강소특구에는 신생기업을 48개 설립하고, 공공기술이전을 106건 했으며, 연구소 기업을 20개 설립했다.[*]

한국조폐공사 역시 1987년 대전광역시의 대표적인 R&D 허브인 대덕연구단지 내에 자리 잡고, 인근 정부출연 연구기관들과 협력해 지역 내 혁신과 산업 생태계를 조성하는 데 중요한 역할을 하고 있다.

지역 창업 생태계의 중심 허브, 공기업

최근에는 기후위기 극복과 경제 활성화를 위해 녹색경영·기후기술 분야, AI 기반 ICT 분야 창업기업을 발굴하고 지원하고 있다. 공공기관을 허브로 지역 창업을 활성화하면 다양한 스타트업 기업의 기술개발을 확대할 수 있고, 영업활동을 통해 부가가치와 일자리를 창출해 지역경제 발전으로 이어진다.

한국조폐공사는 본사에 지역창업기업 인큐베이팅 공간인 상생협력센터(KOMBI CENTER)[**]를 2019년부터 운영하고 있다. 상생협력센터는 전용면적 총 180㎡(54.45평)에 입주기업 전용사무실 4개로

---

[*] 이창우, 〈뉴시스〉, 2024년 3월 11일 자
[**] 한국조폐공사와 창업기업이 짝(콤비)을 이뤄 상생 협력하겠다는 의미를 담았다.

구성했으며 지역창업기업에 무상으로 임대해 현재까지 총 25개 사가 입주해 사업의 발판으로 활용하고 있다.

서울로 가던 꿈, 이제 지역에서 피어나다

우수한 인재가 유출해 소멸 위기를 맞고 있는 지역경제를 활성화하려고 지방 소재 공기업들은 지역 대학교와 협력해 혁신적 지역인재 양성과 고용 창출, 학생 창업을 활성화하는 데도 힘쓰고 있다.

현실적으로 지방 재정 여건은 열악하다. 지방 재정 자립도를 보면 서울특별시가 79.8%로 가장 높지만, 전국 평균은 48.6%에 불과하며, 대전광역시는 45.3%로 전국 평균보다 낮다. 창업기업 수도 전국 8,014개 중 서울특별시와 경기도가 4,666개를 차지하는 반면, 다른 지역 전체가 3,438개에 그쳐 수도권 집중 현상이 뚜렷하다.

한국조폐공사는 이런 현실을 개선하려고 지역 거점 대학인 충남대학교, 한국과학기술원(KAIST)과 산학협력을 통해 혁신적 학생창업가를 적극 지원하고 있다.

2024년에는 충남대학교와 공동으로 '제5회 창업아이디어 경진대회(C.N.U. VILL)'를 개최해 우수한 학생 창업팀 3개에 장학금을 수여했다.

2025년 제2회 대한민국 학생창업주간을 맞아 충남대학교에서 '2025 창업교육혁신선도대학(SCOUT) 충청권 학생창업 경진대회'를 열었다. 이 대회에 충청권 12개 대학교 23개 팀이 참가해 8개 팀을 선정했다. 수상팀에는 상금과 상생협력센터 입주 혜택을 제공한다.

　이처럼 공기업이 지역 창업 생태계의 핵심 축 역할을 하며 지역경제를 활성화하고 균형적으로 발전하는 데 기여하고 있다. 앞으로도 공공기관과 창업기업 간의 상생협력이 더욱 확대되어 지속 가능한 지역 발전의 동력이 되기를 기대한다.

화폐보다 값진 아이디어

한국조폐공사는 SCOUT 충청권일반대사업단과 함께 제2회 대한민국 학생창업주간을 맞이해 충남대학교에서 '2025 SCOUT 충청권 학생창업 경진대회'를 성공적으로 열었다.

대한민국 학생창업주간은 교육부와 과학기술정보통신부가 주최하는 국내 최대 규모의 학생창업 관련 행사로, 2025년 2회를 맞아 충남대학교에서 열렸다. 이번 충청권 SCOUT 학생창업 경진대회는 한국조폐공사와 충남대학교가 산학협력을 통해 공동 기획했으며, 충청권 대학(원)생들의 혁신적인 창업 아이디어를 발굴하고 지역 창업 생태계를 활성화하려고 마련했다.

경진대회에는 총 23개 팀이 참가해 서류심사와 결선을 거쳐 수상팀을 8개 선정했다. 한국조폐공사 사장상은 '시각장애인을 위한 휴대용 웨어러블 점자 디스플레이'를 제안한 빛나온팀(순천향대학교)이, 최우수상인 SCOUT 충청권일반대사업단장상은 '반려동물 털 미네랄 분석 기반 맞춤형 영양제 추천 및 구독 서비스'를 주제로 발표한 시니어펫연구소팀(충북대학교)이 수상했다. 그 밖에도 호담팀(건국대학교 글로컬캠퍼스)과 AXINVENT팀(KAIST)이 우수상을, 고슴컴퍼니팀(충남대학교), 미데올로그팀(청주대학교), 츄파시팀(충북대학교), 클랩팀(충남대학교)이 각각 장려상을 받았다.

한국조폐공사는 앞으로도 대전광역시를 넘어 충청권 대학생들을 대상으로 하는 창업 활성화 프로그램을 지속적으로 운영하며, 지역의 혁신적 학생 창업가를 발굴·육성하고 이들이 지역 사회에 성공적으로 정착할 수 있도록 체계적인 지원을 이어갈 계획이다.

출처 : 한국조폐공사

사막의 오아시스가 되어준 상생협력센터 입주 후기

한국조폐공사 상생협력센터에 입주한 엑시벤트(AXINVENT)는 KAIST 딥테크 기반 학생창업기업이다. '비전 기반 이상 탐지 솔루션'을 기반으로 농업 생산 시장의 인공지능 전환을 이끌고 있다.

상생협력센터는 우리에게 '사막의 오아시스' 같은 존재라고 할 수 있다. 일반적으로 학생창업은 장기간의 기술개발에 필요한 안정적인 연구 공간을 확보하는 일이 어렵고, 딥테크에 기반한 스타트업은 자본과 공간 문제로 인해 초기 준비 단계를 버텨내기가 매우 힘들다.

실제로 창업 초기 단계에서 개발 공간을 찾지 못해 학교 내 빈 공간을 전전하거나 소규모 공유오피스를 옮겨 다니며 개발하는 데 어려움을 많이 겪었다. 마지막 임시 공간마저 사용 기한이 만료되어 사업 포기를 고려하던 중에 우연히 상생협력센터 입주 공고를 발견하고 지원했다.

다른 창업 지원기관들이 투자 실적, 프로그램 참여 이력, 매출액 등 정량적 지표 중심으로 선정하는 것과 달리 상생협력센터는 우리의 기술력과 가능성, 팀의 역량을 종합적으로 평가한다. 면접 과정에서 처음으로 기술적 비전에 대한 진정한 인정을 받을 수 있었던 일은 지금도 잊을 수 없다.

입주한 후 안정적인 개발 환경을 확보하면서 본격적인 기술 개발에 매진할 수 있었다. 24시간 접근 가능한 개발 환경과 한국조폐공사의 철저한 보안 시스템 덕분에 연구원들이 안심하고 집중적으로 개발에 임할 수 있었다.

이런 안정적 기반을 바탕으로 특허출원, 연구 성과를 창출하면서 초기 2명으로 시작한 팀이 전문 연구원 15명으로 성장할 수 있었다. 상생협력센터의 체계적 관리 시스템과 한국조폐공사의 다양한 지원을 통해 홍보·노무·법무 등 전반적인 경영 역량도 강화할 수 있었다.

중소벤처기업부 기술보호울타리 지원사업에 참여할 수 있도록 독려해줘서 기술을 개발하는 과정에서 놓치기 쉬운 보안 분야까지 체계적으로 관리할 수 있었다. 상생협력센터는 이렇게 창업지원 기관으로서 충분한 역할을 해주었다.

앞으로 초기 시드(Seed) 투자 유치와 팁스(TIPS) 선정, 특허 등록뿐만 아니라 실제 농가에 적용해 매출을 창출할 계획이다. 동북아시아와 동남아시아 농업 시장으로 진출해보고 싶다.

출처 : AXINVENT

PART 4

'조직문화 혁신', 공기업에 새바람을 일으키다

Chapter 16

조직문화는
왜 중요한가

MZ세대와 함께 변하고 있는 공기업 조직문화

어떤 조직의 문화는 직접 경험해보지 않고는 정확하게 알기 어렵다. 공기업 하면 '철밥통', '신의 직장'이라는 이미지가 강했다. 일은 별로 하지 않으면서 월급은 꼬박꼬박 받아가는 이미지다. 그러나 조직이 기능하려면 누군가가 놀고 있다면 누군가는 열심히 일하는 사람이 반드시 존재하기 마련이다.

유연해진 철밥통

공기업에 관심 있는 취업준비생이 있다면 공공기관 알리오 경영공시를 통해 각 기관의 평균 급여 수준, 남녀 간 급여 차이, 성장성 등을 쉽게 알 수 있다. 공기업 취업 준비 커뮤니티나 공개 블라인드에 올라오는 글들을 보면 더 세부적인 공기업 정보를 알 수 있기도 하다.

MZ세대가 공기업에 대해 가지고 있는 보편적인 이미지는 아마도 '워라밸 추구', 사기업에 비해 '경직된 조직문화' 정도일 것이다.

공기업의 워라밸이 평균적인 사기업보다는 낫겠지만 절대적인 것은 아니다. 주 52시간 근무제로 인한 '저녁이 있는 삶'은 우리나라의 직장 문화를 전반적으로 바꾸었고, 이는 공기업과 사기업에 공통으로 일어난 변화일 것이다.

공기업이 사기업에 비해 상대적으로 수직적이고 경직된 조직문화였던 것도 일정 부분 사실로 볼 수 있다. 1980년대 초까지도 군 출신들을 공공기관 사장과 감사로 임명했고, 군대식 운영을 벗어나지 못해서다. 그러나 이제는 세대교체로 공기업 조직 구성원이 변했고, 획일적이고 비합리적인 규율들도 대부분 폐지했다.

공기업의 조직문화는 시대의 변화 말고도 조직의 생존전략과 관련이 깊다. 같은 일을 반복해도 되는 공기업은 특별히 변할 이유가 없고 과거의 문화를 어느 정도 유지할 필요도 있겠으나 사업 여건이 크게 변하는 상황에 놓인 공기업은 과거처럼 일하다가는 문을 닫게 될 수도 있다. 시대 변화에 맞춰 살아남기 위해 공기업의 조직문화도 변하고 있다.

안정만 좇다가는 문 닫는다

사기업이 성과를 내려면 뒷받침하는 조직문화가 중요한 것으로 알고 있지만, 공기업은 안정적인 운영이 최우선이기에 조직문화는 그리 중요하게 여기지 않을 것이라고 생각한다.

공기업은 서비스를 안정적으로 공급하고, 사회적 문제를 일으키지 않기 위해 정해진 절차에 따라 일하는 것이 가장 중요했다. 그래서 자연스럽게 위계적 조직문화가 형성됐다.

좋은 사업 기회를 발견했다 해서 공기업이 시장에 함부로 진출해 투자할 수 없고, 수익을 추구한다고 하더라도 민간의 영역을 침범하지 않도록 법령이 정한 범위 내에서만 할 수 있었다.

그런데 세상이 바뀌면서 공기업의 서비스에 대한 정부와 국민의 요구수준은 높아지고 있고, 공기업도 과거의 절차와 기준대로만 일하다가는 생존까지 위협받게 되었다.

한국도로공사는 도로 위에 녹색과 분홍색 페인트를 칠해서 혁신 우수사례로 평가받았다. 종이 지도를 보고 운전해야 한다면 표지판이나 하나 더 달지 쓸데없이 도로에 페인트를 부었다고 비판을 받았겠지만, 내비게이션이 일상화하면서 좋은 평가를 받고 있다. 사람들이 내비게이션만 보고 운전하므로 자칫 차로 하나 잘못 진입했다가 사고가 날 위험이 커졌기 때문이다.

창의성과 도전이 생존을 위한 과제가 된 공기업도 있다. 대한석탄공사는 에너지 공기업으로 전환할 기회가 있었겠지만, 석탄 자체에 메어 있다가 위기를 맞았다.

한국조폐공사는 지폐와 동전 사용이 줄면서 경영 위기를 겪었지만, 화폐 제조 기능을 디지털로 전환하고, 화폐 사업의 절반을 수출 사업으로 메우면서 오히려 성장하고 있다. 한국부동산원도 감정평가 업무 중심에서 부동산 통계 중심으로 업무 구조를 변화시켰다.

업무가 변하면 조직의 문화도 변할 수밖에 없다. 해오던 대로 일 하다가는 새로운 사업에서 성공할 수 없다. 새로운 사업으로 전환을 모색하는 공기업은 자연스레 새로운 아이디어를 요구하는 '혁신 문화'가 필요하고, 유연성과 창의성이 중요한 요소가 된다.

에피소드

한국조폐공사의 조직문화는 몇 점?

공기업의 조직문화를 수치화한 객관적인 자료는 찾기 어렵지만 국민권익위원회가 매년 시행하는 공공기관 청렴도 평가 중에 '부당 지시'나 '갑질 행위' 같은 조직문화 관련 항목을 통해 어느 정도 가늠해볼 수 있지 않을까 한다.

2024년 공공기관 청렴도 평가 득점 결과

구분	한국조폐공사	전체 평균	차이
부당 지시 여부	79.1	68.7	+10.4
갑질 행위 여부	71.6	59.9	+11.7

더불어 한국조폐공사는 매년 조직문화와 관련해 내부 직원들을 대상으로 자체 설문 조사를 하고 있다. 2025년 조사 결과 중 점수 상위 5개 문항을 소개해본다.

조직문화 설문 점수 상위 5개 문항

구성요소	문항내용(의미)	2025년	2024년
개인존중	우리 공사는 안전한 작업환경을 갖추고 있다.	3.280	3.141
자부심	나는 우리 공사에서 계속 일하고 싶다.	3.238	3.206
개인존중	우리 공사는 직장생활과 개인생활이 조화를 이룰 수 있도록 직원들을 배려하고 있다.	3.125	3.035
동료애 및 재미	우리 공사의 분위기는 친근감이 있다.	3.107	3.053
동료애 및 재미	우리 공사는 새로 입사하는 사람들이 편안하게 느낄 수 있도록 배려하고 있다.	3.095	3.029

공기업이 변화를 주저하는 이유

공기업은 본래 공공의 이익을 우선해야 하는 조직으로 설계했음에도 불구하고 정부는 이를 효율적이고 성과 중심으로 운영하기를 원한다. 효율성과 수익성을 강조하면서도 공익을 우선하라는 요구는 공기업이 영원히 해결하기 어려운 숙제다.

이처럼 서로 다른 두 잣대가 공존하는 환경은 필연적으로 '책임'의 문제를 수면 위로 끌어올린다. 어떤 성과를 내더라도 '공익'과 '효율'이라는 두 기준 중 하나를 완전히 충족하지 못하면 언제든 비판의 대상이 될 수 있기 때문이다.

"누가 책임질 건데?"

공익을 위해 새로운 사업을 추진했다가 예상보다 비용이 많이 들면 '세금 낭비'라는 지적을 피하기 어렵고, 효율성을 높이려고 절차를 간소화했다가 작은 사고라도 발생하면 '안전 불감증'으로 비난받을 수 있다.

이런 책임 부담은 조직 내부의 의사결정 과정에도 그대로 투영된다. 새 아이디어를 실행하기까지 직원들은 결재라인에 있는 수많은 상사(감독자)는 물론 협력이 필요한 다른 부서 동료(협조자)들을 거쳐야 한다. 감독자와 협조자 모두 실패했을 경우 책임으로부터 자유로울 수 없으므로 새로운 시도에 보수적이거나 소극적인 태도를 보이게 된다.

잘해야 본전

설령 이 모든 과정을 통과해 큰 성과를 내더라도 확실한 보상을 기대하기는 어렵다. 공기업의 보수 체계는 국민의 감시하에 엄격한 규정과 통제 속에서 운영하기 때문이다.

사기업처럼 개인의 성과를 객관적으로 측정해 파격적인 인센티브를 지급하기보다는 연공서열이나 직급에 따라 정해진 보상 테이블을 따르는 경우가 대부분이다.

공공의 이익에 얼마나 기여했는지를 금전적 가치로 환산하기 어려울뿐더러 보상의 공정성과 형평성을 유지해야 한다는 압박도 크다. 이로 인해 공기업 직원들은 자신의 노력이 제대로 인정받지 못한다고 느끼기 쉽다.

변화의 물결, 공기업에 불어오는 새로운 바람

공기업의 경직된 조직문화는 안정적이지만 정체된 환경에서 만들어졌다. 하지만 세상은 빠르게 변하고 있고, 시대에 따라 역할도 변한다. 조직 구성원들도 변한다. 한 조직 내에 TV도 귀하던 시대의 사람들도 있지만, TV보다 컴퓨터가 친근한 사람들이 입사했고, 이제 곧 태어날 때 스마트폰으로 인생 첫 사진을 찍은 사람들이 합류하게 될 것이다.

공기업의 기능과 역할이 변하면 구성원과 조직문화도 변하게 된다. 시대 변화에 따라 공기업이 변하지 못하면 유능한 인재들을 확보할 수 없다.

전통과 변화 사이, 협업의 딜레마

한국조폐공사는 동전과 지폐를 만드는 전통적인 제조 업무에 집중했지만, 예상보다 빨리 다가온 '현금 없는 사회'라는 시대적 변화에 대응하기 위해 사업구조를 혁신적으로 다각화하고 있다.

이제 한국조폐공사는 단순한 화폐 제조를 넘어 위·변조 방지 기술이라는 핵심 역량을 활용한 다양한 사업 영역으로 진출하고 있다.

예를 들어 보안성이 가장 중요한 주민등록증, 전자여권 같은 국민 신분증 발급 사업을 핵심 축으로 삼고, 기념주화와 예술성 높은 귀금속을 제작하는 메달과 귀금속 판매 사업도 확장하고 있다.

나아가 디지털 사회에 필수적인 모바일 신분증을 개발하고, 블록체인 기술을 기반으로 한 모바일 지역화폐 플랫폼을 구축하는 등 디지털 기반의 신규 사업을 적극 추진하고 있다.

이런 변화는 공기업의 안정성과 신뢰성을 바탕으로 새로운 시장을 개척하고, 시대의 흐름에 맞춰 역할을 재정의한 중요한 사례다.

이처럼 공기업의 사업 구조가 복잡해지면 여러 부서가 협력해야 하는 '협업'의 중요성이 커진다. 특히 속도와 유연성이 생명인 신규 사업 부서와 안정성과 절차적 정당성을 중시하는 기존 관리 부서 사이에는 보이지 않는 인식의 벽이 생기기 쉽다.

신규 사업의 잦은 예산 변경 요청은 연간 계획에 따른 엄격한 통제를 우선시하는 예산 부서와 충돌하고, 신속한 계약이 필요한 상황은 공정한 입찰 절차를 중시하는 계약 부서와 마찰을 빚는다.

외부 전문가를 영입하고 새로운 직무를 개발하는 일은 조직 전체의 형평성을 유지해야 하는 인사·조직 부서에 부담으로 작용한다. 기존의 수직적이고 경직된 조직문화는 이런 부서 간의 간극을 더욱 벌려놓으며 유기적인 협업을 불가능하게 한다. 결국 혁신은커녕 업무 효율성까지 떨어지게 된다.

공기업, 안정과 혁신의 동거 실험

공기업의 새로운 사업구조는 필연적으로 인적 구성의 변화를 불러왔다. 기존의 공기업이 순환보직을 통해 조직 전반의 이해를 넓힌 전통적인 '제너럴리스트(Generalist)' 중심의 조직이었다면, 이제는 특정 분야에 전문성이 깊은 '스페셜리스트(Specialist)'가 기업을 이끌어가는 조직이 된 것이다.

한국조폐공사가 새롭게 추진하는 모바일 신분증, 블록체인 기반 플랫폼 같은 디지털 사업은 기존 직원들의 전문 영역이 아니었다. 그래서 외부에서 유능한 ICT 전문가들을 대거 영입했다. 이들은 민첩성과 효율성을 중시하는 사기업의 치열한 경쟁을 겪은 인재들로 특정 분야에 대한 전문 지식이 깊다.

'일단 빠르게 실행하고, 실패하면 다시 시도한다'라는 ICT 전문가들의 업무 방식은 조직 전체의 안정성과 절차적 정당성을 우선시하는 기존 제너럴리스트들의 문화와 종종 충돌하곤 한다.

새 가치관으로 무장한 신입 직원들의 등장도 요즘 공기업이 겪는 큰 변화다. 한국조폐공사는 1997년 IMF 외환위기 이후 신규 채용을 최소화한 시기가 있어 조직 내부에 특정 세대의 공백이 발생했으나 최근 공격적인 채용으로 젊은 세대의 대규모 유입이 늘고 있다.

이들은 기존 직원들과는 가치관이 크게 다르다. 안정적인 직장을 넘어 자신의 의견을 존중받고, 수평적으로 소통하는 문화를 원한다.

예를 들어 '이 일은 구두로 보고 해도 될 것 같은데 왜 꼭 보고서를 써야 하는가'와 같은 질문을 던지며 선배들이 만든 관행이 효율적인 것인지 의문을 제기한다.

결국 현재 공기업이 겪는 조직 내 문화의 충돌은 단순히 '기존 직원'과 '새로운 직원'의 대립이 아니라 조직 운영의 안정성을 책임지는 '제너럴리스트'와 새로운 성장을 이끌어야 하는 '스페셜리스트', 변화된 가치관을 지닌 '미래 인재'가 조화롭게 공존하기 위해 필연적으로 겪어야 하는 과정이다.

정해진 답보다 좋은 질문이 많아지는 조직으로

사업 구조가 변하고, 사람들이 달라지면서 조직문화도 변해야 한다는 목소리가 커지고 있다. 새로운 사업을 추진하려면 유연하고 창의적인 문화가 필수이고, 다양한 사람을 포용하려면 수평적이고 소통 중심적인 문화가 필요하기 때문이다. 변화의 바람은 '복장 자율화'나 '점심 회식' 같은 작은 것에서 시작할 수도 있지만 본질은 '개인의 창의성과 자율성을 존중하는 문화'로 나아가는 것이다.

이제는 모두가 변화의 필요성을 느끼고 있다. 직원 개개인의 역량과 아이디어를 존중하는 문화가 뒷받침되지 않으면, 조직 전체가 경쟁력을 잃고 도태될 수 있다는 위기감을 가지게 되었기 때문이다.

Chapter 17

혁신의 걸림돌,
'수직적·수동적
조직문화'

참 어려운 공기업 혁신

"이거 책임질 수 있어요?", "규정대로 한 건가요?" 공무원이나 공공기관이 등장하는 영화나 드라마에서 이런 대사를 들어본 적 있는가. 이런 말들은 공공분야 특유의 조직문화를 상징하기도 한다.

실수는 용납하지 못하지만, 혁신은 하라니

공기업은 '공공성'과 '수익성'이라는 전혀 다른 성격의 두 마리 토끼를 동시에 잡아야 한다.

사기업과 달리 공기업은 국민에게 필수적인 서비스인 전기·수도·교통 등을 안정적으로 제공하는 것을 최우선으로 한다. 그러므로 예측 불가능한 '실수'를 용납하기 어렵다.

만약 한국조폐공사가 생산비용을 아끼려고 지폐를 더 값싸고 만들기도 쉬운 재질로 바꾸었다가 오류가 발생해 모든 ATM기가 인식하지 못하는 사태가 벌어진다면 그 책임은 누가 지게 되는가.

그렇기에 공기업은 '규정'과 '절차'를 최우선 가치로 삼게 되고, 작은 실수도 허용하지 않는 환경이 만들어진다. 새로운 시도는 오히려 위험한 도전이 되는 것이다.

절차와 규정에 갇힌 혁신력

공기업에서는 "일단 해보고 안 되면 말고" 같은 말이 통하지 않는다. 모든 업무는 '근거 규정'에 따라 수행해야 한다. 신규 사업을 시작할 때나 각종 의사결정을 해야 할 때 관련 규정을 들여다보고, 근거를 찾고, 보고서를 작성해야 한다. 이 절차와 규정은 안정감을 주는 동시에 새 아이디어가 태어나기도 전에 질식시키곤 한다.

무수한 절차와 규정은 단순히 업무를 복잡하게 하는 것을 넘어 직원들의 '사고의 틀'까지 굳어버리게 한다. '이런 일이 발생하면 규정 몇 조 몇 항에 따라 처리해야 한다'라는 사고방식이 몸에 배게 되고, 그러다 보면 규정에 없는 일, 즉 '새로운 일'에 대한 거부감이 생겨난다.

예를 들어 민원을 해결하기 위해 규정에 없는 새로운 시스템을 제안하면 "이거 규정에 없는데?", "감사 때 문제 생기면 어쩌려고?"라는 반대에 부딪힌다.

규정에 없는 일을 하려면 많은 경우 규정을 새로 만들어야 하고, 그 과정에서 수많은 회의와 보고를 거쳐야 하기 때문이다.

혁신보다 무서운 시어머니

공기업 직원들은 사방에서 쏟아지는 '시선'에 늘 노출되어 있다. 국정감사, 감사원, 각종 언론과 시민단체까지 말이다. 이 '시어머니들'은 작은 실수 하나를 놓치지 않고 "국민의 혈세가 줄줄 샌다!"며 호통을 치곤 한다.

이런 끊임없는 감시와 비판 속에서 직원들은 자연스럽게 새로운 도전보다는 검증된 '안전한 길'을 선호하게 된다. 혁신적인 아이디어나 시도는 성공하면 본전이지만 실패할 경우 '예산 낭비'나 '섣부른 판단'이라는 비판에 직면하기 십상이기 때문이다.

사기업에서는 '리스크'인 것이 공기업에서는 '부담'이 되고, 때로는 '비난'의 대상이 된다. 직원들은 새로운 아이디어를 내기 전에 '이게 혹시 국민에게 비난받을 만한 일은 아닌가'부터 생각하게 된다.

이러니 혁신을 위한 도전은커녕 그저 '무사안일'하게 업무를 처리하려는 경향이 강해진다. 이 때문에 보고서 한 장을 쓰더라도 수많은 결재라인을 거치고, '만약의 경우'에 대비한 온갖 근거 자료를 첨부하는 문화가 만들어지기도 한다.

심지어 새로운 시도를 위해 다른 공공기관의 협력과 조율이 필요할 때 오히려 이들마저 시어머니 대열에 합류하기도 한다. 우표를 제조하는 한국조폐공사에서 둘리나 뽀로로 같은 캐릭터 우표를 발행할 때, 처음으로 시도하는 캐릭터 우표이다 보니 국제 우표 발행 기준에 부합하는지 따져보아야 한다는 등 관계기관의 문제 제기가 있었다. 이런 식의 새로운 시어머니 등장은 신사업을 추진하는 과정에서 빈번하다.

그냥 하던 대로 해!

이와 같은 이유로 공기업에서는 "그냥 하던 대로 해"라는 말이 만병통치약처럼 통하곤 한다. 새롭게 무언가를 시도했다가 감사에 걸리거나 비난받는 것보다 안전하게 기존 업무를 반복하는 것이 훨씬 마음 편해서다.

이 말은 단순한 '꼰대의 외침'이 아니라 수많은 시행착오와 외부 비난을 겪으며 만들어진 '생존의 지혜'일 수도 있다. 하지만 세상은 '하던 대로'를 용납하지 않는다.

고객들의 요구는 더 복잡해졌고, 기술은 하루가 다르게 발전하고 있다. 그냥 '하던 대로' 하다가는 시대에 뒤처져 국민에게 외면받는 존재가 될지 모른다. 이런 문화는 새로운 도전 자체를 불가능하게 하고, '책임회피'라는 악순환을 낳는다.

'핀테크 기업'으로 다시 태어나는 한국조폐공사

"한국조폐공사는 핀테크 기업이다."

이 말이 어색하게 들릴 수도 있지만, 이제는 명확히 맞는 말이다. 한국조폐공사는 동전과 지폐를 만드는 국내 유일의 제조 공기업이었다. 그러나 디지털 시대의 흐름과 '현금 없는 사회'라는 변화에 대응하려고 과감한 변신을 시도했다.

이제 한국조폐공사는 단순한 화폐 제조를 넘어 위·변조 방지 기술을 핵심 역량으로 삼아 새로운 사업 영역으로 발을 넓혔다. 현재 한국조폐공사는 ICT 전문가 130여 명을 보유하고 자체 데이터센터를 운영하며, 블록체인 기반의 모바일 지역화폐 플랫폼과 모바일 신분증 시스템을 구축했다. 특히 모바일 신분증은 단순한 신분 확인을 넘어 금융·행정 서비스에 필요한 신원인증 인프라 역할을 하고 있다.

2025년 9월, 국가정보자원관리원 화재 사건으로 국가의 주요 IT 서비스가 마비되었을 때도 한국조폐공사의 모바일 신분증은 신속하게 재해복구(DR) 체계로 전환해 기본적인 기능을 유지함으로써 재난 상황에서도 안정적인 서비스가 가능함을 입증했다.

한국조폐공사는 2019년 전자금융업을 등록한 이후 모바일 지역사랑상품권(chak) 플랫폼을 통해 지방자치단체 82개에 서비스를 제공하고 있다. 2025년 3월부터는 디지털 온누리상품권 통합운영 플랫폼도 구축했다. 이 상품권은 소비자에게는 할인과 소득공제 혜택을, 소상공인에게는 결제 수수료를 받지 않는 '공공형 핀테크 플랫폼'으로 자리 잡았다.

이런 혁신적인 노력 덕분에 한국조폐공사는 공기업 최초로 핀테크산업협회에 가입해 민간기업 520여 개와 협력 기반을 마련했다. 나아가 한국은행의 중앙은행 디지털화폐(CBDC) 활용성 테스트에도 참여하는 등 금융 분야에서 새로운 역할을 모색하고 있다. 이제 한국조폐공사가 핀테크 기업이라는 것, 인정?

■ 디지털 온누리 상품권

공기업 혁신의 필수 조건, 일하는 방식 혁신

시대 변화에 맞춰 공기업은 일하는 방식의 혁신을 요구받고 있다. 특히 일하는 방식에서도 디지털 혁신을 강조하고 있다. 디지털 혁신 기반 행정은 몇 년 된 용어지만 여전히 익숙한 단어는 아니다. 그러나 구체적 사례를 들면 쉽게 이해할 수 있을 것이다.

하던 대로 말고, 데이터대로

출근길에 한 방향은 정체되고, 반대 방향은 한산하다. 그럴 때 정체되는 쪽에는 교통신호를 길게, 반대쪽에는 짧게 주면 좋겠다는 생각은 누구나 했을 것이다. 교통의 흐름을 데이터화해 교통신호를 운용할 수 있다면 대혼잡이 일어난 다음에야 신호등을 끄고 수신호로 통제하는 일은 없을 것이다.

한국사회보장정보원은 실시간으로 수도와 전기 사용량을 통해 독거노인의 위험 상태를 살피는 서비스를 하고 있다. 데이터 기반의 서비스 제공만 있는 것도 아니다. 데이터를 활용해 기업에 사업 기회를 제공하기도 한다. 정부가 관리하는 정밀지도는 내비게이션이나 모바일 지도의 기반이 되는 것이 한 예다.

여기서 한 걸음 더 나아간 것이 디지털 트윈이다. 디지털 트윈이란 조직이 보유한 중요한 정보들을 모두 모으고 데이터 간의 관계를 정의한 다음 그것을 기초로 시뮬레이션하고 최적의 의사결정을 하는 것이다. 기관 외부의 데이터까지도 연동해 답을 찾기도 한다.

최근 공기업은 데이터 기반 행정을 위해 노력을 많이 기울이고 있다. 직관이나 경험에 의존하던 의사결정을 데이터 분석을 통한 객관적이고 체계적인 의사결정으로 대체하려고 한다. 데이터 기반 행정은 업무의 효율성과 정확성을 높이고, 국민에게 더 나은 서비스를 제공할 수 있다. 큰 난관이 하나 있다. 대부분 공기업 직원이 데이터 기반 행정에 대한 이해 수준이 낮아서 데이터 기반 행정을 소수의 전산 출신 직원들에게만 해당하는 것으로 생각한다.

약 10년 전부터 데이터 기반 행정을 강조했으나 방향성이 없었고, 중요한 정보든 아니든 기업의 비밀만 아니라면 데이터를 개방하라는 것이 정부의 지침이었다. 그러다 보니 공공데이터의 알맹이가 없다는 비판도 있다. 표준화되지 않고 방향성 없이 수집한 데이터는 쓰레기가 될 수도 있다.

데이터 기반 행정의 출발점은 공공부문 구성원들의 데이터 리터러시다. 데이터 리터러시는 데이터를 읽고, 이해하고, 분석하며, 이를 바탕으로 효과적으로 소통하는 능력을 의미한다. 또한 전산상 구현되는 데이터 체계를 이해하는 기술적인 교육도 필요하지만, 조직에서 생성되는 정보 중 중요한 것과 아닌 것을 구분하고, 다른 데이터와의 관계를 파악할 수 있는 능력을 키우는 것도 중요하다.

예를 들어보자. 한국조폐공사에는 기계 장치가 많지만, 이런 장치에 들어가는 나사 개수와 가격 등은 숫자만 많을 뿐 중요한 데이터가 아니다. 그러나 화폐 용지의 원료인 면펄프의 보유량과 톤당 단가는 중요한 데이터다. 더불어 국제 시장에서 면펄프 가격 변동 정보를 취득하고 관리하는 것도 매우 중요하다.

데이터 기반 행정을 정착하려면 지속적인 교육, 성공 사례 공유, 데이터 기반 의사결정에 인센티브를 부여하는 방법이 효과적이다.

예를 들어 데이터 분석을 통해 업무 효율성을 높인 사례를 공유하고 포상하면 구성원들의 동기부여를 강화할 수 있다. 데이터는 단순한 정보가 아니라 조직의 전략적 자산으로, 이를 활용해 업무 프로세스를 최적화하고 서비스 품질을 향상할 수 있다.

공공부문 취업을 준비하고 있다면 데이터 기반 행정문화에 적응할 수 있는 역량이 중요하다. 이름이 익숙하지 않을 뿐 거창한 것은 없다. 엑셀, 파이썬 같은 데이터 분석 도구를 활용해보고 AI를 활용해 여론조사에서 핵심 키워드를 뽑아보는 것, 통계분석을 통해 데이터 간 연계성을 찾아보는 방법을 익히는 것으로도 충분하다.

데이터관리 체계에 대한 이해를 갖추거나 데이터를 기반으로 문제를 분석하고 해결책을 도출하는 능력까지 키운다면 디지털 시대의 핵심 경쟁력이 될 것이다.

AI는 열심히 일하는 중, 공기업은 적응하는 중

이제는 공공부문에서도 AI가 업무 혁신을 이끄는 중요한 요소가 되고 있다. 민원 처리, 세금 관리, 의료 진단, 재난 대응, 교통 관리 등 다양한 영역에서 AI를 활용해 효율성을 높이고 있다.

예를 들어 국세청은 AI를 통해 세금 신고 데이터를 실시간으로 분석해 탈세 위험을 사전에 감지하고 징수 효율성을 높였다.

의료 분야에서는 AI 기반 진단 시스템이 의료 데이터를 분석해 질병을 조기에 발견하고, 특히 의료 취약 지역에서 전문의 부족 문제를 보완한다. 교통 분야는 AI 기반 스마트 교통 시스템이 교통의 흐름을 최적화해 혼잡을 줄이는 한편, 자율주행 기술도 확대하고 있다.

한국조폐공사도 대국민 서비스 개선, 생산활동 개선, 새로운 사업 발굴 등을 위해 AI를 활용한다. 한국조폐공사가 제조하는 신분증에서 불량을 찾는 AI 검사 장치가 대표적이다. 신분증은 각각의 얼굴과 개인정보가 다르므로 생산 시스템만으로 완벽하게 불량을 식별하는 것이 불가능해 사람이 최종 검사할 수밖에 없었다.

그러나 현재는 AI로 불량 사례를 학습시켜 불량 신분증을 효과적으로 선별하고 있다. 다른 생산 현장에서는 기계장치 가동 소음을 녹음해 고장 부분을 추정해내기도 한다. 한국조폐공사는 이에 더해 AI가 워터마크형 위·변조 방지 요소를 만들고, 그 요소를 원본에 넣어 위조를 판별하는 기술을 개발했으며 상용화했다. 이 기술은 화가의 저작권 보호, 기업 신분증 등에 적용하고 있다.

한국조폐공사뿐 아니라 많은 공공기관이 AI를 활용해 업무 혁신을 추진하고 있지만 문제점이 있다. 비슷비슷한 기능(기관의 규정을 검토하고 자문해주는 기능, 규정 개정의 취지를 입력하면 자동으로 개정안 초안을 만들어주는 기능 등)을 보유한 AI를 기관별로 개발하면서 공공부문의 자원이 낭비되고 있다.

대부분의 공공기관이 정보보호와 망분리 정책 때문에 내부 데이터를 밖으로 내보내는 것이 제한되어 있고, 작업물을 내부망으로 들여올 때 해킹 공격을 우려해서라고 변명하더라도 국가적인 차원에서의 낭비인 것은 사실이다. 그래서 새로운 정부는 공공기관의 공동 AI 구축을 위한 그래픽처리장치(GPU) 확보를 추진하고 있다.

하던 대로 말고, ERP대로

우리나라에서 ERP는 IMF 이후 대기업 중심으로 도입했다. 주로 독일 SAP 프로그램을 사용했고, SAP은 기업별 상황에 맞게 시스템을 구축하는 데 수십억의 비용이 들어서다. 이제는 국산 프로그램도 많이 개발되어 중소기업도 대부분 ERP를 도입하게 되었다.

ERP는 기업의 모든 경영정보를 하나의 데이터베이스(DB)에서 관리하는 시스템으로, 회계·인사·생산관리·자재관리·영업 정보 등을 하나로 관리하는 것이다. 경영정보를 하나의 DB로 관리하는 것이 당연해 보이지만 예전에는 업무별로 회계처리용, 생산관리용, 인사관리용 프로그램을 각각 사용하거나 일부만 사용했다.

ERP를 활용하면 부서별로 분리된 데이터를 모두가 공유해 불일치하는 데이터 없이 관리가 가능하고 중복 입력을 최소화할 수 있다. 데이터가 연계되어 예측도 쉬워진다. 일례로 한 직원의 인사·급여 정보는 생산에서는 원가 정보가 되고, 예산·회계 데이터도 된다. 즉, 한 번 입력한 정보를 여러 부문에서 활용할 수 있다.

AI 시대의 차세대 ERP는 데이터의 일관성 검증, 오류 원인 진단, 센서에 의한 데이터 자동 입력, 데이터 자동 분석 등 사용자에게 더욱 친절하고 효율적인 기능을 탑재할 수 있게 되었다.

한국조폐공사도 현재 차세대 ERP 도입을 추진하고 있으며, 시스템 도입을 완료하면 직원들의 단순 반복 작업이 줄어들어 보다 창의적인 업무에 많은 시간을 투자할 수 있을 것이다.

ERP는 현재 대부분의 공기업에서 필수로 쓰는 프로그램이지만, 일반 프로그램과 달리 해당 기업에 입사하지 않으면 직접 경험해보기 어렵다. 공기업 취업을 준비하고 있다면 우선 챗GPT 등을 통해 ERP 기준 정보 정의, 적절한 설계, 데이터 활용 등을 이해해보자.

간접 경험해보는 방법도 있다. 국산 ERP는 데모 버전을 무료로 써볼 수 있고, SAP는 시뮬레이션 게임을 제공한다. 직업훈련기관에서도 ERP 훈련 과정을 접할 수 있다. 짧게라도 체계화된 교육을 받는다면 공기업에 입사해 선배들에게 특정 기능을 배우는 것보다 더 포괄적인 개념으로 접근할 수 있어 유능하게 일할 수 있을 것이다.

자발적인 혁신을 이끄는 신상필벌

공기업을 포함한 공직 사회의 조직문화를 언급할 때 대표적인 단어가 '무사안일', '복지부동'이다. 아무 일도 하지 않고 문제도 일으키지 말자는 태도와 소극적인 업무처리는 공공조직에서 뿌리 깊은 비효율이고 변화에 대한 저항이다.

야근상은 그만, 진짜 상을

공기업의 보신주의를 극복하려면 성과 보상과 책임에 대한 명확한 기준을 수립하는 것이 중요하다.

즉 누구나 납득할 수 있는 공정한 기준을 제시함으로써 직원들에게 '적극적으로 업무를 하면 보상을 받고, 책임을 회피하면 손해를 본다'라는 인식을 심어줘야 한다.

관료화된 공공조직에서는 상을 주려 해도 누가 가치 있는 일을 했는지 평가하기 어렵다는 문제가 있었다. 관료제에서는 각자가 맡은 일을 규칙에 맞게 하면 잘한 것이다. 따라서 상을 주는 것보다는 절차를 어기거나 중요한 보고를 하지 않은 자세를 처벌하는 것이 중요했다. 그러므로 공공조직에서 상은 야근을 많이 하고 고생한 사람에게 주면 되는 것이었다.

그러나 이제 공공조직과 관련된 환경 변화 속도가 점점 빨라지고, 요구하는 기능이 많아지면서 직원들이 자발적으로 일해야 할 필요성이 커져 관료제 스타일의 상벌체계를 유지할 수 없게 되었다.

대표적인 관료조직인 군대에서도 드론 무기 공격, 레이더에 잡히지 않는 해상 저고도 미사일 등 신무기들이 등장하면 우리 무기체계의 취약점을 분석하고 대안을 세울 누군가가 필요하고, 그런 일을 추진한 사람에 대한 보상이 필요하다.

우리 군대가 한국전쟁, 베트남전쟁 때 썼던 무기와 작전을 강화하는 쪽으로만 일을 해왔다면 세계 5위 군사 강국은 생각지도 못할 일이다.

상벌을 공정하고 신뢰성 있게 해야 직원들이 자발적으로 일할 수 있다. 이것을 대표하는 말이 신상필벌(信賞必罰)이다. 상을 줄 만한 사람에게는 상응하는 상을, 벌을 받아야 할 사람에게는 상응하는 벌을 준다는 원칙이다.

신상필벌을 위해 공공기관들이 운영하는 제도는 성과평가제도, 포상제도, 감사와 징계제도 등이 있다.

성과급보다 중요한 '납득'

　공기업은 기관의 경영 실적을 정부가 정한 기준에 따라 평가하는 '경영평가'와 기업 내 조직과 직원들의 성과를 자체 기준에 따라 평가하는 '내부평가'를 한다.

　경영평가는 다른 기관과의 경쟁이므로 조직 내부의 공정성 문제는 거의 발생하지 않는다. 다만 내부평가는 조직 내 부서 또는 개인의 성과를 평가하는 것이므로 객관성과 공정성 측면에서 수용도를 높이는 것이 핵심 과제다.

　공기업들은 설립 목적과 경영 목표를 효율적으로 달성하기 위한 경영 도구로써 내부평가제도를 운영하고 있다. 내부평가는 조직 단위별 과제의 달성 여부를 성과지표로 평가하는 제도다. 내부평가 결과는 직원들의 성과급을 차등하는 기준으로 활용한다.

　아래 표에서 보는 바와 같이 한국조폐공사의 내부평가는 조직평가와 개인평가로 구성한다. 조직평가는 조직편제와 업무 성격에 따

구분	조직평가	개인평가(MBO평가)	
대상	본사 및 소속기관 부·팀	3급 이상 간부직원(직무대행 포함)	
평가 횟수	2회(하반기, 연간)	2회(상반기, 하반기)	
평가 시기	•하반기 : 12월 •연간 : 6월	•상반기 : 6월 •하반기 : 12월	
지표 구성	•고유지표 : 30점 •공통지표(계량) : 40점 •공통지표(비계량) : 30점	부서장	부·팀장
		•계량 : 20점 •비계량 : 80점	•계량 : 30점 •비계량 : 70점

한국조폐공사 내부평가 체계

내부평가 결과 금전적 보상 기준			
			(단위: %)
4급 이하 직원	조직평가 100		
부·팀장	조직평가 30	개인평가 20	역량평점 50
부서장	조직평가 20	개인평가 30	역량평점 50

라 평가군을 구분해서 평가하며, 개인평가는 개인별 관리 목표의 달성과 이행 결과를 반영한다.

성과급은 일반직원의 경우 조직평가 결과를 기준으로 지급하며, 부·팀장은 조직평가 30%, 개인평가 20%, 역량평정 50%를 적용한다.

내부평가를 통해 성과에 따른 보상을 한다 해도 조직원들이 공정하다고 생각하지 않으면 큰 효과가 없다. 여전히 '열심히 일하는 사람만 손해'고 일을 덜 하고 책임을 덜 지는 복지부동은 남아 있게 된다.

목표를 낮게 잡고 성취도만 높이는 경우, 평가위원이 공정하지 못하다고 생각하는 경우, 규범과 규칙대로 일하는 것이 중요한 조직이 상대적으로 소외되는 경우 내부평가의 공정성은 위협받게 된다.

한국조폐공사의 경우 내부평가의 공정성 저해를 막기 위해 목표에 대한 난이도를 먼저 평가한다. 목표를 달성했더라도 목표가 너무 쉬웠다면 좋은 점수를 받을 수 없다. 또한 외부 전문가와 공사 실무자 위주로 구성한 평가위원회를 운영하고 있다. 더불어 평가 상위조직과 하위조직이 고착되지 않도록 신경 쓰고 있다.

내부평가를 시행한 초창기부터 기획·평가·인사 조직·화폐사업 담당 부서가 높은 점수를, 안전·조달·홍보·총무 조직이 낮은 점수를 받는 경향이 있었다.

그러나 전통적인 주요 부서라고 해도 그해 눈에 띄는 성과나 혁신적인 노력이 없다면 좋은 점수를 받을 수 없도록 지속적으로 지표와 평가방법을 개선한 결과, 최근에는 전년도 꼴찌가 올해 1등이 되는 사례가 자주 발생하고 있다.

칭찬은 공기업 직원도 춤추게 한다

공기업은 「인사관리 규정」, 「성과보상 규정」 등 내부규정에 따라 직원들의 업무 실적과 성과를 포상하는 제도를 운영한다. 세부적인 포상 방식은 기관마다 다르겠지만 일반적으로 금전적/비금전적 포상으로 구분할 수 있다.

비금전적 포상의 대표 사례로는 표창 제도가 있다. 한국조폐공사는 사장 표창을 받은 직원은 근무성적평정에서 인사 가점을 받으며, 2회 이상 사장 표창을 받으면 징계를 감경받을 수 있는 요건도 주어진다.

교육 혜택도 비금전적 포상에 해당한다. 한국조폐공사는 근무성적이 우수하고 일정한 자격을 갖춘 직원을 선발해 전일제(주간)와 비전일제(야간/주말) 학사·석사·박사 학위과정 교육을 지원하고 있다.

금전적 포상은 기관의 경영목표 달성 등 성과를 창출하는 데 기

■ **한국조폐공사 창립 73주년 표창 수여식**

여한 직원과 부서에 정기 또는 수시로 현금성 인센티브를 제공하는 것이다.

정기 포상은 한 해 동안 가장 우수한 성과를 창출한 직원과 사례를 발굴해 일반적으로 연말에 포상한다. 정기 포상은 상대적으로 규모가 크고 검증 시간도 충분히 확보할 수 있으나 적시성이 떨어지는 단점이 있다.

반면 수시 포상은 성과나 공로가 발생한 즉시 포상하므로 보상 규모는 작더라도 적시성 있는 피드백을 제공하는 장점이 있다.

한국조폐공사는 한 해 동안 가장 탁월한 성과를 창출한 직원을 선발해 포상금과 사장 표창을 수여하는 'KOMSCO MVP' 정기 포상 제도를 운영하고 있다.

이와 더불어 작은 성과라도 적시성 있게 포상하는 'KOMSCO 혁신가' 수시 포상 제도를 실시해 직원들이 지속적으로 성과를 창출하도록 동기를 부여하고 있다.

■ **2024년도 KOMSCO MVP 선정**

실패는 봐줘도 일탈은 봐주지 않는다

공기업에서 일의 결과가 나쁠 경우 크게 책임을 질 것 같지만 꼭 그렇지는 않다. 반면 민간에서는 큰 일이 아닌 것으로 취급할 수 있는 일로도 공기업에서는 일자리를 잃을 수 있다.

Part 2에서 설명한 적극행정 면책처럼 공기업에서는 기준이 없는 영역에서 합리적으로 판단하고 최선으로 일했지만, 결과가 나쁘면 문책을 면할 수 있다. 사기업에서 결과가 나쁘면 자리보전에 위협을 받는 경우와 다르다.

공기업이 일할 수 있는 섹터는 제한되어 있지만, 새로운 시도에 대한 부담은 적을 수 있다. 터무니없는 예측이나 절차 위반이 없다면 실패의 책임은 상대적으로 약하다.

반면, 사회적 물의를 일으키거나 기본 서비스를 제공하지 못할 때는 큰 문제가 된다. 공직자들의 음주운전, 갑질 같은 사건들이 매스컴을 통해 종종 보도된다. 일부 직원들의 이런 일탈은 묵묵히 일하는 대다수 직원까지 한꺼번에 '공직기강 해이', '정신 나간 철밥통'이라는 비난을 받게 한다.

한국조폐공사는 기관의 신뢰를 떨어뜨리는 비위 행위에 대해 엄격한 기준으로 처벌하고 있다. 특히 음주운전과 직장 내 괴롭힘 등은 별도 규정을 마련해 엄격하게 처벌하고 있다.

처분의 강도는 민간과 다르다. 일례로 음주운전을 한 경우, 처음일지라도 혈중알코올농도에 따라 해임까지 가능하도록 문책 기준이세다. 관리직은 매년 운전경력확인서를 제출해 음주운전 여부를 정기 점검하고 있다.

잘해서 더 시키고, 더 시키니 지치고

신상필벌을 한다 해도 일을 잘하는 A급 직원에게 일이 더 몰리고, 상대적으로 역량이 떨어지는 C급 직원에는 일이 덜 가는 경우는 매우 흔하다. A급 직원은 가만히 뒤도 필요한 일을 스스로 찾아서 하지만, 상급자는 급하거나 중요한 일을 A급 직원에게 맡기고 싶어 하므로 A급 직원의 업무는 자꾸 늘어나게 된다.

평가제도, 포상제도, 징계제도가 있지만 A급 직원의 기여도에 비례해 확실한 보상을 주는 데는 한계가 있다. 신상필벌의 궁극적인 목적은 공정한 상벌을 통해 직원이 자발적으로 일하게 하는 것이므로 A급 직원에게 일을 몰아주는 것은 신상필벌의 목적과도 맞지 않는다. A급 직원에게 일을 많이 시키면 스스로 새로운 일을 잘할 기회를 없애는 것이기 때문이다. 따라서 단기적 성과에 기댄 업무 몰아주기를 지양하는 것이 좋다. 대신 C급 직원의 역량 강화와 조직 차원의 효율적인 업무 재분배를 통해 A급 직원이 더 가치 있는 성장에 집중할 수 있는 환경을 구축해야 한다.

에피소드

성과는 바로바로 CEO가 직접 챙긴다!

공기업은 민간기업에 비해 연공서열 중심의 경직된 조직문화, 낮은 자율성, 한정된 예산, 수많은 외부감사 등으로 직원들의 성과를 끌어내기 위한 동기부여가 쉽지 않다.

한국조폐공사는 이런 어려움을 해소하려고 적시성 있는 포상을 통해 직원들을 동기부여하는 'KOMSCO 혁신가' 수시 포상 제도를 운영하고 있다.

'KOMSCO 혁신가'는 사업영역 확대, 일하는 방식 개선 등을 통해 한국조폐공사의 경쟁력을 강화하고, 대외 이미지를 향상하는 데 기여한 직원들을 적극 발굴해 포상하는 제도다.

CEO가 해당 부서로 직접 찾아가 소정의 포상금을 수여하며, 수상자를 배출한 부서는 내부평가 가점도 받으므로 직원들의 관심이 높다. 2024년에는 전년 대비 약 30% 증가한 63명의 혁신가를 발굴해 포상했으며 포상 대상과 규모를 지속적으로 확대하고 있다.

■ 2024년도 제7차 KOMSCO 혁신가 포상

Chapter 18

멈춘 조직을
움직이는 힘,
'조직문화 혁신'

다름을 잇는 공기업의 소통

최근 공기업의 인적 구성이 예전에 비해 다양해지고 있다. 인적 구성이 다양해지면 서로 다른 경험과 가치관이 충돌하는 것은 자연스러운 현상이다. 그러나 서로를 이해하고 소통하려는 노력이 없다면 업무 효율이 떨어지고 갈등은 깊어지기 마련이다.

빨리 가려는 경력직, 안전하게 가려는 기존 직원

공기업에서 기존에 수행하지 않았던 새로운 사업들을 추진하면서 민간부문에서 이직한 경력직 직원들이 증가하고 있다. 민간의 치열한 경쟁을 겪은 경력직들은 효율성과 속도를 중시하는 반면, 기존 공기업 직원들은 안정성과 절차를 중요하게 생각한다.

그 결과 "이 일을 하는데 왜 이렇게까지 복잡한 절차를 거쳐야 하는지"라고 묻는 경력직 직원과 "원래 다 이렇게 하는 거다. 그래야

나중에 탈이 없다"라고 답하는 기존 직원의 충돌이 발생하곤 한다.

공기업의 사업환경이 빠르게 변하면서 의사결정을 신속하게 해야 하는 상황이 증가하자 기존 공기업 직원 간 갈등이 발생하기도 한다.

한국조폐공사의 예를 들어보자. 최근 신규 ICT 사업을 위해 서버를 긴급하게 구매해야 하는 상황에서 공공기관의 정해진 조달 절차를 따라야 한다는 계약 부서와 사업 부서 간 갈등이 발생했다.

업무 속도가 중요해진 사업 부서의 입장과 규정·절차를 준수해야 하는 관리 부서의 입장이 충돌하면서 조직 내의 긴장감이 높아지게 된 것이다.

신입의 아이디어, 선배의 기억에 막히다

이뿐 아니라 조직 내 더 깊고 보이지 않는 장벽이 존재하는데, 이는 매일의 업무 현장에서 벌어지는 사소한 대화에서 드러난다.

신입 직원의 합리적인 제안이 "그거 예전에 해봤는데 안 돼"라는 선배의 한마디에 가로막히는 순간이 예다. 이 벽의 정체는 단순히 개인의 성향이나 세대 차이가 아니라 조직을 병들게 하는 2가지 심리적 기제일 수 있다.

첫째, '학습된 무기력(Learned Helplessness)'이다. 선배 직원은 악의가 있어서가 아니라 비슷한 시도를 했다가 실패의 쓴맛을 본 경험에서 '새로운 시도는 결국 실패하거나 성공해도 돌아오는 것은 비난과 책임뿐'이라는 부정적인 등식을 학습했을 수 있다.

반복된 실패와 부정적인 피드백은 점차 도전 의지를 꺾고, '아무 것도 하지 않는 것'이 자신을 지키는 가장 안전한 방법이라는 무기력한 태도를 만들게 된다.

둘째, '지식의 저주(The Curse of Knowledge)'다. 특정 분야를 많이 알고 있는 선배는 자신이 아는 복잡한 배경지식(숨겨진 규정, 부서 간의 역학 관계, 실패 사례 등)을 신입은 당연히 모른다는 사실을 잊어버린다.

그 결과, '왜 안되는지'에 대한 상세한 설명 대신 "네가 몰라서 그래"라는 한마디로 모든 상황을 일축해버린다. 이는 상대를 무시하려는 의도라기보다 자신이 아는 것을 상대방의 눈높이에서 설명하는 방법을 잊어버린 인지적 오류에 가깝다.

언급한 다양한 인적 구성과 사업환경 변화라는 구조적 갈등에 이런 심리적 장벽까지 더해질 때, 조직은 과거의 방식에 갇혀버리는 강력한 악순환에 빠지게 된다.

선배가 겪은 실패의 경험이라는 소중한 '암묵지(Tacit Knowledge)'와 신입의 '새로운 관점'을 모두 잃어버린 채 혁신의 동력을 상실하게 되는 것이다.

서로 말하느라 정작 듣지 못했다

이런 갈등을 해결하는 유일한 열쇠는 '소통'이다. 소통은 단순히 말을 주고받는 것을 넘어 서로의 다름을 인정하고 이해하는 과정이다. 신입과 선배라면 신입은 선배의 경험과 노하우를 배우고, 선배는 신입의 새로운 시각을 받아들이는 것이다.

진정한 소통은 '듣기'에서 시작한다. 상대방의 말을 끝까지 경청하고, 그 안에 담긴 의도와 감정을 이해하려고 노력해야 한다.

"네 말이 맞는데, 내 생각은 이렇다"라고 말하는 대신 "네 의견을 듣고 보니 이런 부분은 새롭게 생각하게 됐다"라고 말하는 것이다. 이런 자세는 상대방에게 '내 의견이 존중받고 있다'라는 느낌을 주며, 더 많은 이야기를 끌어내는 기반이 된다.

리더가 귀를 열면 직원의 입이 열린다

진정한 소통은 마음속에 있는 이야기를 솔직하게 털어놓을 수 있을 때 가능하다. 어떤 아이디어를 내든, 어떤 질문을 하든 비난받지 않을 것이라는 믿음, 즉 '심리적 안전감'이 보장될 때 비로소 조직문화는 변화의 발판을 마련할 수 있다.

'심리적 안전감'은 하버드대학교 경영대학원의 에이미 에드먼슨(Amy Edmondson) 교수가 제시한 개념으로, 조직의 성과를 예측하는 가장 중요한 변수로 꼽힌다.

팀원들이 '이곳에서는 솔직하게 말해도 불이익을 받지 않는다'라고 믿을 때, 비로소 자유롭게 질문하고 실수로부터 배우며 혁신을 시도할 수 있다는 것이다.

구글이 성공적인 팀의 비밀을 찾기 위해 수년간 진행한 '아리스토텔레스 프로젝트'의 결론 역시 '팀의 성공에 가장 중요한 것은 심리적 안전감'이었다.

이런 심리적 안전감은 리더의 태도에서 시작되며, 때로는 조직의 운명을 가르기도 한다. 2011년 동일본 대지진 당시에 불과 12킬로미터 떨어진 곳에 있던 후쿠시마 제1원자력발전소와 제2원자력발전소의 결과가 극명하게 엇갈린 사례는 이를 명확히 보여준다.

제1원자력발전소가 통제 불능의 재앙으로 치닫는 동안, 제2원자력발전소는 마스다 나오히로 소장의 리더십 아래 기적적으로 모든 원자로를 안전하게 냉온 정지하는 데 성공했다.

제1원자력발전소에서는 정보를 전달하는 데 실패하고 책임 소재가 불분명해 혼란이 가중되었지만, 제2원자력발전소 마스다 소장은 극한의 위기에서도 직원들의 안정을 최우선으로 삼았다.

그는 직원들이 언제든 자신을 찾을 수 있도록 항상 자리를 지키며 평상심을 유지했고, 투명한 소통을 통해 상황을 공유하며 신뢰를 쌓았다. 자신이 실수하면 바로 인정하고 수정하는 모습을 보이며, 직원들이 실수를 두려워하지 않고 해결책을 찾는 데만 몰두할 수 있는 환경을 만들었다.

이런 리더의 태도는 직원들이 전례 없는 창의성과 협업을 발휘하게 했고, 9킬로미터에 달하는 전력 케이블을 하루 만에 수작업으로 연결하는 등 불가능에 가까운 임무를 완수하는 원동력이 되었다.

한국조폐공사에서도 비슷한 사례를 찾아볼 수 있다. 2025년 온누리상품권 시스템이 서비스를 개시한 당일 오전에 일시적으로 다운되는 장애가 있었지만, 한국조폐공사 사장은 오히려 이를 실패가 아닌 적극행정을 위한 노력으로 보았다.

"나는 다운됐다고 누구를 탓한 적이 없고, 오히려 고생했기 때문에 포상을 줘야 한다고 생각했다."

이처럼 실패를 용인하고 도전을 장려하는 문화는 직원들이 '책임회피'라는 방어 기제를 버리고 '문제 해결'이라는 적극적인 태도를 가지게 하는 가장 강력한 무기다.

공기업 소통의 방해자

어떤 조직이든 위계질서가 있고, 그에 따른 수직적인 문화가 있기 마련이다. 아무리 파격적인 문화라 하더라도 주주총회에서 다수 지분을 보유한 주주가 힘을 갖듯 고위직으로 갈수록 더 큰 의사 결정권을 쥐는 것은 어쩔 수 없다.

위계는 낮아졌는데, 말은 통하지 않아요

일반적으로 위계질서가 덜 할수록 소통이 잘될 것으로 예상하지만 덜 수직적이라고 소통이 보장되는 것도 아니다.

공기업은 정년을 보장하므로 위법하고 부당한 지시는 거부할 수 있다는 점에서 오히려 위계질서가 덜하다고 볼 수도 있지만 그렇다고 소통이 잘되는 것도 아니다.

오래전 공기업에서는 소통이 그다지 중요하지 않았다. 하던 일을 계속하는 집단에서는 소통보다 절차와 규범이 더 중요하기 때문이다. 소통은 지혜로운 리더가 해줄 수 있는 부수적 혜택에 가까웠다.

그러나 이제 하던 일만 하지 않고, 새로운 일을 해야 하는 공기업에서 소통이 중요해졌다. 소통은 의사결정권자가 잘못된 결정을 하는 것을 막고, 조직 내부에 있는 문제를 파악하고, 미래에 다가오고 있는 문제를 파악하게 한다. 조직 구성원이 좌절하지 않고 조직을 위해 자기효능감에 의해 자발적으로 일하게 한다.

빌런이 만드는 불통, 불통이 만드는 빌런

"당신이 속한 조직 내에서 문제적 인물이 보이지 않는다면 당신이 문제적 인물일 수 있다"라는 말이 있으니, 누구든 조직 내에서 문제적 인물이 될 수 있다는 의미로 해석할 수 있을 것 같다.

한국조폐공사가 경험한 큰 위기에서도 소통을 방해하는 '빌런'이 꼭 있었다. 그들 때문에 피해를 본 직원들이 생겼고, 좌절하는 직원도 생겼다. 소통이 모든 문제를 해결할 수는 없으나 불통은 반드시 큰 위험을 만들어낸다.

그렇다면 조직에서 누가 어떤 상황에서 빌런이 될 수 있을까? 첫째, 자기의 생각과 다른 말을 하면 일단 버럭거리고 보는 사람이다.

둘째, 소수가 그룹을 형성하고, 그 집단이 조직의 인사와 보상 자원을 독점하는 경우다. 자기 그룹에 거슬리는 직원들에게 표 나지 않게 불이익을 줄 수 있다.

셋째, 부서 간의 벽을 너무 강하게 치고, 자기 소관이므로 건드리지 말라는 사람 또는 부서도 빌런이 될 수 있다.

이처럼 조직 내 빌런을 한마디로 정의하면 '문제를 숨기려 하고, 문제를 언급하는 사람들을 되레 공격하는 사람'이다. 소통을 가로막고 문제를 숨기면 회사도, 근로자도, 임원도, 고위관리자도, 파벌도 빌런이 될 수 있다.

조직에는 제도적으로 빌런을 걸러내기 위한 장치가 있다. 인사평정이다. 예전에는 상급자만 하급자를 평가했으나 요즘에는 하급자가 상급자를 상향식으로 평가하기도 한다.

공무원, 공공기관 노조는 베스트(Best), 워스트(Worst) 상사 선정 제도를 도입했고, 빌런들이 자중하는 데 어느 정도 도움이 됐다고 한다. 그러나 어떤 워스트 상사들은 인기투표일 뿐이라며 자신의 행동을 바꾸지 않기도 한다고 한다.

리더는 키우고 빌런은 거르는 평판 조회

빌런들이 고위관리자가 되어 조직의 혁신과 소통을 저해하는 것을 막기 위해 한국조폐공사는 새로운 시도를 하고 있다. Part 2에서 언급한 한국조폐공사의 특별한 승진제도도 이런 노력 중 하나다. 인사평정제도와 베스트, 워스트 상사 선정 제도를 목적에 맞게 정교하게 조합해 설계한 일종의 평판 조회다.

평판 조회는 서술식 평가를 기본으로 한다는 점에서 차별화된다. 전통적 평가제도는 점수 방식으로 평가하고 그 결과를 승진 등에 반영했다면, 평판 조회는 후배들이 보는 좋은 면과 나쁜 면을 서술하고 그 결과를 당사자에게 직접 피드백하기도 한다.

시행 2년 차까지는 당사자인 관리자들의 정신적 충격을 최소화하려고 인사 부서에서 문구를 정제했으나 3년 차부터는 외부 기관을 통해 진행하고, 평가 결과도 원본 그대로 전달할 계획이다.

평판 조회는 CEO도 대상이 된다. 일반 관리자는 평가자 15인이 참여하지만, CEO는 45명이 평가한다. 이 평판 조회 결과를 누적시킨다는 점이 중요하다. 누적한 데이터는 차기, 차차기 사장에게 전달하고, 단기적인 승진과 인사 발령에만 영향을 미치는 것이 아니라 관리자 경력 전체 기간에 레이블로 따라붙는다.

일시적으로 요령을 부리거나, 새로운 사장의 입맛에 잘 맞추거나, 인맥을 동원해서 승진하더라도 계속은 될 수 없다.

공기업 사장은 통상 임기가 3년이므로 조직을 빠르게 파악하고, 적합한 인재를 적소에 배치해야 한다. 시간은 짧고 사람을 검증할 기회는 없으므로 누군가에 의지해 사람을 판단할 수밖에 없다.

영악한 사람들에게는 좋은 기회가 될 수 있다. 인맥을 동원하든, 인사라인을 장악하든 3년간만 잘 속이면 승승장구할 수 있다.

한국조폐공사의 평판 조회는 이와 같은 공기업의 인사 문제를 합리적으로 해소하는 한편, 관리자가 자기 점검을 계속하게 하고, 소수의 의견에 의존한 인사 참사를 피하려는 의도로 도입했다. 이런 목적은 상당 부분 성과를 내고 있다.

공기업,
소통에 익숙해지기

소통을 방해하는 빌런을 완전히 걸러낼 수도 없지만, 걸러낸다 해도 자연스럽게 소통이 되는 것은 아니다. 회의 시간에 각자 해보고 싶은 이야기를 해보라고 했다고 소통을 한 것은 아니다. 우리 문화가 소통에 익숙하지 않고, 이런 분위기는 공기업도 마찬가지다.

살아남으려면 말해야 합니다

상하 간의 위계가 있는 조직에서는 소통이 더 어려울 수 있다. 회식에서 반복적으로 건배사를 하던 문화는 대화의 부족과 어색한 침묵 탓일 가능성이 크다. 분위기에 맞지 않는 말을 할까부터 튀는 것에 대한 부담, 공개적으로 한 말이 의도하지 않게 타인에게 자극을 줄 수 있다는 걱정까지 소통이 되지 않는 이유는 다양하고 나름대로 합리성이 있다.

그러나 조직 내에 소통이 사라지면 문제점을 미리 바로잡을 기회도, 새로운 사업을 할 기회도 사라진다. 공기업에서는 평생을 함께할 사람들에게 찍히는 것에 대한 부담이 컸다. 사회가 변하고, 사업환경이 변하고, 조직 내 인적 구성이 변하는 상황에서 이제 소통은 꼭 필요한 것이 됐다.

보고를 없애니 소통이 왔다

대화와 토론이 익숙지 않은 공기업에서는 소통을 촉진하는 방법이 필요하다. 많은 공기업이 토론을 활성화하려고 시도했으나 기대에 미치지 못했다. 토론을 시작해도 주요 경영 안건에 대한 공유의 성격이 크고, 관련 부서가 어떻게 지원하겠다는 정도의 논의를 진행한다.

공공 조직이든 민간 조직이든 중요한 연례행사 중 하나인 연간 업무 계획 보고 분위기도 크게 다르지 않을 것이다. 민간에서는 업무 계획 보고가 현실적인 문제로 치열할 수 있으나 공기업에서는 기관장이 보고를 받고 몇 가지 질문과 당부하는 방식으로 진행한다.

업무 계획 보고회에서 논의한 내용보다 "어느 부서장이 답변을 잘 못해서 찍힌 것 같다"라는 후일담이 더 입에 오르내리기도 한다. 공기업에서는 중요한 회의일수록 형식적인 회의로 진행하는 경향이 있다.

이런 분위기를 바꿔보려고 한국조폐공사는 새로운 시도로 연간 업무 계획 보고회를 폐지하고, 전사 업무토론회로 진행하고 있다. 일방적인 상향식 보고 방식 대신 수평적 소통을 활성화하기 위해서인데, 다른 부서 업무에 대해 왈가왈부하는 것을 터부시하는 공기업의 문화를 깨고자 하는 것이 핵심이다.

전사 업무토론회를 위해 각 부서장이 자율적으로 토론 주제를 잡는다. 중장기 조직개편 방향, 성과 보상 강화 방안, 신규 사업 기회와 활성화 방안, 전통 사업의 수익 개선 방안 등이다.

한 부서장이 토론 주제와 발제 안을 만들 때 단독으로도 할 수 있지만, 관련 부서들이 있을 때는 사전에 기초적인 협의를 한다. 특히 조직개편이나 성과 보상과 같이 관련 부서가 많으면 사전 조율이 필요하다. 토론회를 하기 전에 사전 조율을 했다 해도 부서장 토론회에서 이견이 나오지 않을 수는 없다. 각 부서와 기관별 입장이 다를 수밖에 없어서다.

토론 사회는 CEO가 맡고, 주제별 관련 부서장에게 질문을 던지는 방식으로 진행한다. 이때 CEO의 태도가 매우 중요하다. 공기업의 사장은 3년 계약직으로 조직 전체를 알 수 없다. '이것도 모르시나?'라고 직원들이 생각할까 하는 걱정은 없어야 한다. 어차피 오래 재직한 직원도 해보지 않은 일은 잘 모른다.

토론 좌장이 젠체하면 직원들도 있어 보이는 질문과 의견을 낼 수밖에 없다. CEO와 부서장 사이에 질문 한두 개와 답변이 오가면 자연스럽게 플로어에서 각자의 의견이 나오게 마련이다.

토론을 거쳐 전반적인 업무 개선의 방향을 잡고, 그 내용을 기초로 각 부서는 다음 연도 업무 계획을 수립한다.

전사 토론회 제도가 정착하면서 이제 다른 부서의 업무에 대해 말을 얹거나 개선을 요구하는 일이 자연스럽게 되어가고 있다. 사장도 속속들이는 몰랐던 회사의 숨은 문제들을 전체 직원들이 쉽게 파악하는 기회로 활용하고 있다.

듣기만으로는 부족해서 시작한 타운홀 미팅

부하직원 생일 챙기기, 소소한 메일 보내기, 회식 등은 긍정적 관계를 형성하고 소통하려고 많은 관리자가 써온 방법이다. 누구든 긍정적인 피드백과 칭찬을 받으면 좋겠지만 상급자와 하급자의 관계에서 그것만 있다면 건강하지 못한 관계다. 직원들의 솔직하고 다양한 의견을 들어야 내재된 문제를 찾아낼 수 있고, 직원이 한뜻으로 일할 수 있다.

■ 타운홀 미팅

그러나 조직에서 하향식 소통에 비해 상향식 소통은 쉽게 되지 않는다. 이를 개선하는 방법으로 한국조폐공사는 타운홀 미팅을 도입했다. 주제별로 실무자 10명 정도와 CEO가 직접 소통하는 방식이다. 조금이라도 편하게 말할 수 있는 분위기를 만들려고 장소도 외부에 있는 카페를 주로 활용한다.

미팅의 주제를 정하고 주제에 맞는 참여 직원을 고른다. 고객을 직접 대응하는 직원들이 겪는 어려움, 경력직으로 입사한 직원들이 겪는 문화적 차이와 차별 문제, 경영평가 보고서를 작성하는 직원들의 개선 의견 등 다양한 주제로 이야기를 나눈다. 신입 직원부터 은퇴를 앞둔 직원, 육아휴직 복귀자까지 다양한 그룹별 미팅도 진행한다.

대부분 직원은 소통의 판을 깔아놓으면 더 어색해진다. 그래서 대화를 잘 풀어갈 만한 사람으로 시작해서 시계방향, 시계 반대 방향으로 돌아가는 방식으로 주로 진행한다.

상향식 소통이 자연스럽게 활성화되려면 타운홀 미팅 같은 제도로 판을 까는 것도 중요하지만, '내 말을 누군가가 듣는다'와 '내가 한 말이 반영된다'를 체감하는 것이 더 중요하다. 그렇지 않다면 타운홀 미팅도 그저 소통 '행사'가 되고 만다.

들었으면 이제 움직이세요

소통의 첫 단계는 '듣기'다. 하지만 듣고 나서 아무런 변화가 없다면 직원들이 계속 새로운 말을 할 필요가 없어진다. 들은 내용을 바탕으로 실질적인 변화를 만드는 것, 그것이 소통의 완성이다.

예를 들어 직원들이 '불필요한 서류 업무'에 대한 불만을 제기했다고 가정해보자. CEO가 이 의견을 듣고 '불필요한 서류 업무를 줄이기 위한 TF팀을 구성하겠다'라고 선언하고 실제로 행동에 옮긴다면, 직원들은 '우리 의견이 실제로 반영되는구나'라는 것을 느낀다. 직원들의 자기효능감은 참여를 이끄는 가장 강력한 동기부여가 된다.

한국조폐공사 타운홀 미팅에서 나온 제안은 CEO 게시판에 공개하고, 직원들의 의견을 반영하는 상황을 매월 업데이트한다. 대부분 의견을 반영하지만, 미반영하는 것도 있다. 그 경우에는 관련 부서가 실행하기 어려운 이유나 진행 중인 상황을 기록한다.

타운홀 미팅에서 나온 제안 중에 사내 익명 Q&A 게시판 신설, 휴게공간 리모델링, 가족 초청 행사 확대, 교육 프로그램 확충, 사업부서 전화에 감정 노동자 보호멘트와 음성녹음 도입, 전자전표 도입, 유연근무 확대 등은 실행했다.

타운홀 미팅 외에도 직원들의 말을 '듣는다'라는 것을 실천으로 보여주려고 CEO가 익명 게시판에 올라온 의견에 직접 답하기도 하고, 직원 아이디어 게시판에 올라온 글들을 회의 시간에 CEO가 직접 언급하고 그 결과를 전 직원에게 공유하고 있다. 직원들의 의견을 늘 듣고 있고, 보고 있다는 것을 체감하게 하자 상향식 소통이 조금씩 더 트이고 있다.

'Book insight'도 한국조폐공사만의 독특한 소통 창구다. 이것은 직원들이 책을 읽고, 생각을 공유하는 게시판이다. 본래는 자율적인 학습조직을 독려하는 차원에서 만든 제도이지만 이제 한국조폐공사의 대표적인 소통 도구가 되었다. CEO가 직원들의 모든 독후감을 읽고 댓글을 남기고, 직원들은 책의 메시지를 빌려서 경영에 대한 제언을 하기도 한다.

소통을 되살린 사내 익명 게시판

사내 익명 게시판은 2000년대부터 많은 공기업이 운영했고, 직원들 간의 소통과 갈등을 조정하는 역할을 잘 해왔다. 그런데 2010년대 중반이 되면서 감사와 감독기관이 익명 게시판에 대한 접근권한을 내놓으라고 압박하자 거의 모든 공기업이 게시판을 폐쇄했다. 가족의 내밀한 이야기를 동네 이장이 듣겠다고 하는 격이니 폐쇄는 당연했다.

그때부터 블라인드 앱 가입자가 본격적으로 늘어났다. 2015년까지 100만 명이 되지 않던 가입자가 2017년 100만 명, 2018년 200만 명, 2020년 400만 명, 2022년 약 800만 명으로 늘어난다.

블라인드 앱도 익명이라는 점은 같지만, 사내 게시판과 다른 점은 의견에 대해서 관련 부서가 공식적인 답변을 할 수 없고, 근거 없는 소문으로 특정인을 공격해도 삭제가 불가능하다는 것이다. 공론의 장은 사라지고, 뒷담화만 무성해졌다.

그래서 한국조폐공사는 사내 익명 게시판을 부활하고, 청와대 게시판처럼 공감 20개가 넘으면 관련 부서가 의무적으로 답을 달도록 하고 있다.

명예훼손이 될 만한 글은 담당자가 삭제하고 있다. 인기 있는 글은 블라인드 인기 글보다 2배 정도 더 보고 공식 답변도 달리지만, 공감을 받지 못해 답변요건을 충족하지 못하는 글이 더 많다.

에피소드

종이 전표를 전자 전표로 바꾼 것은 기술이 아닌 대화

모바일 지역화폐, 모바일 신분증 등 주요 사업의 성공적 디지털 전환으로 다른 공기업의 부러움을 사고 있는 한국조폐공사인데, 비용 처리는 여전히 후진적으로 하고 있었다.

공기업에서 어떤 일이 진행되지 않는 이유는 수없이 많다. 도입한 지 20년이 넘은 ERP 시스템을 특별한 업그레이드 없이 지금까지 사용해왔고, 그동안 경영 상황이 좋지 않아 차세대 ERP 투자 시기를 놓치기도 했다. 정보보안 문제로 내외부 전산망을 분리하면서 비용을 사용한 영수증 데이터를 외부에서 불러들이는 것도 장애가 됐다. 오래 근무하고 의사 결정권이 있는 직원일수록 옛것에 익숙하고 새로운 의견을 내지 못했지만, 민간에서 이직한 경력직과 다른 기관에서 일하다 온 신입직원에게 한국조폐공사의 수기 전표는 당황스러울 정도였다. 담당 부서에 개인적으로 개선 의견을 개진한 사람도 있었겠지만, 비용과 전산 환경 등의 이유로 관철되지 않았을 것이다.

자원배분에 대한 최종적인 의사결정을 하는 CEO와 직원들이 직접 소통하면서 문제가 분명해졌고, 하나씩 방법을 찾아가고 있다.

우선은 IRP를 활용해 반복적 업무를 컴퓨터에 맡겼고, ERP는 2년 동안 개발해 IRP와 연동하는 방식으로 진행하고 있다. 차세대 ERP를 도입하는 일이 많이 늦어졌지만, 좋은 점도 있다. 도입 시기가 AI 시대와 맞아떨어져서 이제는 AI와 결합한 ERP를 구축하게 되어서 비용을 낮추고, 더 효율적인 프로세스를 만들 수 있게 됐다.

조회 대신 편지, 소통이 달라졌어요!

CEO와 직원 간 소통 채널인 한국조폐공사의 타운홀 미팅은 2023년 11월부터 2025년 10월까지 13회 열었고 참여한 직원들로부터 건의사항 총 56개 등 의견을 수렴했다.

상향식 소통의 채널과 방법이 다양해지고 세련된 만큼 하향식 소통 채널도 다양화했다. 공기업의 전통적인 하향식 소통방식은 월례 조회다. 월 1회 CEO가 직원들이 모인 강당에서 20~30분 정도 조회사를 하고, 그 글을 게시판에 올리는 것이다.

월례 조회에서 매달 20~30분을 혼자 이야기하면 전달력도 떨어진다. 취임식부터 마지막 조회사까지 거의 같은 이야기를 하는 사장도 있었다. 준비한 조회사를 그냥 읽는 일도 흔했다. 코로나19 이후로 월례 조회는 사라졌다. 더 효율적이고 전달력이 좋은 채널이 필요해졌다.

현재 한국조폐공사는 주요 회의에서 한 CEO 발언을 메시지 형식으로 전 직원에게 이메일로 전달하고, 경영 방향이나 경영 철학을 공유하려고 CEO 레터를 활용하고 있다.

CEO 레터는 메일 형태로 전달하지만, 홍보실 또는 직원 대담을 기록하는 방식으로 보내기도 하고, 사장이 하고 싶은 말을 편지 형식으로 직접 보내기도 한다. CEO 레터에 대해 답신 메일을 직접 보내는 직원도 있다고 한다.

'우리 회사'가 되는 순간 - 함께 만들어가는 진짜 조직문화

진정한 조직문화 혁신은 직원들이 '우리 회사'라는 자부심을 느끼는 순간 완성된다. 이는 직원들의 소속감을 고취하고 동료와 가족까지 아우르기 위한 진정성 있는 노력에서 비롯된다.

같이의 가치, 문화가 되다

공기업의 조직문화는 한두 부서의 노력만으로는 바뀌기 어렵다. 이는 전 직원이 함께 모여 서로를 이해하고, 하나의 목표를 향해 나아갈 때 가능하다.

한국조폐공사는 강력한 '통합'을 위해 전 직원을 대상으로 한 대규모 합숙 교육 프로그램인 'UNI-KOM' 교육을 2년에 걸쳐 진행하고 있다.

이 교육은 직무 능력 향상을 넘어 선후배와 동료들이 함께 머리를 맞대고 토론하며 서로의 가치관을 이해하는 소통의 장이 된다. 특히 2년이라는 긴 기간에 진행하는 합숙 교육은 일회성 이벤트가 아니라 직원 간의 깊은 유대감을 형성하는 데 결정적인 역할을 한다.

업무 현장을 벗어나 함께 먹고, 자고, 고민하는 과정을 통해 공동의 서사가 만들어지고, 이는 서로 다른 부서와 세대를 잇는 강력한 다리가 되어준다.

사업장별로 진행하는 '소통 릴레이 페스티벌'은 체험 부스 운영, 퀴즈 이벤트 등을 통해 업무 공간을 벗어나 유쾌하고 자유로운 분위기에서 교류할 기회를 제공한다.

이런 비공식적인 교류는 경직된 위계질서를 허물고, 평소 나누기 어려웠던 솔직한 대화를 가능하게 해 결국 직원들에게 '우리는 한 팀'이라는 강력한 소속감을 심어주고, 조직 전체의 시너지를 극대화하는 원동력이 된다.

우리 가족, 우리 동료, 우리 회사

조직문화 혁신은 직원 개인을 넘어 가족까지 생각할 때 완성된다. 한국조폐공사는 직원들이 회사에 대한 자부심을 가족과 공유할 수 있도록 'KOMSCO 패밀리 커밍데이'를 운영한다.

이 행사에 직원 가족을 초청해 화폐 같은 보안제품이 어떻게 만들어지는지 직접 보여주고, 근교 문화유적도 탐방하면서 가족의 소중한 추억을 만들어준다. 이는 직원들이 '내 일'이 곧 '가족의 자부심'이 된다는 것을 느끼게 하는 강력한 동기부여가 된다.

가족들이 회사를 긍정적으로 인식하고 지지해줄 때, 직원들은 자신의 직무에 더 큰 보람과 자부심을 느끼게 된다. 이런 경험은 직원들의 직무 몰입도를 높이고, 궁극적으로 이직률을 낮추는 중요한 역할을 한다.

동료 간의 긍정적인 관계를 증진하기 위해 'KOM-Pliment'라는 사내 칭찬 프로그램을 운영하고 있다. 이는 동료들을 릴레이로 칭찬하는 방식으로, 평소 전하기 어려웠던 감사와 격려의 마음을 표현하게 한다. 이런 작은 칭찬들이 모여 서로를 신뢰하고 존중하는 문화를 만들고, 결국 '우리 동료'라는 끈끈한 유대감을 형성한다.

특히 조직 내에서 비판이나 문제 제기가 익숙했던 문화에 긍정적이고 구체적인 피드백을 주고받는 장치를 마련하면 직원들은 '내가 잘하고 있구나'라는 심리적 안전감을 느끼게 된다. 이는 더 적극적으로 협업하고, 새로운 아이디어를 제안하는 용기를 갖게 하는 토대가 된다.

같은 목표를 공유하는 다양한 사람

가치관은 끊임없이 진화하는 살아 있는 유기체와 같다. 경험을 중시하는 기성세대와 효율성, 개인의 자율성을 최우선으로 여기는 새로운 세대의 가치관은 계속해서 충돌하고 변할 것이다.

하지만 이처럼 배경이 다른 사람들이 한데 모여 '소통'이라는 노력을 기울이고, 공동의 목표를 향해 나아가는 경험은 공기업의 가장 큰 자산이 될 것이다.

이는 단순한 '화합'을 넘어 조직 전체의 문제 해결 능력을 근본적으로 향상하는 원동력이 된다. 기존의 안정성과 절차를 존중하는 문화에, 새로운 시각과 민첩성을 불어넣는 창의적인 아이디어가 결합할 때 비로소 혁신적인 결과물이 탄생한다. 즉, 이처럼 서로 다른 관점들이 충돌하고 융합하는 과정 자체가 공기업의 미래를 이끄는 힘이 되는 것이다.

공기업의 진정한 경쟁력은 규정집이나 자산 규모에 있는 것이 아니라 서로 다른 세대가 함께 고민하고 도전하며 '우리가 해냈다'라고 말할 수 있는 경험을 얼마나 많이 쌓는가에 달려 있다.

공기업의 조직문화를 딱딱하고 경직된 모습으로만 상상했던 독자들이 있었다면 이 글을 읽고 조금 다르게 생각하게 되었기를 바란다.

"눈앞에서 돈 만드는 광경, 직접 본 적 있나요?"

한국조폐공사 직원을 가족으로 둔 사람이라면 특별한 경험을 할 수 있다. 우리나라의 화폐가 만들어지는 현장을 직접 눈으로 보는 경험이다.

한국조폐공사는 매년 직원 가족 160여 명을 경상북도 경산시 화폐본부로 초청해 지폐와 동전이 만들어지는 현장을 견학하는 'KOMSCO Family Coming Day' 행사를 진행하고 있다.

직장인이라면 보통 자녀나 부모님에게 본인의 직장을 구경시키고 싶은 마음이 어느 정도 있기 마련이겠지만, 한국조폐공사 직원들은 남들보다 유독 그런 마음이 더 크다. 국가보안목표 '가'급 시설로 지정되어 철통같은 보안 절차를 거쳐야만 하는, 아무나 들어갈 수 없는 국가 화폐 제조 현장에서 돈이 만들어지는 과정을 직접 본다는 것은 정말 특별한 경험이니 말이다. 가족에게 그런 경험을 시켜주고 싶은 것은 어쩌면 당연한 일이다.

가족 입장에서도 이 행사에 대한 만족감은 클 수밖에 없다. 특히 어린아이들은 학교로 돌아가 친구들에게 자랑하기에 딱 좋은 아이템이 아니겠는가.

"너 돈 만드는 거 직접 본 적 있어? 나는 있다!"

이럴 때가 '우리 회사'가 자랑스러워지는 순간 아닐까?

공기업을 이해한다는 것

이 책은 "공기업은 철밥통인가?"라는 질문에서 출발했다. 그리고 이제 마지막 장에 이르러 독자들은 그 질문이 단순히 '맞다' 혹은 '아니다'로 답할 수 있는 문제가 아니라는 점을 느끼게 되었을 것이다.

공기업은 안정적이라는 이유로 부러움의 대상이 되기도 하고, 비효율적이라는 이유로 비판의 대상이 되기도 한다. 그러나 이 책을 통해 살펴본 공기업의 모습은 그 어느 한 단어로 규정하기 어렵다. 공기업은 늘 효율성과 공공성, 책임과 자율, 혁신과 안정이라는 상충하는 가치 사이에서 선택을 요구받는 조직이다. 그리고 그 선택의 결과는 대부분 국민의 삶과 직접적으로 연결된다.

공기업에서 일한다는 것은 단순히 '직장을 다닌다'라는 의미를 넘어선다. 경영 성과는 수치로 평가되지만, 그 과정은 수많은 규정과 절차, 감사와 평가, 그리고 외부의 시선 속에서 이뤄진다.

민간기업이라면 빠른 결단으로 끝날 수 있는 일도 공기업에서는 더 많은 설명과 검증이 필요하다. 그 과정은 때로는 답답해 보이지만, 동시에 공기업이 감당해야 할 책임의 다른 이름이기도 하다.

이 책에서 소개한 한국조폐공사의 사례는 그러한 구조 속에서도 변화가 가능하다는 점을 보여준다. 화폐 수요 감소라는 구조적 위기 앞에서, 한국조폐공사는 디지털 보안과 공공 플랫폼이라는 새로운 역할을 모색해왔다. 이는 특정 기관의 성공 사례라기보다 공기업이 변화하지 않으면 안 되는 환경에 놓여 있다는 사실을 보여주는 하나의 단면이다.

물론 변화는 쉽지 않다

이 책에서 살펴본 것처럼 공기업은 보이지 않는 곳에서 국민의 일상을 지탱하고 있다. 위조되지 않는 화폐, 안정적인 전력과 수돗물, 멈추지 않는 교통, 재난 상황에서 가장 먼저 움직이는 안전망. 이런 것들은 평소에는 잘 드러나지 않는다. 잘 돌아가면 뉴스가 되지 않기 때문이다.

그래서 공기업은 종종 억울하다. 사고가 나면 "역시 공기업"이라는 말을 듣고, 아무 일 없으면 아무도 알아주지 않는다. 하지만 그럼에도 공기업은 멈출 수 없다. 국민의 삶은 '대체 가능한 서비스'가 아니기 때문이다.

물론 공기업이 완벽하다고 말할 수는 없다. 경직된 문화, 불필요한 절차, 때로는 답답한 의사결정 구조도 존재한다. 그래서 공기업은 늘 변화하라는 요구를 받는다. 다행히 변화는 이미 시작되었다. 디지털 전환, 조직문화 개선, 소통 방식의 변화는 더 이상 선택이 아니라 생존의 문제다.

조직문화는 하루아침에 바뀌지 않고, 제도는 의도만으로 작동하지 않는다. 성과를 내도 보상에는 한계가 있고, 실패에 대한 책임은 늘 무겁다. 그럼에도 불구하고 공기업이 조금씩 앞으로 나아갈 수 있었던 이유는 내부에서 문제를 인식하고 개선하려는 움직임을 계속해왔기 때문이다.

그러나 공기업이 더 잘하기 위해서는 내부의 노력만으로는 부족하다. 정부와 국회, 감사기관, 그리고 국민의 시선이 함께 작동해야 한다.

감사와 평가는 꼭 필요하다. 다만 그것이 흔들기 위한 도구가 아니라 더 잘하라고 방향을 제시하는 장치가 될 때 의미가 커진다.

만약 이 책을 읽은 독자가 일반 국민이라면 공기업을 바라보는 시선이 조금은 달라지기를 바란다. 단순한 '비효율'이나 '철밥통'이라는 이미지 대신 공공의 역할을 수행하는 조직이 감내해야 하는 현실과 책임을 함께 떠올릴 수 있다면, 그것만으로도 이 책의 역할은 충분하다.

공기업 취업을 준비하는 독자라면, 이 책이 하나의 현실적인 참고서가 되었기를 바란다. 공기업은 분명 매력적인 직장이지만 그만큼 명확한 각오와 이해가 필요한 선택지이기도 하다. 이 책이 진로를 고민하는 과정에서 막연한 기대 대신 구체적인 판단을 돕는 자료가 되기를 바란다.

그리고 정책을 설계하고 제도를 논의하는 위치에 있는 독자라면,

이 책이 현장의 목소리를 이해하는 하나의 창구가 되었기를 기대한다. 공기업이 더 잘 작동하기 위해 필요한 것이 무엇인지, 무엇을 고쳐야 하고 무엇은 지켜야 하는지에 대한 고민은 현장을 이해할 때 비로소 시작될 수 있다.

공기업은 국민의 신뢰 위에 서 있는 조직이다. 그 신뢰는 하루아침에 쌓이지 않으며, 작은 선택과 반복되는 책임 속에서 유지된다. 공기업을 이해한다는 것은 결국 우리 사회가 공공의 영역을 어떻게 운영하고, 어떤 가치를 지켜가고 싶은지를 묻는 일과 다르지 않다.

이 책이 그 질문을 조금 더 명확하게 만드는 데 기여했다면 그것으로 충분하다. 그리고 언젠가 누군가가 "공기업은 어떤 곳이야?"라고 묻는다면 이 책을 통해 정리된 당신의 생각이 하나의 답이 될 수 있기를 바란다.

한국조폐공사
혁신성과 소개

국민편익을 높이는 '공공서비스 혁신'

성과를 창출하는 '업무프로세스 혁신'

지속성장을 위한 'ESG경영 혁신'

참여·소통·성과중심의 '조직문화 혁신'

국민편익을 높이는 '공공서비스 혁신'

모바일 신분증 민간개방, 국민 서비스의 판을 바꾸다

　모바일 신분증은 국민 생활을 더욱 편리하게 만드는 디지털 서비스이지만, 그동안은 정부 앱이나 일부 플랫폼에서만 이용할 수 있어 활용에 한계가 있었다.

　한국조폐공사는 이러한 불편을 해소하기 위해 모바일 신분증 민간개방을 추진하며 대국민 서비스 혁신에 나섰다. 핵심은 '편의는 넓히고, 보안은 그대로 유지'하는 것이었다. 공사는 민간 참여기업 선정부터 평가, 사후관리까지 전 과정을 체계화하고, 정부와 동일한 수준의 보안성을 확보하는 평가체계를 마련했다. 또한 민간 서버가 주민등록증 등 고유식별정보를 직접 처리하지 않는 혁신적인 시스템을 설계해 개인정보 보호에 대한 국민 불안을 해소했다.

　모바일 신분증 민간개방은 공공서비스를 '국민 생활 속으로

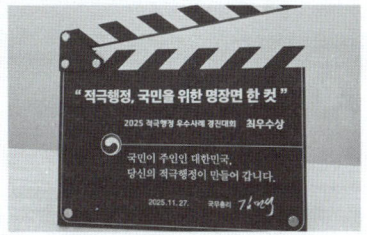

■ 모바일 신분증 민간개방으로 적극행정 우수사례 국무총리상 수상

끌어온' 대표적인 서비스 혁신 사례로 인정받아 인사혁신처 주관 「2025년 적극행정 우수사례」 국무총리상을 수상했다.

카드 한 장으로 더 많은 국민에게, 정책수당 선불카드 도입

민생경제 회복을 위한 소비쿠폰, 재난지원금 등 정책수당은 신속한 지급이 중요하지만, 디지털 소외계층인 신용불량자, 노인, 아동 등에게는 기존의 디지털 지급 방식이 또 다른 장벽이 되어왔다. 정책의 취지가 국민 모두에게 닿기 위해서는 접근 방식에 대한 혁신이 필요했다.

한국조폐공사는 이러한 한계를 해소하기 위해 누구나 쉽게 사용할 수 있는 선불카드 기반 지급 모델을 제시했다. 지역화폐(Chak) 플랫폼 운영 경험을 바탕으로 '민생회복 소비쿠폰' 사업의 수수료 구조를 재설계해 기존 0.5~1.0% 수준이던 수수료율을 0.3%까지 낮추며 재정 효율성과 공공성을 동시에 확보했다. 또한, 2025년 아산시 정책수당 선불카드 도입을 시작으로 다수 지방자치단체와 협력

■ 아산시 정책수당 선불카드　　　　■ 한국조폐공사 지역화폐 플랫폼(Chak)

을 확대했으며, 2026년 농어촌기본소득 시범사업에서도 해당 모델이 적용됐다. 이는 공사가 기술과 경험을 바탕으로 정책의 전달 방식을 혁신하여 대국민 공공서비스의 실효성을 높인 사례라 할 수 있다.

영화배우 박신양 작품에 숨겨진 비밀, AI 기반 디지털 워터마크

　가짜가 빠르게 복제되는 디지털 환경에서, 기존 방식만으로는 진위를 가려내기 어려워졌다. 한국조폐공사는 이 한계를 AI로 돌파했다. 화폐와 보안인쇄로 축적한 위변조방지기술에 인공지능을 결합

■ 워터마크 삽입과 추출 과정

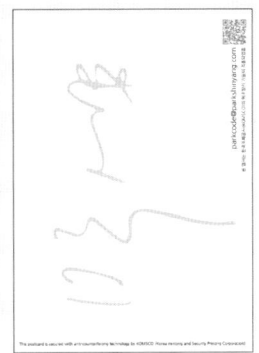

■ 박신양 작가 작품

해, 눈에 보이지 않지만 스스로 판단하는 AI 기반 디지털 워터마크 기술 'KIWI'를 자체 개발한 것이다. 이 기술은 이미지·문서·영상 속에 정보를 숨기고, AI가 이를 분석해 진위를 판별한다.

한국조폐공사는 AI 기술의 신뢰성을 입증하기 위해 영화배우 박신양 작가의 판화 작품에 이를 적용하며 예술품 진위 인증이라는 새로운 영역에 도전했다. 이후 패션 브랜드 무신사 부티크 행택, 콘텐츠 IP 보호 등으로 활용 범위를 넓히며 사업화에 성공했다. 이는 공기업이 AI를 활용해 '가짜 없는 디지털 세상'을 현실로 만든 대표적인 혁신 사례이다.

성과를 창출하는 '업무프로세스 혁신'

재난을 대비한 준비가 서비스를 지키다, 모바일 신분증 DR 전환[*]

　모바일 신분증은 중단 즉시 국민 불편으로 이어지는 핵심 디지털 신원인증 서비스이다. 2025년 9월 26일, 대전 국가정보자원관리원 화재로 주요 대국민 전산 서비스가 멈추는 위기상황이 발생했다. 그러나 한국조폐공사는 사고가 발생하기 사흘 전인 9월 23일, 실제

■ 한국조폐공사 IDC센터(DR센터)

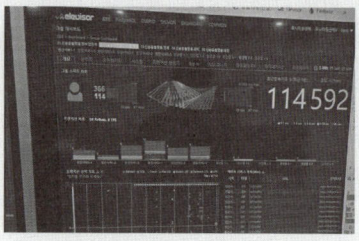

■ 화재 당일 모니터링 화면

[*] DR(Disaster Recovery) 전환 : 자연재해, 사이버공격, 시스템 장애 등 비상상황에서 IT시스템과 데이터의 가용성을 최대한 빠르게 복구하는 과정

상황에 준하는 재해복구훈련을 이미 완료한 상태였다. 평소 DR 전환 절차의 정확성, 데이터 무결성, 서비스 연속성을 반복 점검하며 대응 역량을 체계적으로 강화해왔다. 이러한 노력의 결과 한국조폐공사는 화재 상황에서도 즉각 DR 전환을 실행하여 모바일 신분증 서비스를 최단시간 내 정상화*했고, 국가 핵심 디지털 서비스인 모바일 신분증 안정성을 입증했다.

협상으로 길을 열다. 전자여권 핵심자재 '힌지' 국산화

전자여권 한 권이 완성되기까지는 눈에 띄지 않지만 반드시 지켜져야 할 자재들이 있다. 그중 하나가 여권의 개인정보면을 책자에 견고하게 연결하는 '힌지'로 여권의 내구성과 보안성을 좌우하는 핵심자재이다.

한국조폐공사는 연간 약 30억 원 규모로 수입에 의존하던 힌지를 국산화하기 위해 2025년 구매조건부 사업을 통해 자체 기술개발과 생산준비를 완료했다. 그러나 핵심자재 변경은 여권 주관부처인 외교부의 승인 없이는 불가능한 과제였다.

한국조폐공사는 품질 안정성, 공급망 리스크 대응, 해외 수출 가능성까지 종합적으로 제시하며 외교부를 설득했고, 그 결과 2025년 9월 공사 최초로 국산 힌지를 전자여권 본 제품에 적용하는 데 성공

* 국가정보자원관리원 대전센터(주센터)에서 공사 IDC센터(DR센터)로 전환하여 화재 발생 후 약 8시간, DR 전환을 결정한 후 약 2시간 만에 서비스를 재개했다.

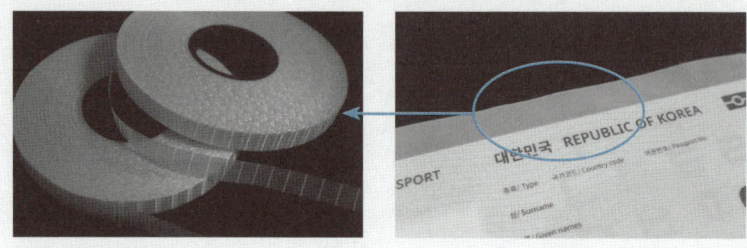
■ 전자여권 힌지

했다. 또한 이를 발판 삼아 해외 시장(인도)을 개척하며 전자여권 사업의 해외진출 기반도 마련했다.

절차를 바꾸자 시간이 줄었다, 산불피해주민 신분증 긴급발급

2025년 3월 울산·경북·경남 일대에 발생한 대형 산불은 주택뿐 아니라 주민들의 일상까지 앗아갔다. 특히 많은 주민이 화재로 주민등록증을 잃어버려 병원 이용, 금융거래 등 기본적인 생활조차 어려운 상황에 놓였다.

한국조폐공사는 특별재난지역 주민에 한해 주민등록증 제조·발급 공정을 과감히 조정하고 야간작업을 실시함과 동시에 시·군·구를 거치던 배송체계를 읍·면·동 직접배송으로 바꿨다. 그 결과 주민들은 평소보다 최소 5일 이상 빠르게 주민등록증을 받아 일상으로 복귀할 수 있었다. 이 사례는 공기업 혁신이 새로운 제도를 만드는 일이 아니라, 국민들이 필요할 때 절차를 과감히 바꿀 수 있는 유연성에서 시작된다는 점을 보여준다.

국민일보◎

시사 > 전체기사

[관가뒷담] 간부부터 직원까지 총동원돼 산불 대응한 행안부

입력 : 2025-04-23 00:37

행정안전부 공무원들이 지난달 말부터 이달 초 이어진 경북·경남 지역 산불 대응에 가용 인력을 총동원해 대응한 것으로 나타났다. 간부부터 직원들까지 현장에 상주하면서 피해 지역 주민들의 민원을 신속하게 해결했다고 한다.

22일 행안부 등에 따르면 고기동 장관 직무대행은 지난달 23일 그리고 26일부터 2일까지 모두 합쳐 9일 동안 경남·경북의 산불 현장에 머물렀다. 그는 중앙재난안전대책 본부장으로서 산불피해 지역인 경북 5개 시·군과 경남 산청군을 돌면서 상황을 점검했다. 주민 대피시설과 피해 현장 등 33곳을 직접 살폈다.

특히 고 대행은 지난달 30일 안동시 남후농공단지 현장 점검에서 산불 피해를 입은 기업의 애로사항을 듣고 이를 해결하기 위해 동분서주한 것으로 전해졌다. 당시 A기업은 고 대행에게 '직접생산 조건'이 필요한 조달청 계약에 대해 예외 적용을 요청했다. 산불로 공장과 설비가 불타 직접생산이 불가능한 상황이었기 때문이다.

고 대행은 지난 1일 중대본 회의에 즉각 조달청을 참석시켰고, 관계기관 논의를 거쳐 산불 피해를 입은 중소기업에는 직접생산 확인 기준에 대한 예외 특례를 부여했다.

행안부 직원 299명(연인원)이 동원된 '경북·경남 산불 피해 현장지원반'도 피해 주민을 돕는데 몸을 아끼지 않았다고 한다. 지원반은 피해 7개 시·군 별로 각각 1반씩 구성돼 지난달 26일부터 지난 11일까지 17일간 활동했다. 이재민이 머무르고 있는 임시 대피시설 등 467곳을 방문해 지방자치단체와 피해 주민의 요청 사항 285건을 처리했다.

특히 신분증이 불에 타 재난지원금 신청 등 행정 업무를 볼 수 없었던 주민의 애로 사항을 해결해준 일이 회자됐다고 한다. 지원반은 당시 이 민원 사항을 접수하자마자 행안부 주민과에 전달했고, 주민과는 조폐공사와 즉각 협의해 산불로 피해를 입은 8개 시·군 주민들의 신분증을 5일 내로 재발급했다.

지원반에서 직접 산불을 끈 사례도 있었다. 의성군 지원반 3명은 지난달 29일 현장 확인 중 산불 잔불을 발견해 직접 물을 떠다 이를 진화하기도 했다.

지속성장을 위한 'ESG경영 혁신'

중소기업과 손잡고, K−특수보안잉크의 글로벌 도전

전 세계 보안잉크 시장은 약 16조 원 규모로, 이 중 85%를 스위스 SICPA가 차지하는 대표적인 글로벌 독점 시장이다. 한국조폐공사는 이 견고한 장벽을 넘기 위해 중소기업 '광명잉크'와 손을 잡았다. 화폐 제조로 축적한 제조·품질관리 기술을 중소기업에게 전수하고, 중소기업의 유연한 생산역량을 결합해 해외 수요에 맞춘 K−특수보안잉크를 공동 개발한 것이다.

그 결과 공기업과 중소기업이 역할을 나눠 함께 해외 조폐 시장에 진출하는 새로운 협력 모델을 만들었다. 이 성과는 2024년 중소벤처기업부 주관 'WIN-WIN HONORS'에 선정돼 혁신성을 인정받았고, 최근 3년간 누적 발주금액 126억 원을 기록해 중소기업의 실질적 매출을 창출하는 데도 기여했다. 이를 통해 한국조폐공사는

■ K-특수보안잉크

■ 〈헤럴드경제〉 보도 자료

중소기업과의 협력이 곧 글로벌 경쟁력이 될 수 있음을 증명하며, 공기업의 새로운 혁신 모델을 만들어냈다.

버려지던 화폐에서 가치를 만들다, 화폐 굿즈 혁신

한국조폐공사는 한때 소각 처리되던 화폐 부산물에서 새로운 가능성을 발견했다. 화폐 제조 과정에서 발생하는 연간 약 100톤의 부산물을 업사이클링해, 버려질 자원을 '가치 있는 상품'으로 바꾼 것이다. 이렇게 탄생한 굿즈는 '머니메이드(moneymade)'라는 브랜드로 출시됐고, 첫 제품인 돈볼펜은 9개월 만에 15만 개 이상 판매되며 시장의 반응을 끌어냈다. 이후 돈방석, 돈달력, 돈지갑 등 총 23개 제품으로 라인업도 확장됐다.

이 과정에서 폐기물 소각으로 발생하던 이산화탄소 배출량을 연간 약 3톤 이상 줄이는 성과를 거뒀고, 6개 중소기업과의 협업과 상시 제안 플랫폼 '머니랩'을 통해 상생 구조도 구축했다. 한국조폐공사는 화폐 부산물을 순환자원으로 재탄생시켜 지속 가능한 순환경

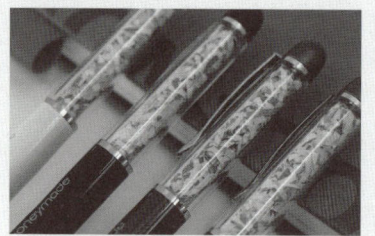

■ 돈볼펜

■ 돈방석

■ 돈달력

■ 돈지갑

제 모델을 구축하고, 공기업 주도형 ESG 혁신의 새로운 길을 열어가고 있다.

바다를 떠도는 어구에 '되돌아오는 길'을 만들다

바다에 버려진 어구는 오랫동안 떠돌며 해양 생물을 위협하는 '보이지 않는 쓰레기'가 된다. 이런 폐어구를 줄이기 위해 2024년부터 어구를 반납하면 보증금을 돌려주는 '어구보증금제'가 도입됐다. 그러나 제도가 현장에서 제대로 작동하려면, 어구가 어디서 왔고 정상적으로 회수됐는지를 증명할 수 있어야 했다.

한국조폐공사는 이 지점에서 화폐 보안 기술의 새로운 쓰임을 찾

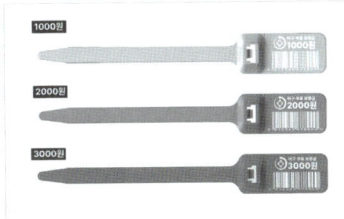
■ 어구보증금 표식

■ 통발에 설치된 어구보증금 표식

아냈다. 통발 등 어구에 위변조가 불가능한 특수물질을 케이블타이 형태로 적용해, 어구가 버려지는 순간부터 회수되는 과정까지 신뢰를 더한 것이다. 이 표식은 무단 투기와 불법 유통을 막는 핵심 장치로 작동하며 어구보증금제의 안착을 이끌었다. 그 결과 해양쓰레기를 120톤 이상 감축하는 데 기여했으며, 한국조폐공사는 이를 부표·자망 등으로 확대하여 바다에 '되돌아오는 길'을 계속 늘려갈 계획이다.

참여·소통·성과중심의
'조직문화 혁신'

성과로 말하는 공기업, 한국조폐공사의 인사 혁신

한국조폐공사는 연공서열 중심의 관행에서 벗어나, 역량과 성과가 존중받는 조직으로 전환을 위해 인사제도 전반에 대한 혁신을 추진했다.

그 중심에는 '관리자 역량평가' 제도가 있다. 함께 근무한 직원 중 무작위로 선정된 평가자가 상사의 리더십과 업무능력을 서술형으로 평가하며, CEO 역시 예외 없이 평가 대상에 포함된다. 평가 결과는 관리자에게 직접 전달되어 자발적인 개선을 유도하고, 변화가 없을 경우 향후 인사에 반영된다.

또한 기존 순혈주의 인사 관행에서 벗어나 외부 전문가 영입도 확대했다. ICT이사를 대기업 출신 전문가로 선임하고, 홍보실장과 일부 사업부서 관리자 직위를 민간에 개방했으며, ICT 사업 인력의

34%를 경력직으로 채용하는 등 조직 내 건강한 경쟁을 촉진하는 '메기 효과'를 만들어냈다.

아울러 우수성과자는 본인이 직접 성과를 증명하도록 하는 '셀프 세일즈' 방식의 특별승진을 통해 성과와 가치를 명확히 드러낼 수 있도록 하고 그 결과가 단기적 보상이 아닌 장기적인 처우개선으로 이루어지는 보상구조도 마련했다.

이러한 인사혁신은 공기업도 성과와 책임을 중심으로 변화할 수 있음을 보여주는 사례다.

위계는 낮추고 생각은 모으다

한국조폐공사는 참여와 소통을 통해 수직적인 조직문화를 유연하고 수평적인 문화로 전환하고 있다. 경영실적평가보고서 작성 과정에서는 CEO가 참여하는 '편집회의'를 통해 성과를 단순 취합하는 방식에서 벗어나 구성원들과 함께 핵심성과를 도출하는 집단지성 모델을 정착시켰다. 또한 내부 의견이 외부로 노출되던 문제를 개

■ 사계실(四季室) : 사계절이 순환하며 새로움을 더하듯, 생각의 경계를 넓히고 자유로운 토의를 통해 조화로운 성장을 이루는 공간

선하기 위해 사내 포털 'KOIN 익명 게시판'을 신설하고, 제기된 의견에 대해서는 담당부서가 공식적으로 답변하는 소통 구조를 마련했다.

시무식·종무식, 월례회의 등 형식적인 연례행사는 과감히 줄이고, 사계실(四季室), 사원재(思遠齋) 등 의미를 담은 공간을 조성해 자유로운 토론과 사유가 가능한 조직문화로 변화하고 있다.